I0752092

LES RIVIERES DE FRANCE;

OV

DESCRIPTION GEOGRAPHIQVE & Historique du cours & débordement des Fleuues, Riuieres, Fontaines, Lacs & Estangs qui arrousent les Prouinces du Royaume de France.

Auec vn Denombrement des Villes, Ponts, Passages, Batailles qui ont esté données sur leurs riuages, & autres curiositez remarquables dans chaque Prouince.

PREMIERE PARTIE.

DEDIEE A MONSEIGNEVR le Duc d'Orleans.

PAR LE SIEVR COVLON.

A PARIS,

Chez GERVAIS CLOVSIER, au Palais, sur les montées de la Saincte Chapelle.

M. DC. XLIV.

AVEC PRIVILEGE DV ROY.

A MONSEIGNEVR
MONSEIGNEVR LE DVC D'ORLEANS.

ONSEIGNEVR,

Ie n'eusse iamais esté si temeraire, que de me presenter à Vostre Altesse Royale pour luy donner de l'Eau ; si ie n'eusse connu que cet Element est vne viue expression de vostre grand Esprit, qui est tousiours en agitation pour donner le repos à la Terre ; & i'eusse fait conscience d'interrompre le cours de vos illustres pensées, pour suiure le cours de nos Riuieres, si les habitans de ces belles villes assises sur leurs riuages ne m'eussent asseuré, qu'ils ne iouïssent des douceurs de la paix, & qu'ils ne sont heureux que par vos armes & par vos soings. De vray me semble-il, que ces grosses sources, qui comme autant de veines arrousent les plus nobles parties de ce beau corps Politique, dont vous, MONSEIGNEVR, *estes l'In-*

telligence, coulent auec plus d'innocence & de majesté, depuis qu'elles ont l'honneur de receuoir vos Ordres: Elles ne considerent plus les Ponts, dont elles sont chargées, que comme des Arcs de triomphe, que les Peuples leur ont dressé, & qu'elles cedent volontiers pour seruir à vos Trophées: Elles se resserrent maintenant auec respect dans leur canal, & repriment ces mouuemens de liberté, qui sembloient autrefois leur estre naturels, de peur d'endommager vos Lys & vos Lauriers, qui naissent sur leurs bords; Et celles qui ne sortoient iamais de leurs licts, qu'à la façon des Barbares, pour ietter la desolation dans les pais, & qui ne se retiroient point qu'estans accreües de force larmes; si elles se desbordent par la violence des mauuaises saisons, ce n'est plus que pour porter l'abondance plus loing, la mesme eau profitant aux voisins par la communication de son humeur, qui engraisse leurs terres, & seruant aux Estrangers par l'entretien du commerce qui soulage leur pauureté.

Ceux qui ont le plaisir de considerer au fonds de nos Riuieres les choses qui se passent dans l'air, & de voir nager tout ce qui vole, les prennent pour des miroirs que la Nature a formé pour y contempler les Astres hors de leurs Globes, & y voir auec plaisir cette riche effusion de couleurs que le Soleil verse ſur la face de l'eau, & où il ſemble qu'il couure à demy ſes rayons pour les rendre ſupportables, & qu'il addoucit ſa lumiere pour eſpargner noſtre veuë: Et ceux, MONSEIGNEVR, qui ont l'honneur d'approcher Voſtre Alteſſe, eſtudient voſtre vie comme l'Abregé des hiſtoires de pluſieurs ſiecles, & regardent voſtre auguſte Perſonne dans la moderation de ſon eſprit qui tempere l'eſclat de ſa naiſſance, comme l'acheuement de tous les Princes de voſtre Sang, rendu à la France par le Dieu des armées, & par le Dieu de paix, comme deuant eſtre vn ſigne de paix aux Subjets de cet Eſtat, & d'eſpouuante aux Ennemis. Auſ-

si est-ce une verité generalement receuë par tous les Philosophes, que ce bel Astre, l'ame de la Nature, voyant son visage imprimé sur le cristal de cet Element, n'en attire les vapeurs, que pour en former des nuées, le Theatre de ses merueilles, qu'il resout puis apres en pluyes pour rendre les campagnes fertiles. Et pareillemẽt c'est une verité reconnuë de tous les bons François que la Majesté, le Soleil viuant & animé de l'Estat, qui par sa presence dissipe les brouillars de la rebellion, qui par ses mouuemens reglez fait la distinction des temps, des offices, & des personnes, & qui par la force de ses influences fait renaistre le courage, reuiure les *esperances , & reflorir les vertus cachées dedans le sein de ses Sujets, voyant toutes ses qualitez emprainteś dans Vostre Altesse Royale, n'en emprunte les fortes resolutions dans son Conseil, & les genereuses executions dans ses Armées, que pour rendre son Gouuernement admirable à tous les Peuples de l'Vniuers, & pour establir dans vne parfaite felicité toutes les Prouinces de son Empire. C'est dans cette esperance, MONSEIGNEVR, qu'elles ont de vostre sage Conduite, & de vostre Autorité, qu'elles vous ont destiné ce Recueil des Riuieres de France, comme des marques volontaires de leur reconnoissance; & que ie viens vous les offrir comme des asseurances inuiolables du desir passionné qu'elles ont de produire les mesmes sentimens, que conserue à iamais,*

MONSEIGNEVR,

Pour Vostre Altesse Royale,

Son tres-humble, tres-fidele,
& tres-obeissant seruiteur,
LOVIS COVLON P.

Priuilege du Roy.

LOVIS par la grace de Dieu Roy de France & de Nauarre, A nos amez & feaux Conseillers les Gens tenans nos Cours de Parlement, Maistres des Requestes ordinaires de nostre Hostel, Baillifs, Seneschaux, Preuosts, leurs Lieutenans, & tous autres nos Iusticiers & Officiers qu'il appartiendra, salut. Nostre bien amé GERVAIS CLOVSIER Marchand Libraire à Paris, Nous a fait remonstrer qu'il luy a esté mis en main vn liure intitulé, *Les Riuieres de France, &c. composé par le sieur* COVLON: lequel liure ledit CLOVSIER desireroit faire imprimer par nostre permission qu'il nous a fait supplier luy faire accorder. A CES CAVSES, desirant bien & fauorablement traitter ledit exposant, luy auons permis & permettons par ces presentes faire imprimer, vendre & distribuer en tous les lieux, pays, terres & Seigneuries de nostre obeyssance que bon luy semblera par tel Imprimeur qu'il voudra choisir, en tel volume & carractere qu'il desirera durant le temps de cinq ans, à compter du iour qu'il sera acheué d'imprimer. Faisant defenses à toutes personnes, de quelque qualité & condition qu'elles soient, de le faire imprimer, vendre, distribuer, ny aucunes choses d'iceluy durant ledit temps en aucun lieu de nostre obeyssance, sous pretexte d'augmentation, correction ou changement de titre, fausse marque, priuilege que l'on pourroit obtenir cyapres par surprise en quelque sorte & maniere que ce soit, à peine de trois mil liures d'amende payables sans deport, nonobstant oppositions ou appellations quelconques, pour lesquelles & sans preiudice d'icelles ne sera differé, & ce pour chacun des contreuenans, applicable vn tiers à nous, vn tiers à l'Hostel-Dieu de nostre bonne ville de Paris, & l'autre tiers audit exposant, confiscation des exemplaires contrefaits, & de tous despens, dommages & interests. A la charge de mettre deux exemplaires dudit liure en nostre Bibliotheque, & vn en celle de nostre tres-cher & feal Cheualier, Vicomte de Gien, Chancelier de France, auant que de l'exposer en vente, à peine de nullité. Du contenu desquelles nous voulons & vous mandons que vous faciez iouyr plainement & paisiblement ledit exposant, & ceux qui auront droict de luy, sans souffrir ny permettre qu'il luy soit nuy ny donné aucun trouble ny empeschement. Voulons aussi qu'en mettant à la fin ou au commencement dudit liure vn extraict des presentes elles soient tenuës pour deuëmẽt signifiées, & que foy soit adioustée aux copies collationnées par l'vn de nos amez & feaux Conseillers & Secretaires comme à l'original. Mandons au premier nostre Huissier ou Sergent sur ce requis faire tous exploicts necessaires, sans demander autre permission que cesdites presentes : Car tel est nostre plaisir. Nonobstant Clameur de Haro, Chartre Normande, prise à partie, ny autres choses à ce contraires, ausquelles nous auons desrogé & desrogeons par ces presentes. Donné à Paris le 17. iour de Feurier l'an de grace mil six cens quarante-trois. Et de nostre regne le trente-troisiesme.

Par le Roy en son Conseil,

RENOVARD.

Acheué d'imprimer pour la premiere fois le 26. iour d'Auril 1644.

Les exemplaires ont esté fournis.

Et ledit Geruais Clousier a associé auec luy François Clousier aussi Marchand Libraire à Paris, pour iouyr conjointement dudit Priuilege, ainsi qu'il a esté accordé entr'eux.

LES RIVIERES DE FRANCE, QVI SE IETTENT dans la mer Oceane.

PREMIERE PARTIE.

LES RIVIERES des Costes de Picardie.

I.

LA Mer, qui est le Theatre de l'inconstance, & le joüet des vents, ne change point si souuent de visage, que cette Coste a changé de Maistres : comme si la fortune l'eût choisie pour

LES COSTES DE PICARDIE.

le lieu de ses diuertissemens ordinaires, & le Dieu de la guerre pour le champ de ses batailles. Elle comprend les Comtez d'Oye, de Guisnes, de Boulogne, & de Calais : & s'estend depuis la riuiere d'Aa, sur les frontieres de Flandre, iusques à la riuiere d'Eu, qui la separe de la Normandie. C'est pour ce pays, que les François & les Anglois sont si souuent venus aux mains : Ce sont ces villes assises sur ces riuages, qui ont serui de cimetiere à tant de braues hommes, qui meritoient de trouuer vn sepulchre honorable parmy les palmes de la Iudée, & d'auancer les conquestes des Louis & des Richards, plustost que d'empourprer nos marests & nos ruisseaux du plus illustre sang de l'Europe : Ce sont ces lieux qui ont serui de matiere à tant de Traitez, dont les clauses formoient tousiours vn specieux pretexte à la mauuaise foy d'vn peuple, qui a l'esprit plus tauelé, que la peau des Leopards, qu'il porte en ses Armes, & vn piege secret à la naturelle franchise de nostre nation. C'est enfin sur cette coste, qu'on peut dire auec verité, que les Lys de France sont nés parmy les espines des Roziers d'Angleterre. La violence & l'injustice nous l'auoient ostée, la paix nous l'a renduë, & la iustice nous la conserue.

Elle voit couler de ses terres dans l'Ocean cinq riuieres, qui sont Aa, la riuiere de Boulogne, Canche, Anty, & la Somme, que nous suiurons depuis leur origine iusqu'à leur emboucheure.

AA.

LA Riuiere d'AA qui sert de bornes aux terres du Royaume de France, quoy qu'à dire le vray, ses iustes pretensions se portent bien plus loing, & que les armes victorieuses de ses soldats conduites & animées du bon droict de ses Princes, n'ayent point d'autres limites de ce costé, que le Rhin & l'Ocean; prend sa naissance vn peu au dessus de *Renty*, d'où elle se rend à *S. Omer*, & s'estant partagée en plusieurs petites branches, qui se rallient aupres de *Graueline*, elle va se descharger dans l'Ocean des riches marchandises, qu'elle apporte de Flandre, & qui luy sont communiquées des Comtez d'Oye, AA, R.

d'Ardres, de Guisnes, de Hames, & de Calais, par le moyen de certains canaux pratiquez dans les marais pour la commodité de ces places frontieres, dont les eaux ayant formé quantité d'Isles, & rendu ce pays presque inaccessible à raison des détours & des entrelassemens de tant de ruisseaux conduits par artifice, vont se joindre aupres de Graueline, & se perdre dans l'Ocean.

Renty. Renty est vne piece assez renommée par plusieurs rencontres des Espagnols & des François, où les vns & les autres ont éprouué diuersement le sort des armes. Elle est munie de quatre bastions, reuestus de pierre, & ceinte de fossez profonds, pleins d'eau. On la nomme ordinairement la Forteresse des Pays-bas, pource qu'elle semble les couurir du costé de la France. Elle fust prise l'an 1638. par l'armée, qui venant de receuoir vn affront deuant S. Omer, d'où le siege auoit esté leué, ne demandoit qu'vne occasion auantageuse, pour faire connoistre aux ennemis, que c'est la fortune, qui nous manque en nos pertes, & non point le courage.

S. Omer. Pour S. Omer ce n'estoit autre fois

qu'vn village nommé Sithieu, qui s'aggrandit & se peupla par la renommée d'vne opulente Abbaye, qu'y fonda Saint Bertin contemporain de sainct Omer, Euesque de Teroüene, lequel ayant choisi l'Abbaye pour la depositaire de son corps, la ville fit heritiere de son nom. Les hommes ne sont à craindre que durant leur vie, pour puissans qu'ils puissent estre; mais il semble que les femmes soient mesme redoutables apres leur mort. I'auance cette proposition sur le sujet d'vne ceremonie qui s'obserue inuiolablement en l'Eglise de S. Bertin, où les femmes n'entrent iamais pendant leur vie, & ne peuuent y estre inhumées apres leur mort, comme si leur presence estoit contagieuse aux Moynes, & que leur tombeau fust vne retraite de Lutins, qui troublassent le repos des solitaires. La ville est forte, bastie en forme d'arc, entourée des eaux de la riuiere d'Aa, & du marest, qui rendent son abord difficile, & sa circonuallation presque impossible aux assiegeans comme nous l'esprouuâmes ces dernieres années, que nous fûmes contrains d'abandonner le siege, nonobstant nos premieres approches, &

nos heureux commencemens, qui sembloient nous vouloir ouurir les portes de la ville, apres nous auoir ouuert la terre & l'eau pour nos retranchemens.

Prés de S. Omer est vn grand lac, qui porte des isles flottantes semblables aux Calamines, dont Pline fait mention, qu'on arreste, qu'on pousse, & qu'on auance comme on veut, auec des perches, ou auec des cordes, comme si c'estoient des batteaux voguans sur l'eau qui suiuent le mouuement du nautonier. Ces isles sont tousiours couuertes d'herbes à cause de l'humidité, d'où vient que les pasteurs les tirant à bord, y font entrer leurs bœufs, & leur troupeaux pour paistre.

GRAVELINE.

GRAVELINE fut fortifiée de cinq gros bastions, & d'vne citadelle par le commandement de Charles-quint, pour seruir de rempart à la Flandre, & de barriere aux efforts de la France, si elle eust entrepris de vanger l'eschec que receut le Mareschal de Thermes l'an 1558. Ce vaillant Capitaine ayãt saccagé Beghes, pillé Donkerque, & enrichy iusques aux moindres goujats de son armée, campoit deuant Graueline, resolu de l'emporter, quand le Comte d'Egmont Lieutenant General pour le Roy Catholique dans les Pays-bas ayant prõptement ramassé des garnisons voisines enuiron seize mille hommes de pied, douze cens Reistres, & deux mille cheuaux, luy vint couper chemin sur la riuiere d'Aa, qu'on passe sur vn bac, & le forcer au combat. D'abord l'armée Françoise renuersa quelques escadrons de caualerie, mais au second choc le Mareschal fut blessé, & toutes ses troupes si mal menées, que fort peu eschaperent la mort ou la prison. Playe qui rafraischit la cicatrice de S. Laurent.

CALAIS est vn des plus anciens ports de l'Europe, & des plus renommez dans l'histoire Romaine, sous le nom d'*Iccius portus*, qui a donné l'entrée de l'Angleterre à Iules Cesar, pour aller chercher vn monde nouueau au de-là de nos mers, & joindre à son Empire des Prouinces, que la nature a separées de nos terres par vn element. Il est situé vis à vis de Douures : son territoire & celuy d'Angleterre forment le destroit ou le Pas de Calais, qui a sept lieuës de large; de sorte qu'en trois heures auec vn vent CALAIS.

fauorable on passe d'vn Royaume à l'autre, sans changer de posture. Ie sçay bien qu'Edoüard IV. employa trois sepmaines à passer le trajet auec vne flotte de cinq cens vaisseaux qui portoient quarante mille soldats capables de faire trembler les plus courageux par le seul bruit de leurs trompetes. Mais aussi ie n'ignore point que Dieu qui est l'Original des Rois, & le Protecteur des Royaumes, mesnage les vents comme il luy plaist, & donne aux flots les ordres qu'il veut estre obseruez. La ville est vne des plus importantes clefs de cét Estat, en forme triangulaire, qui se rendit à la discretion d'Edoüard couronné des lauriers, qu'il venoit de cueillir dans la plaine de Crecy : mais ce ne fut qu'apres auoir soustenu la famine & les incõmoditez d'vn siege d'vn an, où le Roy & la Reyne furent en personne auec toute la noblesse Angloise plustost pour estre les tesmoings du courage & de la fidelité d'vn peuple vaincu, que des conquestes & du bon-heur d'vn Prince victorieux.

Ie peux dire sans me tromper, que la deuotion des anciens Horaces, des Curces, & des Decies n'a rien de comparable à l'integrité des habitans de cette ville ; & que nous sommes blasmables de mandier des estrangers des exemples de vertu, qui sont ordinaires dans nos maisons: comme si les belles actions estoient de la nature des metaux, qui ne se perfectionnent qu'auec le temps, & qui tirent leur prix & leur é clat de l'aage & de l'vsage. Edoüard permit au petit peuple de sortir auec tout ce qu'il pourroit emporter, & ne se reserua que six des principaux Citoyens, pour s'aquitter du serment qu'il auoit fait d'arrouser la terre de leur sang. Il les demande suiuant les conuentions. Ce cõmandement ayant esté rapporté à la maison de ville, où ils estoient tous assemblez, pour dire le dernier adieu à leur chere patrie, comme tous se regardoient auec vn morne silence effrayez d'vne condition si rigoureuse, vn de la troupe se leua, nommé Iean d'Aire, & leur parla de la sorte : Puis que i'ay si souuent employé ma vie pour la deffense de ma patrie, craindrois-ie maintenant de luy sacrifier pour le salut de mes Compatriotes? I'apporte donc ioyeusement ma teste aux pieds du Roy d'Angleterre, pour combler ses victoires, & on ne dira iamais., que i'ay peu ſuruiure au mal-heur de mon pays.

Il prononça ſes paroles d'vn viſage ſi reſolu, & d'vn eſprit ſi ferme que tous furent eſmeus par ſon exemple, & s'eſcrierent d'vne commune voix : Allons, allons à la mort, c'eſt le dernier deuoir que nous deuons rendre à noſtre pauure patrie. Il y eut vn doux combat à qui ſeroit la victime, & vne loüable ambition à qui porteroit le premier ſa teſte ſur les trophées d'Edoüard. Ils ſont tirés au ſort, ils ſont choiſis & menés au ſupplice : la Reyne les veut voir. Ce ſpectacle de ſix innocens liez entre les mains d'vn bourreau, ſans eſtre atteins d'autre crime, que d'auoir eſté fidels à leur Prince, & affectionnez à leur patrie tira les larmes de ſes yeux, & l'obligea de demander la vie au Roy pour des perſonnes qui ne deuoient iamais mourir apres cette action. Il ne s'eſt point veu de cauſe qui meritaſt mieux d'eſtre plaidée par vne telle Aduocate : auſſi la ſentence ne pouuoit eſtre que fauorable, où le Roy prononçoit au raport de la Reyne. On donna donc la vie à ces Citoyens, & la permiſſion de demeurer encore à Calais, comme deuans estre fideles à leur liberateur, qui auoient tesmoigné tant de tendresse pour leur patrie desia perduë.

Henry II. Roy de France se faschant qu'vn Estranger luy occupast vne si bonne place depuis deux cens dix ans, se resolut de la rauoir par force, ne l'ayant pû faire, ny par ruse, ny par industrie. A ce dessein sa Majesté declara le Duc de Guise son Lieutenant general en tous ses pays, dressa deux armées, en donna l'vne au Duc de Guise, & l'autre au Duc de Neuers. Celuy-là s'auança sous pretexte d'empescher l'auitaillement de S. Quentin, & cettui-cy tournant teste vers Luxembourg engagea dedans les Espagnols & les Vualons, puis renuoya promptement ses forces au Duc de Guise, qui les fit marcher en diligence contre Calais. L'armée pour estrenes du premier iour de l'an donna l'attaque au fort basty par les Anglois sur le bout du pont de S. Agathe, qui est le seul passage qu'il y a pour entrer à Calais, la ville estant entourée de tous costez de la mer, ou des marests, l'emporta d'assaut auec celuy de Nieulay: le fort de Risban, qui defend le havre se rendit le lendemain, & ainsi le chemin estant ouuert, la victoire auança ses progrez par la prise de la citadelle, & par la reddition de la ville. Enfin toute la Comté d'Oye recõneût son Prince legitime auec autant de satisfaction, que nous auons veu ses anciens habitans dire tristement le dernier Adieu à leur chere Patrie.

O que les armes qui sont employées pour vne bonne cause ont bien d'autres effets, que celles d'vn iniuste vsurpateur! La iustice toute seule armée de son bon droit fait plus d'execution que les feux & les foudres de Mars. La victoire a des aisles; mais elle ne s'en sert iamais plus volontiers, que pour suiure le party de la vertu. Car les François regaignerent en huict iours, ce qui auoit cousté vne campagne d'vn an au Roy d'Angleterre. En suitte de ces heureux commencemens la ville de Guisnes, qu'on auoit prise par argent fust reprise à coups de canon; & la citadelle se rendit par la timidité d'vn Gouuerneur Anglois, qui nous auoit esté rauie par l'auarice d'vn Gouuerneur François. La mer trauerse tous ces pays par vn canal, qui fait les marests flotans entre Guisnes, Calais & le chasteau de Hames; de sorte qu'à moins que de nager, les troupes n'auancent pas beaucoup. Neantmoins l'Archiduc Albert estant venu en Flandres creut que pour mettre ses armes en vne haute reputation, il deuoit assieger la ville & le chasteau de Calais, ce qui luy succeda si heureusement, qu'il s'en rendit le maistre malgré tous les efforts du Roy, & la resistance des assiegez, dont la pluspart, & particulierement la noblesse perdit la vie en deffendant la place. Mais peu apres le Roy d'Espagne estonné des victoires du grand Henry, qui alloit contant ses triomphes par ses iournées, ne refusa point de donner la paix à l'Europe, en rendant à la France Calais & Ardres, auec quelques autres places.

ARDRES est assise sur le panchant d'vn coustau, à l'extremité du haut Boulonois: Elle est diuisée en deux villes, à sçauoir la neufue & la vieille ville. La neufue est composée de sept boulevars, qui la rendent capable de resister aux efforts d'vne puissante armée: La vieille n'est plus fermée que de fossez, pource

ARDRES.

qu'elle a esté démolie pour fortifier la neufue ; elle est au pied de l'autre dans les marests. Deuant la porte de cette ville fut faite l'entreueuë du Roy François I. & du Roy d'Angleterre Henry VIII. lesquels firent tendre leurs pauillons fort superbes & magnifiques pour se loger, la ville estant trop petite pour le grand nombre des Gentils-hommes qui les accompagnoient, & qui estoient si richement parez, qu'on les nommoit encore apres plusieurs années, le camp de drap d'or.

GVISNES. GVISNES capitale de la Comté qui porte son nom, est partagée en deux, dont l'vne est dans les marests, & l'autre sur terre ferme. Hames est vn fort chasteau pres de Guisnes, assis dans les marests flottans de Hames, qui sont diuisez par vn canal des marests flottans d'Ardres & de Balighen. Le canal de la mer qui passe à Guisnes, & à Ardres, & qui separe les Comtez de Guisnes & d'Oye, se ioignant à la riuiere d'Aa proche de Graueline, m'a donné sujet de parler de ces villes. Il est vray qu'vne partie de ces eaux s'escoule dans la riuiere de Risban, qui se iette en la mer entre

Calais & le fort de Risban, qui est ainsi nommé, pour estre assis sur l'embouscheure de cette riuiere. *Risban, r.*

LA LYANE, OV RIVIERE DE BOVLOGNE.

LA ville de BOVLOGNE est diuisée en haute & basse. La basse, qui est sur le bord de la mer à l'embouchеure de la riuiere, qui prend son nom, n'estoit qu'vn bourg deuant que les Anglois y vinsent mettre le siege: la haute assise sur la montagne est vne forte place entourée de fossez à fond de cuve, & tous pleins d'eau. La Comté de Boulogne estoit mouuante de la Seigneurie d'Artois depuis le mariage d'Isabeau de Hainaut, niepce de Philippe d'Alsace Comte de Flandres, auec Philippe Auguste. Mais Louys XI. qui la trouua tres-importante à son Estat, l'ayant desia conquise à force d'armes par les droits de la guerre, l'achepta neantmoins de Bertrand de la Tour Comte d'Auuergne, & ne voulut plus qu'elle releuast d'aucune domination temporelle, mais de la seule couronne de la Vierge, la *BOVLOGNE.*

Dame des Anges & des hommes. Ainsi comme nouueau Seigneur il en fit hommage desceint & desperonné, teste nuë & à genoux à la Mere de Dieu, & paya pour deuoir à l'image de cette grande Princesse, qui est dans la principale Eglise de Boulogne dediée à son nom, vn cœur d'or massif pesant deux mille escus, à condition que luy & ses successeurs Roys de France tiendroient la ville & la Comté de cette Vierge, & qu'à chacune mutation de vassal, ils luy en feroient hommage deuant son Autel, & luy payeroient vn cœur d'or de pareil poids.

Henry VIII. Roy d'Angleterre prit Boulogne par la lascheté de Veruins, qui la rendit malgré les plus sages & courageux Capitaines, qui l'asseuroient d'vn prompt secours: pource, disoit-il, qu'il auoit donné sa parole. Aussi mauuais Sujet, que mauuais Chrestien, qui faisoit scrupule de fausser la promesse, qu'il auoit donnée à vn ennemy estranger, & ne faisoit point de conscience de violer la foy, qu'il deuoit à son Prince naturel & legitime.

Ce felon ayant desia perdu l'honneur & le courage par cette honteuse reddi-

tion,

tion, il ne luy restoit plus rien que la teste & la vie qu'il perdit à Paris dans la place de Greue par la main d'vn bourreau. Et Henry II. armant par terre & par mer contraignit l'Anglois de rechercher la paix, & de luy rendre Boulogne, quand il vit que tous les Forts qui la gardoient n'auoient peu resister aux attaques d'vn si puissant Roy, à sçauoir Mont-lambert, Ambretueil, Sallard, Blanconet, & la Tour d'Ordre. C'est par ces moyens que la Prouidence diuine a changé la coste de Picardie en vn parterre de fleurs de Lys, quoy que les hommes ayent fait tous leurs efforts d'en faire vne retraite de Leopars & de Lyons.

Entre la Tour d'Ordre & le Fort de Chastilon, iusqu'à la fosse de Boulogne, à l'emboucheure de la riuiere est vn tres-bon havre à marée, où il faut entrer à haute eau, car en basse il est sec. Cette Tour, que les Anglois découurẽt aisément de leurs riuages, & qu'ils nomment la Tour du bon-homme, fut esleuée par les soins de Cesar, quand il repassa pour la deuxiesme fois en Angleterre, pour seruir de conduite à ses vaiſſeaux, s'ils eſtoient repouſſez par la diſgrace des vents, ou eſgarez par l'ignorance de ſes pilotes, comme il luy arriua en ſon premier voyage. Louys le Debonnaire ayant eſté choiſi pour commander la flote, que ſon pere enuoyoit au Nort, luy donna le rendez-vous à Boulogne, & voyant que cette Tour eſtoit preſque ruinée, il la fit reparer au grand contentement des mariniers. Charles VI. fit dreſſer à ſon exemple la groſſe tour du havre de l'Ecluſe en Flandre; les Maires de la Rochelle, la tour de la Lanterne; & la baſſe Guienne a fait releuer depuis quelques années la tour de Cordouan, qui eſt baſtie ſur vn rocher à l'entrée de la Garonne. Il y a des autheurs qui tiennent que les armes des Comtes de Boulogne, qui ſont des Tours, ont eſté priſes de la tour d'Ordre, comme ſeruant d'vn teſmoignage à la nobleſſe de leur ville, & à l'antiquité de leur maiſon.

La Lyane, r. ou foſſe de Boulogne.

La Lyane qui ſe deſcharge en mer au deſſous de Boulogne, & qui forme ſon port, prend ſon origine ſur les frontieres du Boulonois & de l'Artois, en vn lieu nommé *Queſque*, d'où elle ſe porte à *Celles*, & à *Cremar*, trauerse la forest de *Surene*, & receuant quelques ruisseaux elle va passer sous le *Pont de Brique*, sans porter aucun bateau, pour gaigner les murailles de la basse Boulogne, où elle se pert dans l'Ocean. La basse Boulogne est plus marchande, mais la haute est plus forte. Il y peut auoir cent pas de l'vne à l'autre.

CANCHE.

LA Riuiere de CANCHE coule aux pieds de nos derniers trophées, & arrouse tous les iours les lauriers de nos armées victorieuses, puis qu'elle vient de l'Artois proche de *Blauincourt*, & qu'elle passe par Ligny sur Canche, par *Hesdin*, où elle reçoit quelques ruisseaux, & entre autres le *Ternois*, petite riuiere qui prenant ses eaux dans la Comté de S. Paul, les vient porter au pied des murailles du nouueau *Hesdin*, & les iette dedans la Canche. Outre celle-là, il y en a encore vne autre, qui est nommée par quelques Autheurs modernes, & comme ie pense, fort peu

CANCHE R.

Le Ternois, r.

versez en la connoissance des eaux de ce Royaume *La riuiere de Hesdin*, c'est plu-

Blãgis, r. stost *Blangis*, nommé du lieu de sa naissance, qui fait la separation du Boulonois, & de la Picardie, & passe à *Sampy*. De Hesdin la Canche porte ses flots à Monstreüil, & de là à Estaples, où elle entre en la mer, & fait vn havre aux nautoniers, mais fort peu remarquable.

HESDIN. HESDIN le vieux fut ruiné il y a desia quelques années, par l'accord fait entre la France & l'Espagne, mais les Espagnols, qui n'obseruẽt leurs traitez que par bien-seance, bastirent Hesdin de nouueau, & le rendirent plus fort que le premier. L'an *1639*. le Mareschal de la Meilleraye y mit le siege sur la fin du mois de May, auec vne armée de plus de vingt-mille hommes tant de pied que de cheual. Le Roy LOVYS LE IVSTE se trouua luy-mesme en personne au camp, & fit plus d'effet par sa presence, que tous les canons & les foudres, les soldats s'estimans bien-heureux de combatre à la veuë de leur Prince, & se portans aux attaques sans crainte de la mort, qui ne pouuoit leur estre que souhaitable en vne telle occasion. Les assiegez se voyans hors d'esperance de secours, comme leurs soldats se diminuoient, & que les assauts se preparoient, demanderent à capituler, à quoy ils furent receus & traitez fort honorablement en leur sortie, qui fut sur la fin du mois de Iuin.

MONSTREVIL SVR MER, ainsi nommé pour le distinguer de Monstreuil Bellay sur les frontieres de l'Anjou & de Poitou, est assis en croupe de montagne sur la riuiere de Canche proche de son emboucheure. C'est vn agreable diuertissement de considerer la diuersité des opinions touchant son nom. Les vns nous la representent comme la cauerne de Polypheme, & nous veulent persuader que le mot de Monstreüil a esté formé d'vn monstre qui n'auoit qu'vn œil, qu'on trouua dans vne grotte, en bastissant la ville. Les autres nous en font vn spectacle plus magnifique, & nous la descriuent comme vn Theatre de Roys, puis qu'à leur dire Monstreüil est autant que Mont-Royal. Il y en à d'autres qui auec

MONSTREVIL SVR MER.

plus de raison changent Monstreüil en vn lieu de sainteté ; & pour vne place d'armes, qu'elle est aujourd'huy considerable sur nos frontieres, nous la font passer pour vne solitude de Moynes, & maintiennent qu'elle a esté nommée du mot Latin *Monasterium*, qui signifie Monastere. Quoy que c'en soit, ce fut là que Philippe I. ayant rauy la femme de Foulques, & le feu de son amour s'enflammant par la iouissance d'vne si belle concubine, renuoya la Reyne Berte son espouse, au grand scandale de toute la Chrestienté, qui auoit veu rarement que nos Roys Tres-Chrestiens eussent donné des exemples d'vne telle incontinence. C'est vne ville forte, auec vne citadelle, & porte le titre de Comté dependant de l'ancien Comté de Ponthieu.

ESTAPLES.

ESTAPLES n'a rien de plus auguste en son enceinte que le berceau de Loup, ce venerable Abbé de Ferrieres, lequel florissoit sous le regne des Empereurs Louys le Debonnaire, & Charles le Chauue. Ses Epistres nous seruent d'vn tesmoignage de sa doctrine & de sa probité, & la ville d'Estaples est plus glorieuse d'auoir donné cet homme à l'Estat & à l'Eglise, que de voir l'Ocean aux pieds de ses murailles, & les nauires chargés de marchandises, venir à son port luy rendre leurs deuoirs, & luy payer les tributs de la mer.

AVTIE.

LA Riuiere, qu'on trouue la plus proche sortant de la bouche de Canche, pour descendre le long des costes, se nomme *Authi*, ou *Autie*, pource que ses bords sont fort esleués. Elle n'a presque rien qui soit digne de nos remarques, elle n'a ny port ny haure, & n'est bonne qu'a faire aigade. Sa source est à *Coignin*, proche des bornes d'Artois, au dessus du chasteau d'Authy, & son emboucheure est au *Pont de Collines*, où elle se perd dans la mer Oceane, au *Pas d'Autie*, apres auoir moüillé les murailles de Dourlens. AVTHIE R.

DOVRLENS place fortifiée sur les riues d'Authie, & à la jonction d'vn petit ruisseau qui s'y rend de deux ou trois lieuës au dessus, a esté comprise à raison de son importance presque en DOVRLENS.

tous les traitez que les Roys de France ont fait auec les Ducs de Bourgogne, & les Roys d'Angleterre & d'Espagne. A costé de Dourlens entre les riuieres d'Authie & de Somme fut liurée la sanglante bataille de Crecy entre Philippe Roy de France, & Edoüard Roy d'Angleterre, l'an 1346.

Bataille de Crecy.

Edoüard auoit desia passé la Somme à *Blanquetaque*, ayãt attiré son armée par son exemple & par ses paroles à suiure sa fortune, quand il se jetta le premier dans l'eau, & qu'il s'escria, Qui m'ayme, qu'il me suiue. A cette voix tous les soldats se lancerent dans la riuiere, comme s'ils eussent eu vn Moyse pour conducteur, gaignerent les bords, & mirent en fuite, ou au fil de l'espée, tous les François, qui leur auoient disputé le passage. Philippe honteux de cette escorne se resolut d'en tirer sa reuanche, & d'aller chercher son ennemy qui s'estoit retranché & fortifié dans vn village de Ponthieu, nommé Crecy. Son armée estoit d'enuiron trente mille hommes, mais l'ordre du General, l'industrie des Capitaines, & le courage des soldats redoubloient le nombre.

Son fils conduisoit l'auantgarde, le Duc de Suffold tenoit la bataille, & luy s'estoit reserué l'arrieregarde. Les Arbalestiers paroissoient à la teste de l'armée, sa caualerie en suitte, les haches & les masses de ses cheualiers estoient aux premiers rangs, & les lances à la queuë. L'armée de Philippe estoit beaucoup plus grande, composée de plus de soixante mille combatans, les Princes & Seigneurs estoient accourus des extremitez du Royaume pour estre spectateurs de la ruine entiere de l'Angleterre, qu'ils tenoient aussi certaine, que le combat. Le Duc de Sauoye y estoit arriué auec mille hommes de renfort, comme si toutes les terres se fussent efforcées de produire des lauriers pour couronner le teste de Philippe. Mais le Ciel est pour Edoüard. Car la pluye suruenant relascha les cordes des arcs d'vne partie de nos soldats, qui ne furent pas soigneux de les couurir, & le soleil leur dõnant dans le visage leur esblouissoit la veuë, & les exposoit plus ouuertement aux yeux & aux coups des ennemis : & la precipitation du Roy, auec la colere de Charles d'Alençon son frere osterent le jugement & le courage à vne armée, qui estoit capable, si elle eut esté bien conduite, non seulement de relancer l'Anglois dans son Isle, mais de le contraindre de venir porter aux pieds du Vainqueur son Sceptre & sa Couronne. Plus de trente mille François demeurerent sur la place, & la fleur de la Noblesse arrousa cette campagne du plus beau sang de l'Europe; le frere du Roy, & son neueu, le Roy de Boheme, le Duc de Lorraine, le Comte de Flandre, le Dauphin de Viennois signalerent de leur mort cette iournée. Et si tout ne fut pas tué, tout fut deffait. Le Roy luy-mesme se sauua de nuit presque tout seul à Bray, loüable en cela, qu'il ne desespera point dans le desespoir de ses affaires.

RVE, ville.

Plus bas qu'Authie, on voit RVE au dessus de Crotoy, place considerable, assise sur vn petit ruisseau qui vient des plaines de Crecy, encore rouges de nostre sang, & se iette dans la mer Oceane entre les riuieres d'Authy & de Somme, sous le nom de *Maie*.

Maie, r.

LA SOMME.

LEs plus fameuſes Riuieres ne ſont couronnées que de joncs & de falaizes, & les plus illuſtres fleuues ſe contentent de porter en leur main des cannes & des roſeaux; mais la Somme eſt courõnée de villes & de fortereſſes, qui la rendent autant redoutable aux Eſtrãgers, que la nauigation de ſon canal, & la commodité de ſes ports la fait aymer aux habitãs des pays qu'elle enrichit par le cõmerce; & porte en main les clefs du Royaume de France, pour en fermer les auenuës aux iniuſtes vſurpateurs des terres & de la gloire de cet Eſtat, & nous ouurir les portes du Pays-bas, pour rentrer dans nos premieres poſſeſſions. Les autres ne nourriſſent que des poiſſons; cette-cy nourrit des peuples entiers, arrouſant la Picardie, qu'elle engraiſſe, & rend ſi fertille en bleds, qu'on peut dire auec raiſon, qu'elle eſt le grenier de Paris; cõme autre-fois la Sicile eſtoit celuy de Rome. Et c'eſt merueille, que le ſol eſtant aſſez propre pour produire du vin, les

Picards, qui ne l'abhorent point, aiment mieux se passer de cidre & de biere, que de bescher les vignes. Les autres sont sujettes aux debordemens, & dependent beaucoup des saisons, ou se preualent des despoüilles d'autruy, comme ces Empereurs qui paroient leurs triomphes du sac de plusieurs villes, & dressoient des trophées à leur memoire, qui estoient plustost deuës aux caprices de la fortune, & au courage des soldats, qu'à leur sage conduite: & cette-cy conserue tousiours vn mesme visage, & marche en tout temps d'vn mesme pied, sans que les chaleurs de l'Esté puissent iamais abbaisser ses flots, ny les rigueurs de l'Hyuer arrester son cours par la glace ; & qui plus est, elle presente à l'Ocean ce qui luy appartient, & n'exerce point ses liberalitez aux despens des autres, ne receuant qne fort peu de ruisseaux depuis son origine iusqu'à son emboucheure.

La Somme.

La Somme, que les Latins ont nommée, *Summa*, *Sumina*, & *Somona*, prend sa source dans vn village du Vermandois, appellé *Feruacq*, d'où elle descend à *S. Quentin*, qui est proche, & se voûtant en forme d'arc à *Ham*, elle remonte à *Peronne*, vient à *Corbie*, gaigne *Amiens*, où elle se partage en quatre rameaux, qui à l'issuë de la ville se rassemblent au *Pont de S. Michel* : de là se rend à *Piqueny*, & à *Abbeuille* ; & se va jetter dans la mer Oceane entre *Crotoy*, & *S. Valery*. Sur ce long chemin qu'elle fait, trauersant la Prouince d'vn bout à l'autre, elle se voit ornée de plusieurs ponts, bastis pour le passage des voyageurs, & pour la ionction de la haute & basse Picardie, qui sont separées par l'eau de la riuiere, dont le premier est à *S. Quentin*, le deuxiesme à *Dalon*, le troisiesme à Peronne, le quatriesme à *Amiens*, le cinquiesme à *Piqueny*, vn autre au *Pont de Remy*, deux lieuës au dessus d'*Abbeuille*, où est le dernier, que Philippe de Valois fit reparer, le iugeant trop foible, pour supporter le faix de son armée, quand il passa pour liurer la bataille aux Anglois, au village de Crecy ; où la France versa plus de sang en deux iours qu'elle n'auoit fait en deux siecles, & perdit plus de vaillans hommes en vne seule campagne, qu'elle n'en auoit perdu en l'estenduë de toutes ses Prouinces, comme i'ay desia dit. Nous ne fûmes pas traitez plus fauorablement à S. Quentin par l'Espagnol, l'an 1557. où il nous faut remonter pour reprendre le cours de la riuiere à sa source.

S. QVENTIN.

La ville de S. QVENTIN assise sur la Somme entre les marests & les prairies, est prise par les Doctes pour la *Samarobriue* de Cesar, & receuë generalement de tous pour *l'Auguste du Vermandois*. Ce nom luy fut donné à l'hõneur de l'Empereur Auguste, que les peuples soumis aux loix de son Empire reueroient comme le Dieu visible de la terre, & comme le protecteur de la felicité publique. Mais apres que S. Quentin y eut esté martyrisé pour la defence des veritez Euangeliques, qu'il auoit annoncées, les citoyens de cette ville quitterent le nom d'vn Empereur prophane, pour prendre celuy d'vn Prince du Ciel, & firent comme ceux qui n'estans pas de noble extraction, empruntent les Armes & les deuises de quelque illustre famille de laquelle ils ont recherché l'alliance. La sanglante journée de S. Quentin nous causa la perte

Iournée de saint Quentin.

de cétte ville. Les Imperiaux estoient venus menasser Guise, mais en effet inuestir saint Quentin, foible d'hommes, & mal pourueuë. L'Admiral s'estoit ietté dedãs auec quelques soldats; & le Cõnestable desirant sauuer la place, auoit entrepris de forcer l'ennemy. Mais Philippe d'Espagne l'ayant serré de prés, l'engagea au combat, le blessa à la hanche, & le prit prisonnier auec les Ducs de Montpensier & de Longueville, & la pluspart des Capitaines, qui perdirent leur liberté en cette bataille, où plusieurs autres Princes, & plus de cinq mille hommes perdirent la vie. Les assiegez reduits au nõbre de huit cens, ne pouuans pas garder onze bresches, que le canon auoit fait à leurs murailles, furent emportez d'assaut, & seruirent de proye à l'auarice du vainqueur. La ville d'Han se rendit en suite, & le chasteau fut bruslé par les François.

PERONNE. PERONNE est renommée dans nos histoires, pour auoir esté la prison de Charles le Simple, qui ayant renoncé au droit de la Couronne en l'assemblée des Notables du Royaume, choisis &

conuoquez par Hebert Comte de Vermandois, s'aquitta de la debte commune de la nature, & mourut de tristesse pour se voir ignominieusement flaistry par cet affront, qu'il receut de la supercherie d'vn sien vassal. Il est enseuely dans l'Eglise de nostre Dame, qui semble releuer la gloire du defunct par les priuileges de son Chapitre, qui ne releue que du S. Siege; par l'Architecture admirable des bastimẽs, qui n'a rien de pareil en France, & par les ornemens du Choeur enrichy d'or depuis quinze ans, vne des plus rares pieces de toute la Picardie. Les Articles de la Ligue furent aussi dressés à Peronne l'an mil cinq cens septante six contre l'authorité des Roys, & contre le droit naturel des legitimes heritiers; quoy que desguisez sous des pretextes fort specieux de pieté, pour ietter de la poussiere aux yeux des bons esprits, qui voudroient les examiner auec attention: Que c'estoit pour restablir les loix de Dieu, & remettre son saint seruice en sa premiere integrité, pour maintenir le Roy & ses successeurs en la splendeur de son Estat, & en l'obeissance qui luy est deuë

par

par ses sujets: & pour restituer aux Estats du Royaume les droits, preeminences, franchises, & libertez anciennes, que leurs merites leur ont acquis, & que les bons Princes leur ont accordé. Est-il rien de plus equitable ?

CORBIE n'estoit autre-fois qu'vne Abbaye, la retraite de Moynes consacrez au silence, c'est aujourd'huy vne des fortes places de la frontiere, qui est capable de donner de la crainte ou de la jalousie aux estrangers, qui la posse-deroient encore, s'ils eussent eu autant de force pour resister aux iustes armes du Roy qui la reprit ces dernieres années, qu'ils auoient eu de ruses pour corrompre des sujets mercenaires, qui leur auoient liurée. CORBIE

Pour AMIENS, si ie voulois faire de l'Historien aussi bien que du Geographe, ie rechercherois l'antiquité de cette ville dans les Commentaires du Conquerant des Gaules, qui en fait souuent vne honorable mention, & la met dans la Gaule Belgique. Je dirois que les Officiers d'vn Estat s'assemblent dans les autres villes pour le bien des peuples: mais que les Roys de l'Eu- AMIENS.

rope se sont assemblez à Amiens pour les affaires du Royaume de IESVS-CHRIST, & ie descrirois à ce sujet le plus illustre Conseil, & la plus importante deliberation, qui ait iamais esté traitée, où les Roys de France, d'Angleterre, d'Aragon, de Nauarre & de Boheme, auec vn grand nombre de Seigneurs, resolurent de contribuer leurs armes, & l'argent de leurs finances pour le recouurement de la Terre Sainte, & pour la gloire du nom Chrestien.

Ie voudrois representer la pompe de deux grands Roys, Edoüard d'Angleterre habillé à la Royale d'vne longue robbe de veloux cramoisy parsemée de Leopards d'or, la couronne en teste, l'espée au costé, & les esperons dorés aux pieds, qui vient trouuer Philippes de Valois assis en sa chaire Royale, vestu d'vne robbe longue de velours violet, parsemée de fleurs de Lys d'or, la couronne en la teste, & le sceptre en la main tenant vne majesté Royale, accompagné de ses Connestable, Chancellier, & grand Chambellan, & luy rendre hommage de sa Duché de Guyenne, & de la Comté de Ponthieu, ayant osté sa couronne, son espée, & ses esperons, & s'estant mis a genoux, dont il se releuera bien tost pour joüer la plus sanglante tragedie, qui se soit veuë depuis la fondation de cette Monarchie.

Ie loüerois l'inclination particuliere qu'a eu tousiours cette ville au party de la France, & auec quels soins les habitans ont cultiué les Lys dans leurs terres, nonobstant les iniures du temps, & les mauuaises saisons. I'adiousterois qu'elle a eu cet honneur de posseder vne Cour souueraine de Iustice semblable au Parlement de Paris, que la Reyne Isabeau de Bauiere femme de Charles VI. y establit durant les troubles de l'Estat, qui procedoient de la foiblesse de son mary. Ie representerois aux malades les grandes obligations qu'ils ont à cette ville capitale d'vne riche Prouince pour leur auoir produit ces deux illustres personnages, Syluius, & Fernel, les deux ornemens de la Faculté de Medecine à Paris. Et pour prouuer l'importance de cette ville, il me suffiroit de dire, que les Espagnols l'ayant prise en Renards auec des noix

& des pommes, Henry IV. employa six millions d'or pour la prendre en Lyon auec des boulets de canon, nonobstant la courageuse resistance des assiegez, & le puissant secours de l'Archiduc Albert, qui vint en vaillant Capitaine se presenter deuant le Camp, & s'en retourna en bon Prestre à Bruxelles.

Mais ie me contente apres vous auoir descouuert le lieu de son assiete sur les bords de la Somme, & le plan de sa citadelle bastie par le commandement de Henry IV. proche de la petite riuiere qu'on nomme des Celestins, & iointe à la ville par vn pont dressé sur vn canal de la Somme qu'on appelle communement le pont Dolent, ou le pont du Debat, de dire que les Latins l'ont nommée *Ambianum*, pource qu'elle est entourée d'eaux de tous costez, & que la Somme l'arrouse en quatre ou cinq endroits, où la Celle, qui moüille Conty, se vient descharger.

Celle, r.

PEQVIGNI.

PEQVIGNI est vne place assez signalée par la mort de Guillaume Duc de Normãdie, surnommé Longue-Espée, qui fut tué par les menées de Thibaud surnommé le Tricheur, Comte de

Chartres, ſans qu'il ſoit beſoin de rechercher ſes loüanges dans les fables de ſa fondation, dont il y en a quelques vns qui en font l'Autheur vn certain Pichon, Chef des Macedoniens, apres la mort d'Alexandre le Grand. On peut dire que le nom de cette ville a eſté autant fatal aux Anglois, que le mot de Schiboleth à la Tribu d'Ephraïm : quarante deux mille de ceux-cy furent tuez ſur le riuage du Iourdain par le vaillant Iephté, ayant eſté reconnus pour ennemis & eſtrangers à leur langue, qui au lieu de dire Schiboleth, prononçoient Siboleth : & vne armée entiere d'Anglois fut deffaite ſur les bords de la Somme, qui pour *Pecquigny*, ne peurent prononcer que *Pecqueny*.

ABBEVILLE eſt la Capitale de la Comté de Ponthieu, qui a tiré ſon nom du grand nõbre de ponts qu'on y void ſur les mareſts, qui ſe vont deſcharger en la mer proche de S. Valery, & qui a ſeruy de ſujet & de champ de bataille aux Anglois & aux François, depuis qu'elle fut donnée en dot à vne fille de France, & qu'Edoüard en preſta le ſerment à Philippes de Valois en la ville

ABBEVILLE.

d'Amiens. Cette place est forte, grande, & opulente, & la riuiere de Somme, qui la trauerse, & qui reçoit vn petit ruisseau pour grossir le cours de son eau, luy donne vne grande commodité pour le trafic, qu'elle entretient sur la mer, où elle se va ietter prés de S. Valery ancien Monastere.

LA SOMME auant que de se presenter à l'Ocean, ramasse tous les ruisseaux qui coulent des fontaines & des marests de la haute Picardie: de sorte que sa suitte est pompeuse, & son cours magnifique. Le premier ruisseau dont on sçait le nom est *Ignon*, qui passe à *Nesle*, forteresse qui nous sert de rampart contre les attaques du Pays-bas, & vn des anciens Marquisats du Bailliage de S. Quentin, qui a produit autre-fois de vaillans hommes, qui ont merité par leur courage l'alliance de la maison de Courtenay sortie d'vn puisné de France. Le *Vignon*, se leue prés de l'Abbaye de Vermand.

Ignon, r.

Le Vignon, r.

La Riuiere d'ENCRE, vient se ioindre à Corbie, descendant du Marquisat, dont elle emprunte le nom, qu'il a neantmoins changé pour celuy d'Al-

Encre, r.

bert, ayant si fort en horreur la memoire de ce monstre de fortune, qui le possedoit au commencement du regne de Louys XIII. qu'il a mieux aymé perdre les anciens titres de sa noblesse, que d'auoir aucune intelligence, ou plustost aucune communication auec vn si mauuais maistre. Le *Moreuil* vient de deux sources, dont l'vne prend sa naissance au dessus de Mondidier, & l'autre au dessus de Roye, qui se ioignent à Neuf-ville, & de là portant leurs ondes vers le Nort, elles reçoiuent le *Nays*, qui sort des marests de Beaureuoir & de Bretueil, & passe aux pieds du Paraclet. L'*Alce* n'est qu'vn fort petit ruisseau, qui vient se perdre au dessous du chasteau de Dours. La *Celle* se rend de Conty à Amiens, & plusieurs autres ruisseaux coulent sur les terres de Ponthieu, qui n'ont point de nom, comme l'vn qui passe au bourg de Canaples, & sert de bornes à la Comté. Le *Cardon* descend de S. Riquier au dessus d'Abbeuille. Les Espagnols ayans surpris la ville de S. Riquier l'an 1536. en furent repoussez par la vertu des femmes, qui s'estans reuestuës en hommes oste-

Le Moreuil, r.

Nays, r.

Alce, r.

La Celle, r.

Le Cardon, r.

rent deux enseignes à ces rodomons, qui se glorifient d'estre les premiers entre les hommes. De sorte que la Somme auec tous ses renforts pretend dans l'Ocean vn des plus honorables rangs parmy les grandes riuieres ; & ie ne doute point qu'ayant esté consacrée du premier sang des Chrestiens respandu sur ses bords à la naissance de l'Eglise ; ayant receu si souuent dans son lict les armées victorieuses de France, pour les delasser apres le trauail du combat ; & ayant esté si fauorable à la iustice de nos armes, contre les inuasions des iniustes vsurpateurs de nostre bien, les François ne la considerent comme vne des premieres de leur Royaume, & particulierement sçay-je bien que les Picards la cherissent comme le principal ornement de leur pays. S'il falloit mesme recueillir le suffrage des estrangers en sa faueur, elle se verroit chargée d'eloges si magnifiques, & ceinte de couronnes si precieuses, qu'elle voudroit entreprendre sur toutes les autres, au preiudice de leurs droits ; & ne se contenteroit pas de marcher des premieres, si elle en voyoit vne autre seulement à ses costez, Voicy le tesmoignage d'vn Poëte, qui fait le Philosophe.

Tu n'as rien veu, que Dordonne & Gironde,
Bien tost verras la Charante profonde,
Loire au long cours, Seine au port fructueux,
Saune qui dort, le Rosne impetueux:
Aussi la Somme & force autres riuieres,
Qui ont les bords de maintes villes fieres.

LES RIVIERES DES COSTES DE NORMANDIE.

II.

IL n'est que Dieu, qui ne change iamais ses ordres, & qui agit tousiours par les mesmes maximes : Il n'est aussi que luy seul entre tous les Souuerains, dont les Estats obseruent tousiours les mesmes loix, & retiennent les mesmes bornes. Les Royaumes de la terre suiuent la fortune des Princes, qui les possedent, & pource qu'elle est dans vn changement perpetuel, elle les fait aussi rouler dans vne perpetuelle vicissitude : & de la Cour des Grands elle en fait vn theatre de Comedie, où l'on void les Sceptres passer de main en main : les seruiteurs commander, & les maistres tomber dans la seruitude. C'est ce que nous remarquons particulierement sur les costes de la Neustrie, qui changeant de maistre changea de nom, & s'appella Normandie, quand les Normans en eurent pris possession, l'an neuf cens dix,

Les enfans ne ressemblent pas tousiours à leurs peres : les terres & les maisons peuuent estre hereditaires, mais les vertus & les vices sont personnels. En voicy des preuues. Charlemagne estoit vn ouurage acheué de la Nature, de la Fortune, & de la Vertu, qui luy formerent vn corps, vn Estat, & vn esprit, qui fut le patron des Princes ou le sujet de leurs souhaits : mais la plus illustre memoire de sa posterité n'a esté marquée que par les vices du corps ou de l'esprit : l'vn est Begue, l'autre Chauue, l'autre Simple, l'autre Cruel, l'autre Sterile, & tous sont malheureux. Les Normans peuples Septentrionaux ramassez du Dannemarc, de la Suede, & des autres pays circonuoisins, se seruans de l'occasion, se ietterent ſur les coſtes du Royaume de France; & ſe fortifierent principalement dans la Neuſtrie, l'vne des plus riches Prouinces, & par le bon-heur de leurs armes obligerent Charles le Gros d'entrer en traité auec eux, pour les rendre d'ennemis ſes amis, en leur laiſſant ce qu'il ne pouuoit leur oſter.

Charles ceda donc la Neuſtrie aux Normans, à la charge qu'ils releuroient en hommage lige de la couronne de France, & eux donnerent le nom de leur naiſſance, ou pluſtoſt de leurs auantures à la terre de leurs conqueſtes, & l'apellerent Normandie, qui veut autãt à dire, que terre du Nort. De toutes les nations qui ont affligé l'Egliſe & outragé IESVS-CHRIST en ſes biens & en ſes membres, il n'y en a point eu de plus brutale que celle cy: mais comme la vipere qui a le plus preſſant venin, a auſſi le plus preſent remede: il n'y en a point eu, qui apres auoir eſté lauée des eaux du S. Bapteſme, aye adoré plus religieuſement ce qu'elle auoit briſé, & deffendu plus courageuſement ce qu'elle auoit perſecuté. Il n'appartient qu'à Dieu de faire vn Ange d'vn corps proſtitué, & changer des Normans en exemplaires d'vne parfaite deuotion, en exterminateurs des Tyrans, & en protecteurs du Siege de S. Pierre.

Ne fut-ce pas vn Guillaume ſurnommé Bras de fer, qui chaſſa les Grecs de la Calabre & de la Poüille, & qui punit leur perfidie par la perte de ces deux grandes Prouinces? Ne fut-ce pas vn Robert Guiſchard, qui ſouſtint le party des Papes, conſerua l'authorité de l'Egliſe, dompta les rebelles, chaſſa les Grecs, & extermina les Sarraſins de l'Italie? Ne fut-ce pas le meſme, qui merita d'auoir le Soleil pour Treſorier general de ſes guerres, auſſi bien que Ioſué l'eut pour Ayde de camp? Car on dit de luy qu'au plus fort de ſes affaires il trouua dans la Poüille vne ſtatuë de marbre, qui auoit vne couronne de cuivre en teſte auec cette inſcription: Le premier iour de May, i'auray la teſte d'or au leuer du Soleil. Et le premier iour de May ayant remarqué le lieu où l'ombre de la teſte de cette ſtatuë abboutiſſoit au Soleil leuant, & y ayant beſché la terre, on trouua vne ſi grande quantité d'or, qu'il y en eut assez pour foncer à tous les frais de la guerre? Ne fut-ce pas vn Boëmond, qui renonça de son plein gré aux grandeurs de sa maison, pour accroistre le Royaume du Fils de Dieu, & qui abandonna les terres de son obeïssance, pour aller retirer l'Asie des mains des infidelles? Ne fut-ce pas vn Roger, qui soûmit deux Sceptres & deux Couronnes, l'vne de Naples, & l'autre de Sicile à l'Eglise, comme des fiefs mouuans du S. Siege? Ne fut-ce pas vn Guillaume Bastard, qui couurit les deffauts de sa naissance par les belles actions de sa vie, & se fit Roy d'Angleterre par sa generosité? Pour ne rien dire de ses descēdans, qui nous ont donné tant d'exercice & qui ont si souuent ensanglanté nos plaines du sang de nos meilleurs soldats: & qui auroient il y a long temps rendu toute la France Angloise, si Philippe Dieu-donné n'eust reüny la Normandie à sa couronne par la felonnie de Jean Sans-terre, deux cens nonante quatre ans apres qu'elle en fut separée en faueur de Raoul, & si Charles le Victorieux n'eust resserré les Anglois dans leur Isle auec la houlette & la quenoüille d'vne Bergere.

Les Costes, aussi bien que le reste de la Prouince, sont diuisées en deux: vne partie se nomme la haute Normandie, l'autre la basse: & s'estendent depuis la riuiere d'Eu, qui les separe de la Picardie, iusques à la riuiere de Coësnon; qui les diuise de la Bretagne. Le pays est garny de quantité de forests, il abonde en poires & en pommes, dont on fait du cidre, qui supplée au deffaut du vin, & particulierement il est riche en pasturages & en bleds. Les mines de fer y sont communes auec quelques mines de cuivre & de vif argent: On y tire l'alun de roche, le marbre, & l'ardoise; & le poisson y est en tres-grande abondance à cause de la mer & du grand nombre de riuieres qui sont en la Prouince. Voicy celles qui se deschargent dans l'Ocean. LA NORMANDIE.

LA BRESLE.

LA Riuiere de BRESLE qui prend aussi le nom de la ville d'Eu, qu'elle arrouse de ses eaux auant que d'en- LA BRESLE, R.

trer en la mer à Tresport, où elle se rend, n'a rien de memorable en tout son cours, qu'elle va prendre au village de Courcelles au dessus d'*Aumale*, & ne porte aucun bateau, si ce n'est au havre de *Tresport*, encore n'y entre-on que de haute eau. Elle se grossit d'vn ruisseau, qu'elle reçoit à Senerpont, où l'on passe sur vn pont de pierre, aussi bien qu'à Blangy quatre lieuës au dessous de Senerpont.

AVMALE. L'histoire de nos guerres modernes & anciennes rend le nom des Comtes d'Aumale plus illustre que la Geographie ne fait leurs terres; & leur vertu les a tousiours porté plus haut, que les titres de leur maison, qui fut erigée en Duché l'an mil cinq cens quarante huit par le Roy Henry II. en faueur de François de Lorraine, dont la vie fut miraculeuse; puisque deuant mourir des coups qu'il auoit receu au siege de Boulogne, il surmonta la mort, & comme vn nouueau Phœnix, qui renaist de ses cendres, il tira les forces d'vne seconde vie du sang de ses blessures. Voicy ce qu'en dit de Langey. Entre autres vn iour Monsieur François

çois de Lorraine Duc d'Aumale, ieune Prince de grande volonté, fils aisné du Duc de Guise estoit allé pour voir l'escarmouche : mais voyant nos gens la soustenir assez lentement & estre sur le point d'estre renuersez, pour les remettre debout, voyant vne trouppe d'Anglois, qui le venoient charger par le flanc, & se pensant, asseuré que plusieurs qui estoient à l'entour de sa personne ne l'abandonneroient, chargea lesdits Anglois si vigoureusement, qu'il les arresta sur le cul. Mais n'estant suiuy comme il esperoit, il receut vn coup de lance dedans la veuë, qui luy donna entre le nez & l'œil, & entra dedans la teste enuiron demy pied. Car il faut entendreque le fer de la lance estoit à trois quarres, & n'estoit gros, & auoit enuiron vne palme de long : lequel entra tout dedans la teste auec la doüille, & bien deux doigts du bois: la lance rompit, & demeura le tronçon dedans la teste. Toutes-fois, pour ledit coup il ne perdit ny les arçons, ny l'entendement, dont bien luy prit. Car s'il fût tombé, jamais homme ne l'eust sauué d'entre les mains des gens de pied Anglois qui en prenoient peu à mercy. Estant retourné au camp tous les Chirurgiens doutoient fort que la force dont il conuenoit vser pour retirer ledit tronçon hors de la teste ne mît ledit Prince en hazard, ne pouuant supporter la secousse : & par ce moyen qu'il rendist l'esprit entre leurs mains, il porta la douleur si patiemment, que qui ne luy auroit tiré qu'vn poil de la teste. Ce nonobstant estant porté dans vne litiere iusques à Pequigny, il fut deux ou trois fois qu'on ne luy esperoit vie. A l'occasion dequoy il disposa de tous ses affaires en pouruoyant tous ses seruiteurs. Quant à moy (adjouste le mesme Autheur) ie pense asseurément que Dieu luy sauua la vie, non pas les medicamens des hommes, & qu'il le preserua, afin que le Roy cy apres en tirast plus grand seruice.

Pour la COMTE' D'EV, elle auoit autres-fois ses Comtes, qui firent parler d'eux. Le Roy Iean estant de retour à Paris de son Sacre de Reims, fit decapiter en l'Hostel de Nesle Raoul Compte d'Eu & de Guisnes, Connestable de France, comme ayant intelligence auec l'Anglois au preiudice de ſon Prince legitime, & trahiſſant l'Eſtat pour eſtre allé & venu dans le Royaume ſous ſa foy durant ſa priſon. Charles VII. erigea depuis la Comté d'Eu en Pairie pour Charles d'Artois.

LA BETHVNE.

LA BETHVNE n'eſt pas longue en ſon cours, ny groſſe en ſon canal : mais les palmes qu'elle a veu naiſtre ſur ſes bords pour charger les mains victorieuſes du Grand Henry à la journée d'Arques luy ont donné plus de reputation, que n'en ont les plus fameuſes riuieres qui entretiennent le commerce des peuples. Elle ſe forme de trois petits ruiſſeaux, dont l'vn vient du village de Seaume; l'autre prend ſa ſource au deſſus de Neuf-Chaſtel; qui ayant fait quelque eſpece de reſiſtance aux armes de ce valeureux Prince, dont ie viens de parler, ſe rendit à ſa vertu, apres que le ſecours qu'on y enuoyoit de la part des Liguez fut deffait par Hallot & Guitry ſes Lieutenans, qui couurirent la campagne de huict BETHVNE, R.

cens hommes morts, pendant que le Duc de la Tremoüille, ostoit aux ennemis quelques chasteaux, qu'ils tenoient aux enuirons de Montrichard : & le troisiesme sort d'vn lieu qu'on nomme Belle-encombre. Tous trois se joingnent au bourg d'Arques, où se donna la bataille, qui mit la Couronne d'or auec celle de laurier sur le front de Henry l'an 1598. quand sa Majesté partit de Diepe, marcha audeuant du Duc de Mayenne, logea son armée à Arques entre deux costaux separez de la riuiere de Bethune; au pied de l'vn est le bourg, & le chasteau qui luy commande, est au sommet. C'est là où cinq cens cheuaux, douze cens hommes de pied François, & deux mille Suisses triompherent prodigieusement d'vne armée de plus de trente mille combatans, qui croyoient amener mort, ou pieds & poings liez le plus grand Capitaine du monde, qui comme vne foudre terrassa ou dissipa tous ces orgueilleux escadrons.

ARQVES.

Iournée d'Arques

DIEPE.

Pour DIEPE c'est vne ville assez considerable, bastie entre les montagnes sur le riuage de la mer, qui bat le pied de ses murailles & luy forme vn bon port à l'embouchеure de la *Bethune*, quoy qu'estroit & serré d'entrée: d'où les Diepois sortent tous les ans en la saison, pour aller aux terres neufues, & aux nouueaux Royaumes trafiquer auec les Barbares. Le Fort qu'on nomme du Pollet, commande le Port, & le chasteau couuert d'vne citadelle fortifie l'autre costé de la ville. Elle a pris son nom d'vne petite riuiere qui vient se rendre à ses portes.

On trouue sur la mesme coste, tirant vers le Midy, l'ancienne place de Fescamp à l'embouchеure d'vne petite riuiere, formée de deux ruisseaux; l'vn coulant de Vallemont, & l'autre de Goufreuille. L'Abbaye de Fescamp est si celebre, qu'il n'est pas besoin d'vn long estude, pour sçauoir le nom & la pieté de son Fondateur, Richard II. Duc de Normandie, qui fit faire son cercueil long-temps deuant son decez; & dit-on de luy, que pour apprendre l'art important de bien mourir, il le faisoit remplir de froment chaque vendredy de l'année, auec vingt sols d'argent, pour estre distribuez aux pauures. Fescamp.

Ie ne dis mot de quatre ou cinq autres petits ruisseaux, qui se perdent dans la mer auec plus d'auantage, qu'ils n'en ont eu moüillant les terres : comme de celuy de *Sart*, à Tanqueuille, d'vn autre à Epineil, d'vn troisiesme à Cliquedent, & du quatriesme qui se iette dans l'Ocean à Estretot. Ce ne sont que des filets imperceptibles, qui n'ont pas plus de nom que d'eau, & la mer qui les reçoit dans son sein, ne s'apperçoit quasi pas de leur entrée, tant ils sont peu considerables ; La Seine a bien d'auttes attraits.

La Sart, r

LA SEINE.

La Seine r.

C'Estoit auec beaucoup de raison, qu'vn Ancien nommoit les eaux le Theatre des Passions humaines, aussi bien que celuy des merueilles de Dieu, où les tempestes & les naufrages, les instrumens de la iustice du Ciel, remplissent de crainte les plus asseurez courages : les desbordemens & les frequentes saillies, que la mer & les riuieres font hors de leurs riuages obligent les plus prudens de se retirer d'aupres de la communication de ſi dangereux voiſins ; & au contraire les grandes commoditez, que les peuples retirent de la nauigation, & le commerce qui s'entretient dans les Prouinces par le moyen des eaux, qui ſont comme les veines au corps humain, nous donnent de l'amour pour vn Element ſi profitable ; la clarté de ſes ondes, auec la douceur de ſon cours ſemblent touſiours agreables. Ceux qui veulent penetrer bien auant dans les ſecrets de la Philoſophie, ont vn noble ſujet pour occuper leur eſprit, & contempler auec admiration l'origine des fontaines, la cheute des fleuues, la diuerſité des poiſſons, le reflux des eaux, & mille autres ſecrets. Les autres pareillement qui veulent s'inſtruire, & ſe former les meurs à la vertu, n'ont point beſoin d'autres eſcolles pour apprendre l'inconſtance des choſes humaines, & l'incertitude de nos felicitez, que le courant des eaux, la naïfue repreſentation de noſtre vie, qui ſe produit au iour de la naiſſance, & ſe va perdre au moment de la mort, apres auoir roulé quelque temps ſans poſſeder aucune fermeté.

La Seine est capable de nous donner toutes ces instructions, de tant de riuieres, qu'elle reçoit de tous costez, comme l'Intendante Generale des grandes affaires de France, la domestique des Princes & des Roys, & l'Eschansone des premiers Officiers de la Couronne, & de tant de villes par où elle passe, & où elle est receuë auec des honneurs extraordinaires par les Citoyens, qui luy dressent presque par tout des ponts, & des piles, comme des Arcs de Triomphe & des Colisées; elle n'en retient qu'vn peu de bruit & force escume au bout de sa carriere, entrant dans l'Ocean. Ses debordemens ont esté si furieux, que du temps de nos peres on a veu l'eau gaigner dans les ruës de Paris iusques à l'Eglise de S. Laurens, & les bourgeois ont fait naufrage à leur foyer; elle a renuersé les ponts, ruiné les edifices, desolé les campagnes, & fait plus de mal en vn iour qu'elle ne sçauroit faire de bien en tout vn an: c'est elle neantmoins, qui par la commodité de son cours, & de ses ports nourrit ce grand peuple qu'on voit tous les iours à Paris;

c'est elle qui donne le debit aux bleds, aux vins, aux bois & aux fruits de la Bourgogne, de la Champagne, de l'Isle de France, & de la Normandie; c'est elle qui entretient vne estroite alliance, & vne familiere communication entre les plus grands Princes par le moyen de son canal; qui engraisse les terres par son humeur feconde; qui couure & tapisse ses bords de riches prairies: qui engendre dans son sein toutes sortes de bons poissons, & dont l'eau est plus excellente à boire que toutes les fontaines, au iugement des Medecins, qui l'ont trouuée & plus legere, & moins chargeante.

I'adiouste que si elle fait tant de plis, & prend tant de destours, particulierement depuis Paris iusques à Caudebec, c'est pour fauoriser plus auantageusement les peuples de sa presence, & de ses liberalitez, & pour obliger vn plus grand nombre de villes, qui l'ayans au pied de leurs murailles, se seruent d'elle pour le transport de leurs danrées, & se retirent de la mendicité à la faueur de ses eaux, qui leur valent autant que de l'or potable. Ainsi le Soleil ne marche iamais droit, mais va tousiours de biais suiuant l'obliquité du Zodiaque, où la nature luy a tracé son chemin, & marqué ses logis, pour verser plus de lumieres, & communiquer plus d'influences à la terre, & pour obliger plus de climats & de Prouinces par ses visites. Mais le reflux de ses eaux, qui remontent bien auant entre *Harfleur* & *Honfleur*, & se poussent deux fois le iour auec vn effroyable bruit contre le mouuement naturel des riuieres, donne bien de l'exercice aux Philosophes desireux de sçauoir la cause d'vn tel prodige, & cause bien de la frayeur aux nautonniers, qui n'ont encore pû s'accoustumer à ne point craindre vn danger si frequent. Les Normans appellent ce reflux d'eau, *la Barre* de la Seine, comme les Bourdelois ont leur Montant de la Garonne, & leur Mascaret de la Dordogne.

LA SEINE, dite des anciens *Sequana*, & qui donna le nom aux Sequanois, selon l'opinion de quelques vns, vient de la Duché de Bourgogne, d'vne vallée qui se trouue à deux traits d'arc prés de l'Abbaye *Duiguy*, à vn quart de lieuë de *Billy*, petit village à vne lieuë de Chanceau, se renforce à l'estang de Nouë, & au ruisseau de *Bré*, qu'elle prẽd au dessous d'*Aise le Duc*, naissant au delà de *Rochefort*, puis passe à *Chastillon sur Seine*, ainsi nommé pour le distinguer des autres villes, qui ont le mesme nom, comme Chastillon sur Marne, Chastillon sur Indre, Chastillon sur Loing & Chastillon sur Loire. Bré, r.

CHASTILLON sur Seine, Siege principal du Bailly de la Montagne, est vne ville diuisée en deux par le pont basty sur la riuiere, qui trauerse la ville, l'vne est nommée le Bourg, & l'autre Chaumont, qui sont neantmoins dans l'enclos des murailles. Le chasteau, demeure ancienne des Ducs de Bourgogne, a esté ruiné. Hors de la ville est vn rocher fort esleué, auec vne source d'eau viue, qui fait moudre à six pas de là les moulins à bled & à draps, dont la ville fait vn grand trafic, & de petites tapisseries à deux couleurs, dont chaque mestier à ses ordonnances, & ses enseignes distinctes. De là la Seine gaigne *Mussi l'Euesque*, & se vient rendre

Pont à Bar sur Seine.

à *Bar sur Seine*, pour receuoir les presens que luy ont preparé quatre ou cinq autres riuieres, pour reconnoistre l'honneur qu'elle a par dessus les autres d'arrouser le cœur & le chef du Royaume. C'est vn vieux dictum:

Orse, Arse, Laigne, & Seine,
Abordent au pont de Bar sur Seine.

Orse, r. L'OVRSE ou l'*Orce* vient du Diocese de Langres à deux lieuës de la Chartreuse de *Lugni*, & s'estant chargée des eaux de la *Creuse*, elle vient le long de l'Abbaye de *Mire* se descharger en la Seine à *Ville-neufue*, pres de Bar. *Legne*, prend son origine dans vn village, qui luy donne aussi son nom vne lieuë plus haut que *Molesme*, d'où elle s'escoule à *Polisi* pleine de grosses truites; & se rend auec l'*Arse* (qui naist à Font-Arse) dans la grande riuiere. Le *Lozain*, qui naist à six lieuës de Troyes, s'y iette au dessous pres de *Sancy*, & le *Barzan* ou Barse, qui coule de *Vendeuure* en l'Euesché de Langres, & passe à Monstier-Ramey, s'y rend à l'autre riue. Toutes ces eaux, & le ruisseau de Monstier-la-Celle font que la Seine est

Creuse, r. *Legne, r.* *Arce, r.* *Lozain, r* *Barzan, r*

assez grosse, pour estre partagée en trois canaux, auant que d'aborder aux portes de la ville de Troye : l'vn court hors des murailles, & les deux autres entrent dedans la ville, qui a le passage libre de part & d'autre par le moyen des Ponts.

TROYE est vne des villes principales de la Champagne, le sejour ordinaire des anciens Comtes de la Prouince, qui se qualifioient Comtes de Troye & de Meaux ; comme ceux d'Auuergne Comtes de Clermont, ceux de Sauoye Comtes de Morienne, & ceux de Prouence Comtes d'Arles : & qui apres que Thibaud II. se fut retiré du seruice du Roy Henry I. pour se mettre à la suitte & sous la protection de l'Empereur adjousta aux qualitez de Comte, le titre de Palatin de l'Empire, & quoy qu'il repugnast à celuy des Pairs de France, ne laissa pas neantmoins de le retenir, encore qu'il eust l'honneur d'estre vn des douze Pairs de la Couronne. Attila Roy des Huns, surnommé le Fleau de Dieu, ayant assiegé Troye, ne voulut pas la ruiner, deferant plus aux sages remonstran- TROYE.

ces, & aux humbles prieres de S. Loup, qui en estoit Euesque, qu'aux mouuemens de sa colere. Il eut les mesmes respects pour le Pape Leon, ce qui a fait dire aux historiens de ce siecle, qu'vn Loup & vn Lyon auoient arresté ce monstre du genre humain, & luy auoient enseigné la Clemence. Les Normans n'eurent pas tant de condescendance; ils la prirent, la rauagerent, & ne laisserent au Comte Robert, qui les en chassa, qu'vne auantageuse occasion de tesmoigner sa magnificence à reparer ses ruines. Il n'en est pas des bons esprits comme de l'or, qui ne se forme que dans les terres les plus steriles: le pays le plus fecond en fruits, abonde pour l'ordinaire en braues hommes, & la nature ne veut point estre liberale à demy. Cette ville a veu naistre Pierre Pithou & son frere François, ces deux grandes lumieres du Parlement de Paris, qui ont si hautement obligé les belles lettres, pour les auoir tirées de la poussiere & de l'obscurité des vieilles Bibliotheques, pour les produire au iour, & leur donner la connoissance des hommes doctes.

Pont à Troye.

Ceux qui ſont tant ſoit peu verſez en l'hiſtoire de l'Egliſe, n'ignorent point combien il y a eu de Conciles aſſemblées à Troye. Iean VIII. Pape eſtant venu en France, pour chercher du ſecours contre les Princes d'Italie, & contre les Allemans, conuoqua vn Concile à Troye, où il mit la Couronne Imperiale ſur la teſte de Louys le Begue. Le Pape Paſchal II. ſuiuant la couſtume de ſes predeceſſeurs, qui en leurs beſoins auoient eu leur recours à la France comme à l'aſile du S. Siege, & à la Protectrice des intereſts de l'Epouſe de IESVS-CHRIST, s'eſtant refugié en France contre les perſecutions de l'Empereur Henry, en fit tenir vn autre au meſme lieu, où le Decret du Pape Gregoire touchant la prohibition du mariage des Preſtres fut renouuellé. Il en fut encore depuis conuoqué vn autre, auquel preſida S. Bernard par le commandement du Legat du Pape, & l'Ordre des Templiers y fut confirmé.

La Seine ſortant de Troye, ſe rend à *Meri* ſur Seine, y paſſe ſous vn pont de pierre, & vn peu au deſſous reçoit *Pont à Mery.*

l'alliance de la riuiere d'Aube.

AVBE.

AVBE, R. L'AVBE, nommée par les Latins *Alba*, & *Albula*, à cause de la blancheur de son eau, prend sa source sur les frontieres du pays de Langres, à *Auberiue*, descend à la *Ferté* sur Aube, & passe pres de *Cleruaux*, où elle reçoit le ruisseau, qui arrouse les murailles de l'Abbaye : l'ouurage de S. Bernard, qui par les effets merueilleux de sa conduite changea vne retraite de voleurs en vn Paradis d'Anges ; & d'vne vallée d'Absynthe, qui ne causoit que de l'amertume au goust, il en fit vn Cleruaux, le sejour de tant de Saints. Au dessous de Cleruaux, l'Aube, qui est encore foible, se renforce du ruisseau

Aujon, r. d'Aujon, ou du Jon, qui naist au terroir d'Auberiue, passe sous *S. Loup*, *Arcq*, *Chasteau-vilain*, & à *Long champ*, & continuant son cours vers le Couchant, visite *Bar sur Aube*, Comté renommée pour ses vins, ainsi nommée pour la distinguer de Bar sur Seine ; où les peuples l'ont honorée d'vn pont, aussi bien qu'à qu'à *Beaulieu*, & aux *Mons*, qui s'entresuiuent sur les riues d'Aube, laquelle grossit son canal de la *Voire*, qui sourd à Somme-Voire, reçoit la *Torre*, & en sa compagnie passe pres de Monstier-en-Der; de l'*Amance*, qui prend son nom & son eau du mesme lieu; de l'*Auson*, qui sort de Brantigny & passe par le *Piney*, Seigneurie ancienne de la Maison de Luxembourg, erigée en Duché & Pairie l'an 1586. par le Roy Henry III. à la faueur de François de Luxembourg, voulant reconnoistre ses merites, & l'attacher encore dauantage à son seruice & à ses interests; comme il fit en son Ambassade de Rome, de laquelle le Roy fut si satisfait, qu'a son retour il le crea Prince de Tingri. La *Luitre*, petite riuiere, vient des estangs de Malle au bourg de *Luitre*, où elle prend son nom, & de là se va rendre en l'Aube, au dessous de *Vineuil*. L'*Auge* passe à la Fere, trauerse Sezanne, & tombe dans l'Aube au dessus d'Anglure. Auec cette grosse suitte d'eau l'Aube se coule sous les ponts d'*Arcis*, ville ancienne, & de *Plancy*, & se vient descharger dans la Seine au

Voire, r. *Torre, r.* *Amance, r.* *Arson, r.* *Luitre, r.* *Auge, r.*

dessous de Sarron & de Marcilly. D'où vient aussi qu'on dit,

Entre Marcilly & Saron,
Le fleuve d'Aube perd son nom.

Au dessous de l'emboucheure est le Pont sur Seine, & Nogent le Roy auec son pont de pierre. Mais en cet entre-deux la Seine reçoit l'*Ardusson*, qui passe par l'Abbaye du Paraclet, où Louise femme de Pierre Abbaillard, fut Abbesse apres la disgrace de son mary : & le ruisseau de *Villenoce*, & au dessous de Nogent, la *Sorme* & le *Loruin* viennent aussi se jetter dans cette grande riuiere, pour aller sous les pons de Brai, receuoir la riuiere de *Morans* auec la *Vousie*, chargée du *Durant*, qui passent par Prouins, sans porter batteau.

L'Ardusson, r. *Villenoce, r.* *La Sorme, r.* *le Loruin, r.* *Morãs, r.* *Vosie, r.* *Durãt, r.*

PROVINS

PROVINS est vne ville fort ancienne, qui a trois diuerses situations, l'vne sur la montagne, l'autre sur le pendant, & la troisiesme dans la vallée, où passe le *Morans*. Elle est de grand circuit, & toutefois mal peuplée pour l'estenduë de ses murailles. On la separe en deux villes, dont l'vne s'appelle la ville haute, & l'autre la ville basse. La ville haute est la plus ancienne, en laquelle est le chasteau, où est la Tour de Cesar, qu'on dit auoir esté bastie par ce genereux Empereur. En la ville basse on void la sepulture de Thibaut V. Roy de Nauarre & Comte Palatin de Champagne, qui mourut en Syrie l'an 1359. & fut emporté dans l'Eglise des Cordeliers. Le terroir est assez recommandé par toute la France pour les roses rouges qu'il produit, les meilleures du monde pour la confection des conserues.

Enfin on vient auec la Seine à MONTEREAV, assis sur l'embouchoure de l'Yonne; d'où vient qu'on le nomme *Montereau-faut-Yonne*, encore que d'autres prononcent *Montereau Fourcq d'Yonne*, pource que l'Yonne y fait le depart de la Bourgongne & de la Brie. Le chasteau est renfermé entre ces deux grandes riuieres, & la ville est en partie au Gastinois, & partie en la Brie. Soit que le nom de Montereau soit pris du sejour ordinaire qu'y faisoient nos Rois, à cause de la beauté du lieu, & des diuertissemens de la chasse; ou bien à cause d'vn vieux Monastere, fondé en la place de l'Eglise de Nostre Dame; MONTEREAV.

ie le regarde comme vn eſchaffaut enſanglanté du meurtre de Iean Duc de Bourgogne, maſſacré ſur le Pont par le commandement de Charles Dauphin de France ſon neueu. Ce Chartreux qui reſpondit à François I. que la playe qu'on void encore ſur la teſte du Bourguignon en la Chartreuſe de Dijon, eſtoit le trou par lequel les Anglois eſtoient entrez en France, auoit bonne raiſon, puiſque Philippes Duc de Bourgogne, fils de Iean, pour vanger la mort de ſon pere, ouurit les portes de ce Royaume aux Anglois, où ils exercerent plus de cruautez, & verſerent plus de ſang que les Leopards, dont ils portent l'image dans leurs drapeaux, n'en ont iamais reſpandu dans les terres d'Affrique. Le premier coup d'eſſay que les Anglois firent en France en ſuitte de ce meurtre, la ſource de tous nos maux, fut de prendre par aſſaut la ville de Montereau, où les aſſiegez voulans ſe ſauuer dans le chaſteau, furent ſi precipitez que la pluſpart tomberent dans l'eau, & trouuerẽt la mort dans la riuiere, qu'ils croyoient eſchaper dans les retranchemens d'vne ſi bonne place. Le chasteau suiuit bientost la prise de la ville, & ceux qui le gardoient furent forcez de se rendre au Bourguignon, la vie sauue, à la reserue de ceux qui estoient coupables de la mort de son pere. Mais quittons ce lieu si funeste, & pour nous diuertir les yeux & l'imagination d'vn objet si tragique, allons chercher l'Yonne en sa source, & la suiuons iusques à son emboucheure.

YONNE.

YONNE vient du pays de Niuernois, des hautes montagnes de Maruan, passe par vne partie du Niuernois sans nauigation, separant les Dioceses d'Autun & de Neuers, commence à porter bateaux à *Clamessy*, reçoit la riuiere de Cure, passe par Ioigny, *Auxerre* & *Sens*, vient à *Pont sur Yonne*, & tombe dans la Seine à *Montereau*. *Clamessy* est vne petite ville du Niuernois, qui n'a rien de considerable en son enceinte. A quelques lieuës au dessous de cette ville, la *Cure*, chargée de l'*Auallon*, ou plustost du *Cousin*, qui passe par

YONNE, R.

La Cure, r.

Cousin, r.

Aualon, ſe vient allier à l'Yonne pres de *Creuant*: de ſorte que la riuiere, par le moyen de ce renfort; eſt capable de ſupporter les randeaux de bois qui flottent ſur ſon canal, & entrent dans la Seine pour aborder à Paris. Mais il faut faire beaucoup de chemin auant que d'arriuer à cette grande ville, l'Abregé du monde, & le Theatre des belles choſes. Ie m'oubliois d'vne choſe bien remarquable que rapportent nos vieux Hiſtoriens de la ville & du chaſteau d'Aualon, C'eſt que le Roy Robert l'ayant aſſiegée, ſans pouuoir la forcer, à cauſe de ſa ſituation, & de ſes deffences, il ſe mit à chanter vne Hymne à Dieu dans ſa tente: & à ſa voix les murailles tomberent par terre, qui auoient fait trois mois de reſiſtance aux efforts de ſes machines. La premiere ville, qui ſe rencontre deſſous Creuant, où la Cure ſe ioint à l'Yonne, eſt *Auxerre*, belle, & ancienne. Belle pour eſtre aſſiſe en vn ſol tres-fecond & pratiquée au penchant d'vne montagne ſur les bords de l'Yonne, qui ſepare la Bourgogne du Niuernois. Ancienne, puis qu'elle eſtoit conſide-

AVXERRE.

rable dés le temps de l'Empereur Iulien l'Apostat, Gouuerneur des Gaules, lequel y rafraischit son armée, quand il marcha contre Troye en Champagne. Ce fut prés d'Auxerre, au lieu nommé Chablis, sur le *Sezin*, que les enfans de Louys le Debonnaire, qui n'auoient rien de l'humeur de leur pere, liurerent cette sanglante bataille, où moururent les plus excellens hommes de la Noblesse Françoise, qui furent immolés comme des victimes funestes à l'ambition de Lothaire, & aux iustes ressentimens de Louys & de Charles, vnis ensemble pour resister à leur aisné. La bataille fut donnée l'an 841. le propre iour de Pasques, ou selon les autres tesmoins, le iour de l'Ascension, auant que le Soleil fust leué, comme si ce bel Astre eust eu horreur de contempler ce parricide, & de communiquer ses lumieres à l'execution d'vne si noire entreprise. La boucherie fut si sanglante, qu'on ne voyoit de tous costez que des monceaux de morts; & le *Sezin* qui coule dans la vallée prochaine, ne poussoit que des flots de sang dans l'Yonne. Le lieu du combat

Bataille de Chaplis.

fut appellé *Chaplis*, & du nom du victorieux le destroit fut nommé, la *Vaux-Charles*: pource que Charles & Louys, qui remporterent la victoire, estoient campez prés de cette vallée.

Sezin, r.

Pour le *Sezin*, ou *Serin*, qui prend le *Sault* à *Sure*; il vient du Mont S. Iean en la Duché de Bourgogne, passe à *Espoisse*, *Noyers*, *Chablis*, & se rend dans l'Yonne au dessous de *Pontigny*, à trois lieuës d'Auxerre: Et vne lieuë plus bas vient l'*Armenson*, chargé de la *Brenne*, de l'*Oserain* & de la *Loze*. *La Brenne* a sa source à Sombrenon, & va vers Mombard, receuoir l'Oserain, & la Loze, qui s'allient toutes deux à Flauigny, & ces trois ensemble se iettent dans l'Armenson, au dessous de *Semur*, la capitale des Mandubiens, & le principal siege du pays d'Auxois, depuis que Cesar eut ruiné la ville d'Alexia, bastie sur le sommet de la montagne, où est le village qui porte encore aujourd'huy le nom d'*Alise*, arrousé au pied de deux riuieres, sçauoir la Brenne & l'Armenson. Dans l'Eglise de ce village d'Alise dediée à sainte Reyne, qui fut autrefois martyrisée en ce lieu pour

l'Armenson, r.
l'Oserain, r.
La *Loze*, r.
La *Brenne*, r.

l'interest de la Religion, est vne fontaine prouenante du mont Auxois, dont l'eau guerit miraculeusement plusieurs sortes de maladies.

La ville de SEMVR est située au milieu de l'Auxois, comme le cœur de ce petit destroit, composée en son enceinte de trois diuerses murailles, qui la diuisent en trois parties, dont la premiere porte le nom de Bourg, la plus grande & la mieux peuplée, remarquable pour son Eglise, dont la structure est si hardie, que les murailles, bien que tres-hautes, ne sont que de la largeur d'vne seule pierre. La seconde est le donjon, place tres forte, assise sur le roc, & moüillée au pied des eaux de l'Armenson. La troisiesme est le chasteau, de difficile accez, pour estre entouré de tous costez de precipices. Apres la mort du dernier Duc de Bourgogne, Charles d'Amboise Lieutenant en la Bourgogne pour Louys XI. assiegea & prist Semur, qui depuis a demeuré dans l'obeïssance, & dans la possession des Roys de France. SEMVR.

De Semur l'*Armenson* vient à *Tonnerre*, ancien Comté, & s'estant accreu d'vn ruisseau, qui vient de *Chaours*, se va ietter dans l'Yonne à la *Gorge d'Armenson*. Il estoit autres-fois nauigable iusqu'à Tonnerre, mais depuis trente ou quarante ans il a cessé de porter bateau. Les gens du pays qui sçauent combien cette riuiere est dangereuse, à cause des fosses & des escueils, ont coustume de dire,

Armanson
Mauuaise riuiere, & bon poisson.

L'Yonne continuant son cours vers *Ioigny*, & *Villeneufue le Roy*, ausquels lieux
SENS. elle a des ponts de pierre, arriue à *Sens*, capitale du Senonois, assise sur l'Yonne, & à l'embouchEure de la *Vanne*, qui entrant dans la ville sert aux habitans pour tenir leurs ruës nettes. Cette ri-
Vanne, r. uiere de Vanne vient du Diocese de Troye passe à S. Liebaud, Rigny le Ferron, Villeneufue, Foissi, Chugy, Pont-sur-Vannes, Massey le Vicomte, à vne lieuë de Sens, & fait moudre plus de trente moulins depuis son origine iusques à sa cheute, & reçoit huit ou neuf ruisseaux, qui s'allient à elle, pour fauoriser en quelque chose la ville de

Sens, & obliger de leurs eaux les Descendans de ces anciens Senonois, qui prirẽt & ſaccagerent la ville de Rome, & qui euſſent arboré leurs eſtendars ſur le Capitole, s'ils euſſent eu moins de courage que de prudence à ſe ſeruir de leur victoire. On dit Sens ſans Bourgogne, pource qu'elle fait la ſeparation de la Champagne, de la Brie, & de la Bourgogne, que les plus ignorans prononcent en Bourgogne, quoy qu'elle ſoit depuis long-temps compriſe dans la Champagne. De Sens la riuiere ſe porte à *Pont-Yonne*, à *Villeneufue*, où elle a des ponts, & enfin ſe perd glorieuſement dans le canal de la Seine à Montereau.

Auant que de ſortir du Senonois, il faut voir vn lac prés de Sens, où eſt vne groſſe fontaine appellée de Veron, dont l'eau ſe conuertit naturellement en pierres, qui ſont fort legeres, & poreuſes, ſemblables à de l'eſcume, qu'on nomme pierres-ponces. Iamais elle ne croiſt, ny ne deſcroiſt : elle change en pierre la mouſſe & les herbes qui naiſſent ſur ſes bords; la muraille du moulin, qui touche l'eau, s'est couuerte d'vne crouste de pierre de l'espaisseur de deux pieds : elle se conuertit mesme en de petites boules de pierres, si elle repose quelque temps dans vn vaisseau.

La Seine n'a pas couru quatre lieuës au dessous de Montereau sans trouuer la riuiere de *Loing*, à l'opposite de *l'Abbaye de Barbeau*, fondée & bastie par le Roy Louys VII. pource que peschant en la Seine il prit vn Barbeau, disent les Historiens, qui auoit dans le ventre vne pierre precieuse : le corps de ce Prince fut inhumé dans l'Eglise de l'Abbaye, où Adele son espouse fit esleuer sur sa sepulture vn mausolée esmaillé d'or, d'argent, de cuiure, & de pierres precieuses, d'vn ouurage & artifice plus riche que la matiere mesme.

LOING.

LOING, R.

C'Est l'ouurage d'vn grand Prince de rendre aisé le passage des mers, & de ioindre les fleuues pour le commerce des peuples. Pour ne parler que des riuieres de nostre France, Lucius

Vetus auoit dessein de joindre la Moselle à la Saone, faisant vne tranchée entre deux, afin que les armées, les viures, & le bagage chargez sur la mer Mediterranée, puis de là sur le Rhosne, & la Saone, passant par cette fosse en la Moselle, & apres dans le Rhin, entrassent ainsi dans l'Ocean, & qu'adoucissant les difficultez d'vn si long & si fascheux chemin, les mers du Leuant & du Septentrion vinsent à estre nauigables de l'vne à l'autre. Mais Elius Gracilis Lieutenant des Romains en Flandres eut de la jalousie d'vne si noble & memorable entreprise, & l'empescha par vne raison d'Estat, que Tacite rapporte; Que s'il entroit auec les legions dans vne Prouince qui n'estoit pas de son Gouuernement, il sembleroit qu'il voulût s'efforcer de gaigner le cœur des François, & les attirer à son seruice.

Tacite, l. 1. Annal. Cap. 2.

Ceux qui ont pratiqué la Perse, disent qu'il ne faudroit pas vne fosse plus grande que celle de la Saone à la Moselle, pour ioindre la riuiere de Miane, qui entre en la mer Caspiene auec le Fleuue Tirtire, qui s'embouche dans le ſein Perſique ; & par ce moyen on pourroit conduire les marchandiſes, non ſeulement du Leuant, mais auſſi des Indes au Ponant, particulierement en Prouence, auec la nauigation d'vn peu de mer, du Rosne en la Saone, de la Saone dans le Rosne par vne foſſe ; du Rhin dans le Danube par vne autre foſſe ; du Danube dans la mer Majour, de la mer Majour en la mer des Zabaches, de là au Tanais, du Tanais par vne foſſe aſſez courte en la Volgue, de là en la mer Caſpiene, de la mer Caſpiene en la Miane, de la Miane au Tirtire par vne foſſe, & de là en la mer Perſique. Charlemagne eſſaya la meſme entrepriſe que Lucius Verus, & auoit deſia fait tirer vne foſſe de plus d'vne lieuë de longueur, de trois cens pas de large & de telle profondeur, qu'elle pouuoit receuoir toutes ſortes de grands vaiſſeaux. Cét ouurage fut interrompu, & entierement abandonné pource qu'il s'y trouuoit de grandes mottes mouuantes, comme il y en a touſiours aux lieux mareſcageux, qui rempliſſoient la nuit ce qui auoit esté creusé le iour, de sorte que les ouuriers imputans cét accident à quelque miracle, quitterent tout: & ce qui est encore plus remarquable en cecy, c'est que Charlemagne vouloit aussi ioindre le Rhin auec le Danube, & par cette nauigation se conduire en la mer Majour, & ouurir le commerce du Leuant à ses sujets.

Ie ne doute point qu'on ne peust ouurir la terre auprés de Narbonne; & comme le Languedoc est vn pays plat, & presque sans montagnes, tirer vne fosse, ou tranchée de vingt cinq lieuës de longueur, auec la largeur & profondeur necessaire pour aller rencontrer les eaux de Carcassone, & de là la riuiere de Garonne, laquelle estant grande & grosse, & qui reçoit le Tarn à Moissac, & l'Aueyrou sous Picaquos au dessus de Montauban, pourroit estre separée en deux rameaux, qui auroient leurs cours differens. Que si la mer de Narbonne estoit plus haute que la riuiere de Garonne, il faudroit que l'eau de la mer descendist en Garonne; ou au contraire que la Garonne se iettast dans la mer, ſi elle eſtoit plus baſſe. Si les Flamans auoient cette commodité, ils s'en ſeruiroient auantageuſement, & rendroient par ce moyen la mer Mediterranée communicable auec l'Oceane, en coupant chemin au voyage des colomnes d'Hercule, où toutes les nations du Ponant ſont obligées de paſſer, pour aller en Leuant.

Gaſpard de Saux, Seigneur de Thauanes, Mareſchal de France, & Gouuerneur de Bourgogne, auoit vn autre deſſein fort fauorable à la Bourgogne & à la Breſſe. Il auoit recognu les grandes eaux qui ſe rendent de tous coſtez dans la riuiere de Tilles ; & combien dommageables ſont les desbordemens que les ruiſſeaux cauſent par tout le pays, les difficultez qu'il y a de paſſer à pied ou à cheual, en quelque ſaiſon que ce ſoit, & que toutes ces eaux pourroient ſe renfermer dans vn canal, & que la riuiere d'Ouche, auec le torrent de Suſon, s'y pourroient auſſi ioindre au deſſus de Dijon, & qu'ainſi l'Ouche, Tilles & Suſon composeroient vne riuiere raiſonnable, capable de porter de grands vaiſſeaux, qui s'iroit

roit emboucher dans la Saone au dessus de S. Iean de Losne, à cinq lieuës de Dijon. Ce braue Capitaine auoit desia dressé le plan pour les tranchées necessaires; il en auoit reconnu le passage, accompagné d'hommes fort experimentez, & mesme en auoit proposé les moyens au Roy Charles IX. qui les auoit approuuez, & estoit sur le poinct d'en creer vn Edict, quand la mort, qui se iouë de nos personnes, & braue nos plus glorieux desseins, ruina l'effet d'vne œuure si profitable, ostant la vie à celuy qui l'auoit inuentée.

I'ay voulu faire ces obseruations à l'origine de la riuiere de Loing, sur les desseins qu'auoit le Grand Henry de faire vn canal entre le Loire & la Seine pour faciliter le commerce, & soulager les voyageurs. Il fit commencer pres de Briare, & son fils Louys le Iuste l'a continué iusques au *Loing*, qui vient d'Auxerre, passe par *Blesneau*, par *Chastillon dit sur Loing*, par *Montargis*, de là se rend à *Nemours*, à *Moret*, & à *S. Memes*, au lieu dit la *Bosse de Loing*, où il entre dans la Seine chargé des batteaux qu'il porte de

Montargis, & des ruisseaux qu'il reçoit de diuers estangs, comme le
Vernisõ, r. *vernison*, qui descend des estangs de Nogent & de Dampierre, passe par Persigny, Coudray, dit sur Vernisson, se rend au gué de Puiseaux, & au dessus de Montargis se donne au
Milleron, r. Loing. *Milleron* qui vient se rendre à
Chastillon: *l'Ouayne* qui sort des estangs
Ouayne, r. de Fontainejan, & d'autres dans la
Douane, r. Puissaie, la *Douane*, qui passe à Aillant sur Doüane, pour le distinguer d'Alliant sur Milleron, & à Chasteau-re-
Le Biez, r. nard; le *Biez* qui trauerse le grand estang de Ferriere, & se ioint à Loing vis à vis d'vn autre ruisseau, qui coule des estangs de Plateuille & de Flotin,
Verine, r. & se nomme *Verine*, qui fait la separa-
Laneron, r. tion d'entre le Hurepois, & le Gastinois; *Laneron* passe à S. Maurice, dit sur Laneron, coulant de l'estang de Seaux, & se rend dans Loing au dessous de Pont-Agasson, & de Chasteau-Landon, qu'il abbreuue de ses eaux.
Bebie, r. *Bebie*, qui vient d'aupres de Selle, dite sur Bebie, pour la discerner de Selle sur
La Soupe, r. Biez : & la *Soupe* au dessous de Nemours.

MONTARGIS est vne petite ville fort agreable pour le lieu de son assiete, d'où l'on descouure les forests & les plaines du Gastinois & de l'Hurepois, & pour ce sujet elle est nommée Montargis, comme qui voudroit dire, le Mont d'Argus, cet homme à cent yeux, & pour ses auenuës, qui d'vn costé sont des vignobles, & de l'autre des prairies. Le Chasteau Royal, qui fut rebasty par le Roy Charles V. est renommé dans nos histoires par la fidelité du chien, dont le combat est depeint sur vne des cheminées de la grand'sale. Ce chien, à ce qu'on dit, vangea la mort de son maistre, estranglant le meurtrier, quoy qu'il fust armé de pied en cap; & luy enleua la teste de dessus les espaules, quoy qu'il se deffendist vaillamment, animé par la presence de son Prince & de toute la Cour, qui assistoit à ce spectacle inoüy, d'vn chien & d'vn Courtisan. L'art enseigne aux hommes la façon de tuer leurs semblables auec methode, & la nature apprend aux animaux de deffendre, ou de vanger leurs maistres auec iustice. MONTARGIS.

NEMOVRS. NEMOVRS, qui emprunte son nom des bois qui l'entourent de tous costez (les Latins les nomment *Nemora*) est plus recommendable pour les Princes qui l'ont possedée, que pour l'antiquité de sa fondation. Charles VI. erigea cette terre en Duché pour Charles II. Roy de Nauarre, fils de Charles le Mauuais, qui auoit fait tant de maux en France sous les regnes de Iean & de Charles son fils.

MORET. MORET est vne petite ville sur la riuiere de Loing, aussi bien que les deux autres, qui fut prise par le Roy Charles VI. pendant la confusion de son Royaume, & erigée en Comté par le Roy Henry III. FONTAINEBLEAV n'en est pas esloigné de deux lieuës: cet agreable seiour de nos Princes, ce lieu consacré aux innocens plaisirs, que S. Louys nommoit son desert & sa solitude, que François I. commença d'embellir, & que le Roy Henry le Grand fit acheuer auec tant de perfection, qu'il peut passer au iugement des bons maistres, pour vn des plus superbes bastimens de l'Europe. Loing nous attendra sur ses bords, tapissés de verdure, & ombragés de forests, iusques à ce que nous ayons visité le chasteau, les iardins, & la forest: aussi bien profite-il des eaux qui coulent des fontaines & des estangs de ce Palais Royal, qui n'est nommé Fontainebleau qu'à cause de ses belles fontaines. Le premier obiet qui vous arreste, sont les courts; la premiere est celle du Cheual blanc, où vous voyez la figure d'vn beau cheual de plastre, de la couleur & de la taille d'vn autre cheual sauuage, qui fut pris en la forest. Cette court a quatre-vingt toises de long & cinquante-huit de large. Elle est composée de trois corps de logis auec leurs pauillons, où l'on compte plus de six-vingt chambres pour loger les Seigneurs & Gentils-hommes de la suitte du Roy. La court du Donjon, dite de l'Ouale, vous fait voir le ciel en terre sur cette belle horologe, qui a deux figures, l'vne du Soleil & l'autre de la Lune, qui vous monstrent les heures, & le cours des Planettes. La court des officiers vous sert de promenade, où vous oyez les nouuelles du grãd monde de la bouche des Courtiſans. La court de la Fontaine vous ſert d'Eſcole pour apprendre pluſieurs antiquitez : vous y voyez ſur la fontaine vne ſtatuë de Mercure, auec deux autres qui ſont de bronze.

Les quatre galeries ſont bien plus diuertiſſantes : En la grande, qui a ſoixante toiſes de long & trois de large, que Charles IX. fit faire & embellir d'Emblemes & de Deuiſes, vous eſt repreſentée à la porte l'inſcription du Havre de Grace pris par les ruſes d'Elizabeth Reyne d'Angleterre, & repris par la valeur de Charles IX. A l'autre extremité vous pouuez voir la ville d'Amiens gaignée auec des noix par l'Eſpagnol, & regaignée à coups de canons par les François. La petite galerie, qui regarde ſur la court de la Fontaine, eſt decorée de pluſieurs teſtes de cerfs, les plus prodigieuſes qu'on puiſſe voir, & des plus belles Maiſons Royales peintes en perſpectiue, comme ſont S. Germain en Laye, Monceaux, Amboiſe, Chambourg, Madrid, & autres: c'eſt là que fut tenuë cette celebre Conference entre le Cardinal du Perron, qui n'eſtoit encore qu'Euesque d'Eureux, & le sieur du Plessis, où la verité triompha du mensonge & de l'erreur, en luy ostant les armes que l'Eloquence & le bien-dire luy auoient communiquées par la plume de ce Seigneur, pour destruire & renuerser les premiers fondemens de l'Eglise. La galerie de la Reyne est aussi enrichie d'vn grand nombre de tres-riches tableaux, qui representent les Batailles & les Victoires du Roy Henry IV. De là on regarde dans la volerie cette Tour ronde, qui estant ouuerte presque de tous costez, reçoit l'air & le iour par des treillis deliez, qui empeschẽt les oyseaux de pouuoir sortir de leurs prisons pour se remettre en liberté; auec ces arbres & ces hayes disposées pour y faire nicher les oyseaux; ces belles fontaines partagées en plusieurs ruisseaux pour les abbreuuer; ces Anges, dont les vns publient que ce puissant Monarque a autant combatu de peuples ennemis, qu'il y a d'innocens prisonniers en ces cages: les autres disent en vers Latins, que le mesme Prince ayant fermé les portes du Temple de la guerre, a renfermé ces oyſeaux pour chanter ſes loüanges. Enfin vous apprenez la chaſſe en peinture dans la galerie des cerfs.

Dans la ſale de la Garde cette tapiſſerie à la main repreſentant tous les combats de Charles VII. & ſes victoires obtenuës ſur les Anglois, n'eſt-elle pas incomparable ? Et que peut-on voir de plus riche, que la figure du Roy Henry IV. à cheual de marbre blanc, eſtimée dix-huit mille eſcus, qui eſt dans la ſale des feſtins ou de la belle cheminée ? Ces deuiſes de Henry II. qui ſont des Croiſſans, ne parent elles pas de bonne grace la ſale des Bals ? & ſur tout n'y a-il pas plaiſir de voir mouuoir vn Ciel fait par artifice dans la ſale des Comediens, auec autant de iuſteſſe que celuy de la nature eſt gouuerné par des intelligences ? Il faut voir les iardins, les fontaines, les eſtangs, les parcs, les allées, & les diuerſes figures, qu'il ſemble que la main de l'ouurier ait voulu animer, pour les rendre capables de gouſter les beautez d'vn lieu ſi charmant. Mais ie ne conſeille pas à ceux qui apprehendent les eſprits & les monſtres d'entrer bien auant dans la forest, de peur de rencontrer le grand Veneur, c'est ainsi qu'on a nommé vn grand homme noir, que les paysans voyent assez souuent auec vne meutte de chiens, qui donna de la terreur à Henry IV. que la crainte des dangers n'auoit iamais fait pâlir, & qui força ce vaillant Prince de retourner sur ses pas, qui n'auoit iamais monstré le dos aux ennemis.

LE GASTINOIS, est vn pays ainsi nommé, comme qui diroit Vastinois, à cause des vastes deserts, des rochers, & des lieux sablonneux dont il est plein; mais il estime plus cette seule maison des Rois, & tire bien plus d'auantage de la presence de ses Princes, que les plus heureuses Prouinces du Royaume n'en reçoiuent de la bonté des terres & du commerce des habitans. La riuiere de Loing est lasse de nous attendre; à peine sommes-nous sur ses bords deux ou trois lieuës au dessous de Moret, qu'elle se iette dans la Seine, & fait gloire de perdre son nom & son eau dans vn si noble canal, pour aller à Melun & à Corbeil, & de

LE GASTINOIS.

là entrer à Paris en sa compagnie.

MELVN. MELVN, Capitale du Hurepois, a deux ponts de pierre sur la Seine, qui fait vne isle au milieu de son lict, où est basti le chasteau : le reste de la ville est esleué sur l'eminence d'vne colline, de sorte qu'elle est partagée en trois à la façon de Paris. Aussi est-ce vn Prouerbe des bonnes gens du pays, *Apres Melun Paris*, pource que Paris fut desseigné sur le plan de Melun. Le Roy Robert ayant mis le siege deuant cette ville, les murailles tomberent d'elles-mesmes par la force de ses prieres, comme celles de Hiericho furent renuersées par le bruit des trompettes. Quelques Historiens disent, que ce fut deuant Orleans ; i'en ay desia fait vne semblable remarque deuant le chasteau d'Aualon. Il se peut faire que ce miracle soit arriué en ces trois lieux, & que Dieu, qui auoit autrefois enroollé les vents & les tempestes au seruice de l'Empereur Theodose, eust aussi engagé ses Anges à combattre pour les interests du Roy Robert.

Quoy que c'en soit, la Seine descend de Melun à Corbeil, ville assise ſur la Seine, à l'emboucheure de la *Iuine*, qu'on nomme la riuiere d'Eſtampes, pource qu'ayant pris ſa naiſſance en Beauſſe, elle vient à Eſtampes, couuerte d'vne ſi prodigieuſe quantité d'eſcreuiſſes, que tant plus on en peſche, plus il en croiſt : ſon eau eſt ſi froide, qu'elle gele & engourdit les pieds des cheuaux qu'on y abbreuue. Chargée du *Louet*, qui luy vient de S. Mors, elle deſcend à Villeroy & à Eſſone, & ſe ioint auec la Seine à Corbeil, qui eſt partagé en deux, Corbeil le vieux, & Corbeil le nouueau. Vne lieuë audeſſus de Corbeil, la Seine reçoit l'*Orge*, qui vient de Dourdans, & paſſe à Chartres, où elle ſe groſſit des eaux de la *Remande*, qui vient de Ramboüillet, où le Roy François I. quitta le Royaume auec la vie, chargé d'eſpines & de ſoucis, autant que de palmes & de lauriers ; & au deſſous de Quinſy la meſme Orge reçoit la riuiere de Mõtlhery, qui a veu ſur ſes bords la bataille liurée en la guerre du bien public, entre le Roy Louis XI. & le Duc de Charolois. L'*Iuette* vient de Chevreuſe, & paſſe à Long-Iumeau,

Iuine, r.

Louet, r.

L'Orge, r.

Remande, r.

Iuette, r.

d'où Theodore de Beze estoit Prieur, auant qu'il eust abandonné le party de l'Eglise Romaine, pour embrasser les nouuelles opinions de Geneue; & s'estant iointe auec l'Orge & la Remande, toutes ensemble font assez d'eau pour meriter que la Seine leur fasse vn fauorable accueil au dessous de Iuuisy. *Ier, r.* Le ruisseau du *Ier* vient se ioindre à l'autre riue, apres auoir arrousé les terres de quelques villages. Mais ce qui rend la Seine plus glorieuse, c'est la *Marne*, qui vient la trouuer au bourg de Conflans, pour l'accompagner à son entrée dans la ville de Paris.

MARNE.

MARNE, R. L'Estenduë des Prouinces, que la MARNE trauerse, les belles villes qu'elle porte sur ses bords, le nombre des ponts qui la chargent, les riuieres & les ruisseaux qu'elle reçoit en son sein, luy donnent vn rang honorable parmy les riuieres de France. Depuis son origine, qu'elle tire d'vn village nommé Marneuf, & d'vne fontaine qu'on nomme la Marnote, à vne lieuë de Langres, entre deux costaux de montagnes, iusques au bourg de Conflans, où elle se ioint à la Seine, à deux lieues de Paris: Il seroit bien difficile de conter toutes les places qu'elle visite en passant, & qu'elle enrichit par son commerce, ou qu'elle embellit par sa presence. Ses ponts les plus auantageux pour le passage, si nous voulons remonter de l'emboucheure à la source, sont *Charenton, le Pont S. Mor, Gournay, Lagny, Meaux, la Ferté sous Iouarc, Chasteau-Thierry, Dormans, Damery, Espernai, Tour sur Marne, Chalons, Vitry le François, S. Dizier, & Ioinuille*. C'est sur ces ponts dressez pour la cõmodité des peuples, & pour la communication des Prouinces, que la Marne a veu souuent auec regret, passer les armées, & qu'elle a gemy sous le fais de leurs armes, durant nos guerres ciuiles, qui ont corrompu la beauté de ses eaux du sang de nos Compatriotes. La ville de Paris, qui est comme le cœur, le siege de la vie, & le principe du mouuement, & pour

Ponts sur Marne.

lequel tous les membres de ce grand corps Politique sont continuellement en action, reconnoist qu'il est redeuable à la riuiere de Marne d'vne bonne partie des commoditez qui viennent aborder à son port, dont elle nourrit & entretient ce grand Peuple renfermé dans ses murailles. Les plus gros ruisseaux ou riuieres qu'elle reçoit, les vns de la Champagne, les autres de la Brie, quelques-vns du Barrois, sont *le Vannory, la Suize, le Roignon, la Blaise, le Sault, la Noyeure, la Soupe, le Sousmerlan, le petit Morin, l'Ourque, le Signeuil, le Clignon, Tresme & Morin*, & quelques autres.

Le Vannory, r. Le *Vannory* a pris son nom des auantures d'vn prodigieux Geant: il s'enfle si fort en hyuer, qu'on ne le passe à gué qu'auec force danger, c'est le premier que reçoit la Marne, tout plein de poissons. *S. Geosme, r.* *S. Geosme* sort à vne lieüe de Langres, trauerse Brenone, arrouse sainct Sauueur, & va dans la Marne pres d'Aumis. *La Mousche, r.* La *Mousche*, qui vient de Noydent le Rocheux, coule pres de sainct Cirque, & sainct Martin, arrouse Pransey & Ioquenay, passe à

Humes, où elle a vn pont de pierre. *La Suize* vient en suitte se rendre au pied de Chaumont en Bassigny, à dessein de renforcer la place du costé du Midy, comme la Marne luy sert de fossez du costé du Nort, contre les incursions de la Lorraine. *Le Roignon* viët de deux lieües au dessus de Beaufremont, Chef d'Ordre des Religieux de la Charité de la B. Vierge sous la Regle de S. Augustin, & se va perdre pres de Ioinuille, apres auoir passé par l'Abbaye de S. Vrbain de l'Ordre de Cluny. *La Blaise* se rend au dessous de S. Dizier, & n'a que quatorze ou quinze lieües de cours depuis les lieux de sa naissance, qui sont deux hautes montagnes, dont l'vne a nom *la Renaudiere*, & l'autre *la Perche*, au dessus du Conuent de Brazancourt, qui est la premiere maison qu'a eu en France S. François de Paule Fondateur des Minimes, bastie par Iean de Baudricourt Mareschal de France, Lieutenant & Gouuerneur du Duché de Bourgogne, qui fut choisi par Louis XI. pour aller chercher en Italie ce glorieux Patriarche, & l'amener de la

La Suize, r.

Le Roignon, r.

La Blaise, r.

Calabre au Plessis en Touraine, auec autant de succez que Robert de Baudricourt son pere, surnommé le Capitaine de Vaulcouleur, auoit conduit Ieanne d'Arc, nõmée la Pucelle d'Orleans, à Charles VII. pere de Louis, en la ville de Chinon.

Le Saut, r. *Le Saut* est vn grand fleuue composé de plusieurs grands ruisseaux, qui ne portent aucun bateau, pour estre en plat pays, & qui prend son nom de la cheute ou du sault qu'il fait de sa fontaine dans son canal, comme il arriue au Nil en Egypte, & à la grande riuiere de Canada, qui pour estre interrompuë en son cours par de semblables sauts, est incommode & dangereuse à la nauigation. On le void naistre dans le Barrois, au delà de Ligny; & de là on l'apperçoit qui gaigne les riues du vieux Vitry, & en fin on le perd de veuë, comme il se perd luy mesme au dessous de Vitry le François, où *l'Ourque, r.* il se ioint à la Marne, chargé de l'*Ourque*, & du *Dellin*, qui vient d'audessus *Dellin, r.* de Ligny, passer à Bar-le-Duc.

BAR-LE-DVC, la ville principale de la Duché de Bar, est ainsi surnommé mée pour la discerner de plusieurs autres villes ; qui ont le mesme nom, comme Bar sur Aube, & Bar sur Seine. Pour Vitry le chef du Partois, l'vn des plus beaux Bailliages de toute la Champagne, assis sur la riuiere de Sault, laquelle a sa source pres de Chenets, petit village fortifié durant les guerres dernieres de la France & de l'Espagne, pour nous seruir de frontiere, est vne place fort ancienne, si nous en voulons croire les rechercheurs de nos antiquitez, qui tiennent qu'elle estoit le cartier de la legion victorieuse des Romains, qui se tenoit sur ces marches, pour arrester les courses des Allemans. & qu'elle fut surnommée *Victoriacum*, pour instruire la posterité des victoires, que les Romains y auoient remportées sur ces nations barbares, qui habitoient sur les riuages du Rhin. Il se trouue plusieurs places en France, qui portent le mesme nom. L'vne prés de Tournay en Flandre, où Sigisbert Roy d'Austrasie fut porté sur vn bouclier à l'entour de son armée, & proclamé Roy de Soissons par ses soldats. L'au- VITRY.

tre, dont le Roy Robert fit bastir le chasteau, & l'Eglise dediée à S. Marc. La troisiesme est proche de Paris, où l'on esleuoit les enfans des Roys de la premiere Race. Et la quatriesme est *Vitry sur le Sault*, qui a souuent experimenté que la fureur d'vn Prince courroucé, n'est pas moins actiue que le feu. Louys le Ieune animé contre Thibaud Comte de Champagne, qui soustenoit le party d'vn Legat du Pape contre son gré, luy print Vitry, saccagea la ville, pilla les Eglises; & comme plusieurs des villages fussent accourus pour fuir la fureur de ces troupes licenciées, & se fussent retirés en vn Temple, comme en vn lieu de seureté, Louys lascha tellement la bride à ses soldats, qu'ils y mirent le feu, & bruslerent miserablement plus de quinze cens hommes. Iean de Luxembourg Comte de Brienne armé pour le Roy d'Angleterre & pour le Duc de Bourgogne contre Charles VII. fut le second qui la brusla. Et l'Empereur Charles V. acheua de la reduire en cendre, lors qu'il vint rauager la Champagne; de sorte que c'est auec raison, qu'on la nommé Vitry le bruslé. Mais le Roy François I. considerant de quelle importance luy estoit cette place, pour la conseruation de la Prouince, fit bastir Vitry le François des ruines & demolitions de Vitry le bruslé, changeant son assiete, & mettant le nouueau Vitry sur les bords de la Marne, pource que l'ancien, assis sur le Sault, estoit commandé d'vne montagne auantageuse aux ennemis qui voudroiẽt s'en seruir pour attaquer la place. De façon que ces pertes luy ont esté profitables, & iamais Vitry n'a paru si glorieux sur ses premiers fondemens, que sur ses dernieres ruines.

La Noyure est vne autre petite riuiere, qui entre en la Marne prez de Poigny. *La Soupe* en est vn autre, qui se vient rendre au dessous de la Tour sur Marne auec la *Saulde*, qu'elle prend au Saudron. *Le Sousmerlan* a sa fontaine pres des Vertus, passe par Orbeds, & par Condeb, & tombe dans la Marne à *Mesy* au dessus de Chasteau-Thierry, ayant fait moudre les forges de ce pays-là. *Le petit Morin* vient d'aupres

Noyure, r.

La Soupe, r.

La Saulde, r.

Le Sousmerlan, r.

Le petit Morin, r.

de Montmirel, passe au pied de la montagne, où cette ville est assise, se pousse à Iouarre les Nonnains, nommé par les Latins *Iouis Ara*, pource que les vieux Romains y auoient consacré vn Autel à Iupiter le Tutelaire de leur Empire; & de là il se descharge dans la Marne au dessous de la Ferté sous Iouarre. On void vn bois à Montmirel planté sur le penchant de sa montagne, où les branches des chesnes, au lieu de pourrir quand elles sont tombées, se changent en pierre; & comme si la nature se plaisoit à rendre ses miracles ordinaires en faueur de la France, on trouue quelque fois en vne mesme piece vne partie qui est de pierre & l'autre de boys, ces deux mixtes estans ioints ensemble sans aucun artifice. Ce qui me fait croire plus aisement vne semblable transmutation, qui passe pour vn grand prodige en l'esprit des Hibernois, qui ne sont pas accoustumez à voir les merueilles, ny les faueurs de la nature en leur pays. Au dessus de la ville d'Armacan est vn lac, auquel si vous enfoncez vne pique ou quelque longue perche, & que vous l'y teniez durant quelques mois, la partie qui est cachée dans la bourbe se conuertit en fer, celle qui est dans l'eau se change en pierre, & le haut demeure bois. L'*Oure* passe à Monceaux, Maison Royale embellie par la Reyne Catherine de Medicis, & par le Roy Henry le Grand à deux lieuës de Meaux.

l'Oure, r.

Le Morin vient d'aupres de *Sedane*, passe par la Ferté-Gaucher, par Colomier, & par Crecy, & se iette en la Marne au dessus du Pont des Dames: & deux lieuës au dessous du mesme Meaux, à la riue opposée, la Marne reçoit l'*Ourque*, riuiere assez grosse dont la source est en Champagne, & le cours en Valois; elle a plusieurs ponts pour seruir au passage, comme à la *Fere* en Tartenois, à *Giuroy*, à la *Ferté-Milon*, & à *Lisy* sur l'Ourque, au dessous duquel elle se va descharger de ses eaux, & de celle du *Seigneul*, & du *Clignō*, deux petits ruisseaux, qu'elle recueille sur son chemin, pour les porter dans le canal de la Marne. *La Ferté-Milon* a pris le nom de son Fondateur Milon, qui

Le Morin, r.

l'Ourque, r.

Ponts sur l'Ourque,

Seigneul, r.

Clignon, r.

la fit bastir sous le regne de Louys le Gros, pour tenir ferme contre les entreprises & attaques des guerres ciuiles, & fut surnommée à cet effet la Ferté-Milon, comme qui diroit la Fermeté ou la forteresse de Milon. On y void vn assez beau chasteau que le feu Duc d'Orleans auoit commencé d'esleuer sur les vieux fondemens. A vne extremité de ce chasteau passe la riuiere d'Ourque, comme i'ay desia dit, qui a esté faite nauigable depuis quelques années, portant des bateaux plus longs que larges, par le moyen desquels la ville de Paris pourroit receuoir de grandes commoditez du bois de la forest de Rez, si le cours de l'eau estoit bien entretenu, & la riuiere balisée. *Gandelu* est vn bourg sur le Clignon, où l'on void vn chasteau basty de neuf, accompagné d'vne des plus belles terraces de France. *Le Prieuré de Cerf froid* est sur la mesme riuiere, le Chef de l'Ordre des Religieux de la sainte Trinité de la Redemption des Captifs, fondé par deux venerables Anachoretes, Iean de Mata, & Felix, qui apres auoir sanctifié par leur prie-

Prieuré de Cerf froid.

res & par leurs larmes les eaux de la fontaine du Cerf froid, ainsi nommée, pource qu'vn Cerf y mourut transi de froid, receurent commandement de sortir de la solitude, & de s'en aller à Rome trouuer le S. Pere, pour receuoir de sa bouche les volontez de Dieu, qui vouloit se seruir de leurs trauaux, pour acheuer l'ouurage de la Redemption des hommes; aussi l'Ange qui les associa visiblement à la charge du Redempteur, leur donna pour liurée sa Croix tissuë de deux couleurs, rouge & bleuë, voulant representer, que comme par le sang de IESVS le ciel a esté ouuert, semblablement par la charité ardente de ces bons Religieux les pauures Chrestiens renfermez dans les obscures prisons des infideles deuoient reprendre leur liberté, & iouïr de la douceur de l'air & de la beauté du iour. Hugues de Chastillon Connestable de France. Seigneur de Gandelu, fit bastir & fonda ce Prieuré l'an 1198.

Tresme petit ruisseau, vient d'aupres de Lisy, & des fontaines qui sont au tour de Gandelu, & à deux lieuës qui- Tresme, r.

de sa source entre en la Marne. Il y en a quelques autres, comme celuy de *Claye*: mais pource qu'ils n'ont point de nom, & qu'vne bonne partie de l'année ils manquent d'eau, ie ne daignerois m'y arrester dauantage; puis que mesme ie suis pressé de reuoir encore vne fois la Marne depuis son origine iusques à son emboucheure, pour considerer les particularitez des places assises sur ses bords, dont ie me suis escarté, pour gaigner les plaines voysines, & recueillir tous les ruisseaux, qui se vont rendre à elle.

MARNE, R. LANGRES.

Ie commence donc par LANGRES, où elle est née: Cette ville forte & frontiere de la Champagne, & de la Franche-Comté, pratiquée sur vne croupe du mont de Vauge, le pere des plus celebres fleuues de la Gaule, estoit en grande reputation dez le temps des Romains, qui l'auoient associée à leur Empire. Cesar en retira de grandes commoditez pour l'auancement de ses conquestes: Vitellius la respecta, comme vne des sœurs de Rome; & Othon confera le droict de Bourgeoisie aux habitans de Langres, comme vne des plus signalées faueurs que l'Empereur du monde peust faire à vn peuple estranger. Elle conserua soigneusement ces marques de grandeur, auec les témoignages d'vne constante fidelité, iusques à l'entrée des Allemans en la Gaule, qu'elle abandonna la fortune des Romains, pour embrasser la vertu des Barbares. Mais le Grand Constantin les remit en leur deuoir, & les soûmit à son obeissance par la force des armes, les ayant batus si rudement, qu'il en coucha morts sur la place plus de soixante mille. Les Vandales la prirent quelques années apres, & l'enueloperent dans les ruines communes de tout l'Empire : mais les François s'estans rendus les maistres des Gaules, gaignerent cette place, & les Roys de la troisiéme Race l'eurent en telle veneration, qu'ils voulurent que son Euesque fust vn des six Pairs Ecclesiastiques, qui assistent au couronnement des Rois, & qu'il portast le titre de Duc.

CHAUMONT se presente en suitte à quelques lieües de Langres, sur le CHAVMONT.

mesme riuage. Comme il y a plusieurs places du mesme nô, à sçauoir Chaumont en Picardie, & Chaumont en Touraine: on appelle cettuy-cy Chaumont en Bassigny, pource qu'il en est le Chef & le Siege du Bailliage. Ce n'estoit autrefois qu'vn bourg sur la frontiere de la Champagne & du Barrois, que Louis XII. entreprit & commença de renfermer de murailles pour en faire vne ville, que François I. poursuiuit, que Henry II. eust acheué, si la mort n'eust tranché le cours de ses desseins auec celuy de sa vie. Son chasteau pratiqué sur le roc est fort d'assiete, entouré de fossez & deffendu par vn Donjon, qu'on nomme la Tour de Haute-fueille.

IOINVILLE.

A la sortie de Chaumont tirant le long de la Marne, se rencôtre la ville de *Ioinuille* ou *Ianuille*, soit qu'elle aye esté bastie par vn des enfans de Ianus, ce second restaurateur du genre humain, & ce prudent & auisé Politique, comme nous veulent faire croire les rechercheurs de l'Antiquité; ou plustost, qu'elle ayt esté fondée par vn Prince nommé Iean, qui luy donna ſon nom, pour ſe faire luy meſme connoiſtre à la poſterité par ſon ouurage. Henry II. qui ne laiſſoit paſſer aucune occaſion d'obliger l'Illuſtre maiſon de Guiſe, & de recompenſer ſa vertu, erigea Ioinuille en Principauté, qui eſt l'appanage ordinaire du puiſné de cette famille : comme elle a eſté la ſepulture de Claude de Lorraine Duc de Guiſe, dont on void le tombeau de marbre blanc & noir; de jaſpe, d'albaſtre, & de porphyre, auec les figures des quatre Vertus, & l'effigie de ce Prince ſi bien trauaillée, qu'il ſemble que l'art ait voulu donner autant d'agreémens à ſon image apres ſa mort, que la nature auoit donné de rares perfections à ſa perſonne durant ſa vie. Ceux qui ont leu la vie de S. Louys, peuuent ayſement comprendre les richeſſes, le pouuoir & la vertu de ſon hiſtorien, le Sire de Ioinuille, Seneſchal de la Champagne.

Apres Ioinuille, on trouue S. DIZIER aſſiſe ſur la riue oppoſée, qui confronte à la Lorraine. Elle a eu l'honneur de reſiſter aux forces de

S. DIZIER.

l'Empereur Charles V. & de tout son Empire, bien que ce ne fust qu'vne mauuaise place; mais les bons hommes font les bonnes villes, & le courage des habitans vaut mieux que toutes les fortifications de l'art militaire. Ce fut l'an 1544. que l'Empereur y ayant planté le siege, auec deux bandes de canons en baterie, & six grandes couleurines pour empescher les frequentes saillies des assiegez, & diuerty les eaux du fossé; apres vne bresche raisonnable fit donner ce memorable assaut, où les assiegez combattirent main à main vne heure durant sur les ruines de leurs murailles contre dix-huit Enseignes Espagnoles, qui furent secouruës de dix mille Allemans, sans remporter autre auantage d'vne si grande multitude de soldats aguerris, enflez des Victoires passées, animez par la presence d'vn Empereur, & puissamment encouragez par l'esperance du butin, que la honte d'estre batus par vne poignée d'hommes, harassez des longues veilles, & consummez de faim & de soif, il falut destacher du camp huit cens hommes ; vestus de casaques de veloux, la bourguignotte en teste, qui furent culbutez dans les fossez, aussi bien que les huit Enseignes d'Allemans, qui les soustenoient, & qui renouuellerent l'assaut auec force petits barils de poudre, & lances à feu ; qui demeurerent à la discretion des assiegez, pour recompenser leur courage, & pour subuenir à leur necessité.

L'Empereur honteux de cet affront leur enuoye vn Trompete, pour sonder leurs volontez, & pour experimenter si la voix & le soufle d'vn homme pourroit faire plus d'impression en leur esprit, que le bruit des canons, & le feu de la poudre : mais il n'y eut point d'audiance pour luy. De sorte que Charles fut contraint de quitter la baterie, & de venir à la sape. Les assiegez la descouurirent, & forcerẽt les Espagnols dans leurs tranchées, ayant taillé les pionniers en pieces, à la reserue de quelques vns qui furent conduits en la ville, pour descouurir l'estat des affaires de l'ennemy. La force estant trop foible pour reduire cette place aux volontez du Prince, qui ſe croyoit le maiſtre des terres & des mers, on ſe ſeruit de la ruſe, pour gaigner les aſſiegez: & la peau du lyon eſtant trop courte pour couurir vne ſi groſſe armée, il falut y coudre celle du renard. Le Seigneur de Granduelle Imperial auoit ſurpris vn pacquet, où ſe trouua l'Alphabet du chifre, par lequel le Duc de Guiſe communiquoit auec le Comte de Sancerre renfermé dans S. Dizier. Par ce moyen on ſuppoſe vne lettre au nom du Duc, qu'on fit tenir au Comte auec addreſſe. La lettre portoit, Que le Roy ſçachant la neceſſité de viures & de poudres où ils eſtoient reduits, il leur mandoit d'auiſer a faire vne compoſition ſi fauorable, que les hommes fuſſent au moins ſauuez, n'ayans pas le moyen de pouuoir les ſecourir. Ils auoient ſouſtenu ſix ſemaines le ſiege, leurs munitions eſtoient trop courtes, & leurs poudres ne ſuffiſoient pas pour ſouſtenir vn autre aſſaut. Ainſi donc ils obtiennent douze iours de trefues, pour ſçauoir du Roy s'ils pouuoient eſtre ſecourus, & s'il auroit agreable qu'à faute de ſecours durant ce terme, ils sortissent, la caualerie auec leurs armes & cheuaux, enseignes desployées, & armet en teste : l'infanterie auec leurs armes, marchant en bataille, enseignes aussi desployées & tambour batant, emmenant auec eux tout leur bagage, & quatre pieces d'artillerie equippées au choix des assiegez. Ce traité pleut au Roy, & ils sortirent comme ils auoient traité, auec plus de gloire en perdãt, que l'Empereur n'en eut en receuant la place.

L'Empereur afin de suiure la pointe de ses conquestes & de ses desseins, vint loger à Vitry le Parthois, dont nous auons desia parlé: & les Deputez des deux Couronnes s'assemblerent à la Chaussée sur Marne, entre Vitry & Chaalons pour traiter de la paix, qui ne fut concluë qu'en l'Abbaye de S. Iean des Vignes au faux-bourg de Soissons. Guillaume Comte de Fustemberg trouua le gué de la riuiere au dessous de Chaalons, mais il trouua aussi des soldats sur le riuage qui l'arresterent prisonnier, & l'emmenerent dans la Bastille à Paris. Car comme l'Empereur campoit deux *Gué de Marne.*

lieuës pres de l'armée Françoise, la Marne entre deux, ce Seigneur chercha sur la minuit vn gué qu'il auoit autre-fois passé, lors qu'il vint en France pour le seruice du Roy; il le sonda, le trouua aisé, & passa la riuiere. Mais il ne descouurit pas quelques Gentils-hommes de la maison du Roy, qui sans faire alarme, se ietterent entre la riuiere & luy, le prirent sans resistance, & l'enuoyerent à la prison, d'où il ne sortit, qu'apres qu'il eut payé trente mille escus de rançon.

CHALONS SVR MARNE.

CHALONS sur Marne, pour la distinguer de Chalons sur Saone en Bourgogne, est vne grande ville, ornée de belles tours esleuées en forme de pyramides. Les edifices y sont blancs, pour estre bastis de terre de craye. Elle est agreable en ses pormenades & en ses plaines, riche & marchande en ses trafics de bleds, de toilles & de draps; glorieuse en la qualité de son Euesque, qui tient le rang d'vn des anciens Comtes & Pairs de France; & memorable dans nos Histoires par la deffaite d'Attila Roy des Huns.

Huns. ESPERNAY est au dessous de Chalons sur la mesme riuiere, lequel se rendit mal-heureusement à Charles V. par la lascheté du Capitaine.

ESPERNAY.

CHASTEAV-THIERRY, qui est assis sur la mesme riuiere de Marne au dessous d'Espernay fit plus de resistance, & receut aussi plus de mauuais traittement des soldats estrangers, qui la saccagerent cruellement apres sa reddition. La ville est de petit circuit, comparée à la grandeur de ses faux-bourgs; & le chasteau est assez spacieux estendu sur le haut de la montagne, qui domine à la ville bastie sur le penchant. Monsieur frere vnique du Roy Henry III. y rendit l'ame l'an 1584.

CHASTEAV-THIERRY.

LA FERTE' sous Iouare, autrement la Ferté au Col. est vne ville mal close à quatre lieuës de Chasteau-Thierry, ayant vn chasteau assis dans vne isle, que la riuiere a fait, lequel fut pris & ruiné par le Duc du Mayne l'an 1591. MEAVX est la meilleure place de la Brie, qui se trouue entourée de la Champagne, de la Bourgogne, du Gastinois, & de l'Isle de Fran-

LA FERTE' SOVS IOVARE.

MEAVX.

ISLE DE FRANCE.

ce. Elle est assise sur la Marne, & neantmoins separée en deux par vn ruisseau, l'vn est la ville, & l'autre le marché. Les Comtes de Champagne se qualifioient autrefois Comtes de Meaux.

Nous voicy rendus insensiblement au pays de France, qui contient tout ce qui est deçà la riuiere de Marne, auec l'Isle de France, qui s'estend depuis S. Denys iusques à Roissy & à Montmorancy, & qui comprend en general tout ce qui est renfermé entre les sinuositez de la Seine d'vn costé vers la Normandie, & de l'autre vers la Picardie. On la nomme Isle, à cause qu'elle est entourée des riuieres de Seine, Marne, Oyse, & Aisne, plaisante en la douceur de son climat, & abondante en toutes sortes de bons fruits. Auant que d'entrer plus auant en ce pays de la ciuilité & de la courtoisie, il faut luy rendre nos hommages, & le complimenter par la voix d'vn de nos Poëtes.

O mille & mille fois terre heureuse & feconde!
O perle de l'Europe! O Paradis du monde!

France ie te saluë, o mere des guerriers!
Qui jadis ont planté leurs triomphans lauriers
Sur les riues d'Euphrate, & sanglanté leur glaiue
Où la torche du iour, & se couche & se leue:
Mere de tant d'ouuriers, qui d'vn hardy bon-heur
Taschent comme obscurcir de nature l'honneur:
Mere de tant d'esprits qui de sçauoir espuisent
Egypte, Grece, Rome, & sur les doctes luisent
Comme vn jaune esclatant sur les pasles couleurs,
Sur les Astres Phœbus, & sa fleur sur les fleurs.
Tes fleuues sont des mers, des Prouinces tes villes,
Orguilleuses en murs, non moins qu'en meurs ciuiles.
Ton terroir est fertil, & temperé tes airs:
Tu as pour bastions & deux mons & deux mers:
Tes toiles, ton pastel, tes laines, tes salines,

Ton froment, & ton vin sont d'assez
riches mines
Pour te faire nommer Reyne de l'vniuers.
La seule paix te manque. O Dieu! qui
tiens ouuerts
Tousiours les yeux sur nous, de l'eau de
ta Clemence
Amorty le brasier, qui consomme la
France,
Balie nostre Ciel, remets, O pere doux!
Remets dans ton carquois les traits de ton
courroux,

Apres ces deuoirs rendus à la France, nons descendons de Meaux à LAGNY, qui fut batuë de neuf pieces de canon, forcée, & demantelée par ceux de la Ligue. De Lagny la riuiere continuë son cours iusques à CHARENTON, village à deux lieuës de Paris, recommendable pour son antiquité, dont les masures qu'on y void encore, nous seruent de preuues: Et au dessous est Conflans, où la Marne se vient joindre à la Seine. Ieanne Reyne de Nauarre y laissa la couronne auec la vie l'an 1349. Entre Conflans & Charenton il y a quelques an-

CHARENTON.

CONFLANS.

nées qu'on entendoit vn Echo des plus merueilleux de l'Europe, auant que les Carmes reformez y eussent fait bastir vne maison. L'Historien de la nature raporte pour vne grande merueille l'Echo d'Athenes, qui respondoit iusques à sept fois: mais cettuy-cy respondoit iusques à dix, auec tant de violence que les boulets de canon animez de feu & de poudre ne sifflent pas plus fort.

La Biévre est vne petite riuiere, qui vient des endroits du *Val de Gallie d'Yencourt*, au dessus d'vn village portant le nom de ce ruisseau, & apres auoir coulé par les terres de Cheureuse, elle se rend au Pont *Antonny*, au *Bourg la Reyne*, à *Arqueil*, à *Gentilly*, au faux-bourg de S. *Marcel de Paris*, & retourne à S. Victor; où l'on dit qu'elle entroit il n'y a pas long-temps dans vne poterne, & se rendoit par dessous terre dans vne ruë, qu'on nomme de Bieure pres de la croix des Carmes; & de là elle se iette dans la Seine: maintenant elle y entre vn peu au dessous de l'Abbaye de S. Victor. Cette Abbaye fut fondée par le Roy Louys le *La Biévre, r.*

Gros, & deuint vne escole de toutes les sciences sous Louys VII. apres que deux Conciles, l'vn tenu à S. Iean de Latran, & l'autre à Rheims sous Eugene III. eurent ordonné d'instituer des Vniuersitez dans les meilleures villes. Paris voulant faire paroistre son obeïssance à l'Eglise, & son inclination aux belles Lettres, se diuisa en deux partis, comme des contendans dans vne mesme lice: les vns se rengerent en l'Eglise Cathedrale, les autres en l'Abbaye de S. Victor, où parurent bien-tost sur ce theatre de science & de vertu les Adams, les Hugues, les Richards, surnommez de S. Victor, dont ils estoient Religieux, tous graues Theologiens, & Professeurs publics.

GENTILLY.

Cette riuiere est aussi nommée la riuiere de *Gentilly*, ou des *Gobelins*, pource qu'elle passe à Gentilly, le sejour delicieux des Roys de la premiere & seconde Race, tant il estoit plaisant & gentil. Ils tenoient là les assemblées publiques de leur Royaume, & mesmes les Parlemens y estoient ordinairement conuoquez, quand il estoit besoin de decider quelque affaire d'importance pour le bien de l'Estat. Mais la fureur des Normans, qui rauagerent la France, osterent toutes les beautez de ce lieu, & n'y laisserent que la place & le nom. Ces eaux sont les meilleures du monde pour teindre en escarlate, qui se transporte de là iusqu'à la porte du Grand Seigneur, & aux autres Prouinces de l'Orient; & pource que le plus experimenté Teinturier qu'on ait veu à Paris fut vn certain Gobelin, qui se logea dans le fauxbourg de S. Marcel, sur les bords de ce ruisseau, on l'a nommé depuis la riuiere des Gobelins. Henry IV. autant ennemy des glorieux, qu'amateur des bons courages, faisant responce à vne lettre du Roy d'Espagne, qui a de coustume de faire encherir l'ancre & le papier en ses Edits par le denombrement de ses qualitez, ne signa point autrement, que *Henry par la grace de Dieu Roy de Gentilly* : comme François I. deuant luy s'estoit seruy de cette soubscription escriuant à l'Empereur Charles-Quint, François I. par la grace de Dieu Roy de France, &

Seigneur de Goënesse.

VINCESTRE. Au haut de Gentilly se voyent encore les restes du Royal *Chasteau de Vincestre*, basty par Iean Duc de Berry sous le regne de Charles V. qui fut pillé & demoly par les bouchers & escorcheurs de Paris armez de fer & de feu, en faueur du Duc de Bourgogne sous Charles VI De sorte qu'il n'en resta rien que les ruines, qui furent rasées l'an mil six cens trête deux pour y faire vn Hospital des soldats estropiez. Le peuple nommoit ces ruines le chasteau de Bissestre, & croyoit que ce fût vne escole publique des sciences noires, où le diable monstroit en personne à ses disciples les secrets de la magie. Et cette opinion est si fortement imprimée dans l'esprit de plusieurs, qu'ils iurent, qu'au mesme temps que Luther declama contre l'Eglise Romaine, ce Docteur abandonna sa chaire, & ne professa plus dans son escolle; comme l'Huissier se taist, quand le Iuge prononce.

ARCVEIL. *Arcueil* estoit pareillement vn lieu de plaisance de ces anciens Conquerans de la Gaule, lesquels se seruans de la commodité des fontaines, firent des Arcs, ou Aqueducts pour conduire l'eau dans la ville : d'où est venu le mot d'Arcueil : comme Iulien, surnommé l'Apostat, en fit couler par des tuyaux de plomb iusques dans son Palais, qui est aujourd'huy l'Hostel de Cluny, pour fournir aux estuues & aux offices de sa famille. La Reyne Marie de Medicis fit rompre les vieilles murailles de brique, qui seruoient autrefois de soustien aux Aqueducts, & fit faire des canaux pour porter l'eau dans son Hostel de Luxembourg, & dans les autres places de Paris pour la commodité des habitans; où nous aborderons enfin pour voir & contempler auec des plaisirs innocens toutes les beautez de la France ramassées dans les murailles de cette grande ville.

PARIS est à la France ce qu'est l'œil au corps humain, & l'ame à la raison : il est vn abregé du Royaume, & mesme vn petit monde entier, où personne n'est estranger; & on le peut nommer auec plus de raison que l'ancienne Rome, la Maison dorée des PARIS.

Dieux, & la premiere entre les villes. C'est elle qui a le cœur de tous les plus grands du Royaume, qui ne s'estiment point estre François en France, s'ils n'ont pris leur naissance, ou n'ont succé le lait dãs cette grande Ville, grande en peuple, grande en son assiette, grande en ses richesses, & plus grande en ses commoditez, qui luy viennent de tous les endroits du Royaume. Ie peux dire que la frequentation de cette grande ville est vne estude plus profitable à vn homme d'esprit, que la pluspart des Sciences, qui remplissent les Escoles de bruit & de poussiere : & i'ose dire, qu'on peut plus apprendre en marchant par vne de ses ruës, que parcourant tout vn Liure. Mais il faut l'auoir frequentée long-temps, s'estre trouué dans les assemblées publiques, auoir visité ses Eglises, ses Colleges & ses Palais, pour en tirer vne image, qui soit aucunement proportionnée à sa grandeur.

Elle est diuisée en trois, la Cité, la Ville & l'Vniuersité, qui sont separées par la riuiere de Seine, laquelle se diuisant en deux, forme deux Isles au milieu de son canal, l'vne est l'Isle de Nostre Dame, & l'autre est l'Isle du Palais, où sont fondez ces deux augustes Temples, l'vn de la Religion, & l'autre de la Iustice; ie veux dire l'Eglise de N. Dame, qui n'a point sa pareille, dont les fondemens posez sur des pilotis sont aussi miraculeux, que toute la masse du bastimẽt, qui est soustenuë de six-vingt gros pilliers. Sa longueur est de 174 pas, sa largeur de soixante, & sa hauteur de cent: Et le Palais, où il semble que la majesté du vieux Senat Romain, que cet Ambassadeur d'Epire prenoit pour vne assemblée de Dieux mortels, se soit alliée auec l'integrité de l'Areopage d'Athenes, pour faire vn Temple à la Iustice, qui fust proportionné à la dignité de sa Personne, & au merite de ses Officiers. C'est là que les Iuges font paroistre la force de leur iugemẽt dans leurs Arrests, qui tiennent le lieu des Oracles; comme les Aduocats qui plaident à leurs pieds, font voir tous les iours la gloire de l'Eloquence en ses Triomphes.

Ces trois villes (car ie les puis bien

nommer ainsi) sont iointes ensemble par plusieurs ponts. Le Pont-neuf est le premier, entre le Louure & le Conuent des Augustins, qui fut commencé sous le Roy Henry III. lequel ietta la premiere pierre des fondemens; mais l'ouurage estant interrompu par la necessité du temps, qui demandoit plustost l'vsage des espées & des canons, que des marteaux & des truelles; Henry IV, son successeur ayant estably la paix dans son Estat, le fit acheuer. Il contient douze arcades, sept du costé du Louure, & cinq du costé des Augustins. Au milieu se termine l'Isle du Palais, qui occupe la place presque de deux arcades. La Statuë de bronze du Grand Henry monté sur vn cheual, y est esleuée auec autant d'artifice, que les pieces de l'antiquité dont se vante la ville de Rome. Elle luy fut enuoyée de Florence par Ferdinand I. & par Cosme II. son fils, oncle & cousin de la defuncte Reyne Marie de Medicis. Aux quatre faces du piedestal sont grauées sur le bronze les Victoires de ce valeureux Prince auec des Inscri-

Les Pōts de Paris.

ptions Latines.

Le pont de Nostre Dame, & celuy de S. Michel ont esté bastis de pierre : le premier sous le Roy Louis XII. par Iean Iucundus Cordelier Veronois, soustenu de six arcades, & couuert de soixante-huict maisons des deux costez, de mesme largeur & de mesme hauteur : ce qui fait vne symmetrie agreable, & apporte vne tres-grande commodité aux marchands qui les habitent. On lit ces vers grauez sur vne des arches à la memoire de l'Architecte.

Iucundus geminos posuit tibi, Sequana, Põtes.
Hunc tu iure potes dicere Pontificem.

Celuy de S. Michel fut aussi rebasty de pierre ces dernieres années, apres qu'il fut tombé deux fois en la riuiere auec toutes les maisons qui estoient dessus. Le pont aux Meusniers, aux Marchands, & aux Oyseaux fut brussé par accident. Il y en a quelques autres, comme celuy de la Tournelle qui est de bois, le pont aux doubles qui est de pierre; celuy de l'Isle, qui est aussi de bois: celuy de l'Hostel-Dieu de pierre: celuy du Palais, & celuy des Tuilleries tous deux de bois, mais le dernier ſe rompit par la moitié il y a tantoſt deux ans. On en baſtit vn de pierre aux deſpens des orfevres, abboutiſſant au Palais, qui ne ſera pas moins ſuperbe, ny moins commode, qu'aucun des autres. Gregoire de Tours rapporte vne choſe digne de remarque au ſujet de ces ponts qui arriua de ſon temps: Comme on creuſoit le canal de la Seine à Paris, on trouua trois Taliſmans de bronze au fonds de l'eau, vn ſerpent, vn liron, & vne forme de feu, auec ces figures on oſta les charmes qui auoient iuſques alors preſerué la ville du feu & de ces petits animaux les ennemis du repos des hommes; de ſorte que peu de temps apres le feu ſe prit aux ponts, & les rats infecterent les maiſons, & les ſerpens gaignerent les plaines, où ils n'auoient oſé entrer, depuis que les portes leur en auoient eſté fermées par ces enchantements. Ce que ie crois d'autant plus ayſément; que ſemblables effets ont eſté veus ſouuent en pluſieurs endroits du monde, ainſi dit-on qu'au Palais de Veniſe il n'y a pas vne ſeule mouche,

& au Palais de Tolede il n'y en a qu'vne : & ce qui fait plus à nostre propos, les peuples d'Egypte se pleignent, que depuis que Humethaben Thaulon Gouuerneur de leur pays fit fondre vn crocodile de plomb, qui fut trouué dans les fondemens d'vn Temple sur le bord du Nil ils sont extremément affligez des crocodiles qui sortent de ce fleuue comme des ennemis cachez en embuscade.

La Cité se peut nommer la vieille ville, comme la vieille Rome, non pas enseuelie dans ses propres ruines, mais nombreuse en Citoyens, superbe en edifices, magnifique en Temples & en Autels. Cette Cité est le premier Paris & l'ancienne Lutece, entourée de deux bras de la Seine, où sont les vestiges de la demeure des premiers Rois, & la Maison de S. Louis, l'Eglise Cathedrale & le Parlement de Paris. Ce qu'on appelle la Ville, c'est le nouueau Paris, qui regarde la Seine, comme Rome le Tibre, dont il retire de grandes commoditez, où se font les commerces & les trafics, où est le beau Peuple, où sont les Hostels des

Princes, & le Louure, qui est la maison des Rois, dont la seule Galerie, que Henry le Grand fit commencer, pour ioindre le Louure aux Tuilleries, est le dessein du plus superbe bastiment de l'Europe. L'Vniuersité est la troisiéme ville, qui se peut nommer vne autre Nardea, c'est à dire le fleuue des Sciences, comme les Iuifs appelloiẽt autrefois l'Vniuersité de Babylone. C'est elle qui par la plume & par la voix de ses Docteurs, a porré le nom des François, où les armes des Rois n'ont iamais pû estendre leurs cõquestes. C'est là que se sont refugiées les Muses bannies de la Grece, & mal traittées à Rome, pour y estre honorées en qualité de Princesses de France. C'est là qu'elles ont trouué vne montagne plus commode pour faire leur sejour, que n'estoient le Parnasse & l'Helicon.

Et pour ce que i'ay auancé que Paris estoit vne Escole publique, où l'on peut aprendre tous les ars par les yeux: il est veritable que les Architectes peuuent se rendre consommez sur la contemplation de ces grands Palais, qui

qui ont vne autre forme, & vn autre nom que les maisons des particuliers, & qui s'appellent ordinairement Hostels, estant bien raisonnable que la personne des Princes, qui a quelque charactere de Majesté, qui les tire du commun, comme leur ame est logée dans vn corps formé d'vne plus noble matiere que le reste des hommes, possede aussi vne maison proportionnée à leur Noblesse; & que puis qu'ils sont obligez par les communes loix de la nature de respirer le mesme air, & de receuoir les mesmes lumieres que leurs seruiteurs, ils taschent de se faire vn monde nouueau dans le vieux, & de viure comme s'ils estoiēt dans vn estage plus haut que la terre. Si Vitruue, ou quelqu'autre de ces vieux Escriuains, qui n'ont presque point d'autre auantage sur les modernes, que de pouuoir mentir impunément sans crainte d'estre repris, nous auoit representé dans ses liures le plan, la figure, & l'artifice du Palais des Tuilleries, & de cette grande Galerie, qui s'estend sur les bords de la Seine, il passeroit pour vn chef-d'œuure d'Architecture, & pour vn miracle du monde. Il ne faudroit que nous descrire cet escallier fait en coquille de limaçon suspendu en l'air, sans aucun noyau, qui soustient les marches, pour dire que l'art s'est surmonté en faueur des Rois.

Les hommes de Iustice pour se perfectionner dans ses connoissances, & dans ses sainctes pratiques, qui sont toutes propres à Dieu, ne doiuent qu'entrer dans cette grande chambre dorée, où le Roy tenant son lict de Iustice est assis auec ses Pairs: où l'on a veu des Princes couronnez plaider leurs causes, & sousmettre vne partie de leus Estats à l'authorité de ces venerables Senateurs. Les Gentilshommes apprennent les exercices de leur condition dans les Academies, & se vont acheuer à la Cour, où l'on apprend plus de Morale & plus de Politique en vne seule conuersation, qu'en parcourãt tous les preceptes d'vn Philosophe. Les personnes d'Estude n'ont qu'à penetrer les cabinets & les Colleges de l'Vniuersité, pour y voir toutes les Sciences assemblées en vn corps.

C'eſt là que la Theologie leur preſentera les ſainctes Eſcritures clairement interpretées, les Conciles naïuement receus, les Peres doctement expliquez, & les miſteres du ſalut & de la grace rappellez de l'ignorance & de l'oubly. La Philoſophie leur prouuera qu'elle a trouué dans Paris, ce qu'Eſdras recherchoit ſi curieuſement dans la Iudée, & qu'elle a meſuré les Cieux, aulné les vents, peſé le feu, ſondé les veines des abiſmes, & conté tous les mouuemens du cœur humain. L'Eloquence leur fera voir, que les François l'ont appliquée à des vſages plus honneſtes & plus vtiles, qu'au temps qu'elle ne ſeruoit qu'a decrediter les Vertus, & corrompre le monde par les charmes de ſa parole. Ils verront enfin toutes les belles Lettres, qui vont ſe repoſer dans le ſein de nos Docteurs, comme eſtant ceux qui les ont rappellées dans les grandes villes, d'où elles auoient eſté chaſſées par la diſſolution des mœurs, & par l'ignorance des ſiecles. Mais d'autant que ſi ie voulois conſiderer toutes les beautez de cette ville il y auroit danger d'eſtre charmé par les objets, qui sont capables d'esmouuoir mesmes les passions des plus forts Stoïciens, & de perdre le cours de la riuiere, qui pousse tousjours ses flots sans nous attendre, il faut quitter Paris, & suiure la Seine, qui fait plus de plis & de tours qu'vne lamproye.

SAINT CLOVD.

A deux lieuës de Paris vous rencontrez le bourg de S. CLOVD à main gauche, où il y a vn pont de pierre sur la Seine. Si ce lieu s'est rendu venerable par la memoire & par le nom de Cloüaud fils de Clodomire Roy d'Orleans, lequel s'acquit plus de gloire renonçant aux grandeurs de la terre, & aux auantages de sa naissance, que les autres n'en possedent auec tous les titres, que leur donne l'ambition de leur esprit, & la condescendance des peuples; & qui esclatta plus sous le capuchon d'vn simple Moyne, que sous la pourpre d'vn grand Roy: Ie peux dire aussi qu'il s'est rendu infame par l'attentat d'vn execrable parricide, qui sous l'habit d'vn autre Moyne portoit l'ame d'vn damné, quand il enfonça son cousteau dans le ventre de Henry III. feignant de luy vouloir communiquer vn secret important au bien de ses affaires. Le cœur de ce Prince y est inhumé, & sa Deuise est grauée sur son tombeau, qui sont deux Couronnes accompagnées de ces paroles, *Manet vltima cœlo*, c'est à dire, que Henry possedoit deux Couronnes sur la terre, l'vne de France & l'autre de Pologne ; mais qu'il en attendoit vne troisiesme au Ciel. Vous n'estes pas tellement hors de Paris, que vous n'ayez encore vn agreable diuertissement de la veuë de ses Eglises, de ses Palais, & de ses Tours.

Voguant vn peu, vous trouuez a la droite le Chasteau de MADRID, que le Roy François I. fist bastir dans le bois de Boulogne, sur le modele du bastiment où il fut mis prisonnier à Madrid en Espagne apres la funeste Iournée de Pauie, l'an mil cinq cens vingt-quatre. On y void entre autres choses vne fenestre grillée, semblable à celle où ce grand Prince seruoit de risée aux Courtisans de Charles-Quint, qui le traittoient comme les enfans font vn hibou, qu'ils ont pris, & renfermé MADRID dans vne cage. Vous voyez à l'opposite de Madrid le Mont Valerian, qui sert de retraite à des saints Hermites reclus dans des grottes, comme des essences pretieuses gardées dans vne boëte, pour embaumer Paris de leur odeur, & corriger l'infection des mœurs de cette grande ville par la sainteté de leurs exemples. Iamais la Thebaïde n'a rien veu de plus auguste dans ses deserts, que ces venerables Solitaires morts à eux mesmes, & aux plaisirs de la vie, auant que d'auoir quitté le corps.

S. OVEN. On monte à S. OVEN en descendant: ie dis qu'on monte, puisque la riuiere en cet endroit tire vers le Nort. *S. Ouën*, autrement nommé le *Palais de Clichy*, estoit le sejour ordinaire du Roy Iean, où il institua les Cheualiers de l'Estoile, en memoire de celle qui seruit de conduite aux Roys de Perse, pour aller en Bethleem adorer IESVS-CHRIST. Le blason de l'Ordre estoit vne Estoile penduë à vn collier d'or, auec cette Deuise, *Monstrant regibus astra viam*; qui deuint si commun, qu'il est demeuré pour gage au Cheualier du

Guet & à ses Archers, qui l'ont encore aujourd'huy sur leurs hoquetons.

S. DENYS est au dessus, on n'y conte que deux lieuës de Paris, mais si vous suiuez les destours de la Seine, vous triplez le chemin. Cette ville n'estoit autre-fois qu'vne ferme de la vertueuse Catulle, qui enterra dans son fonds S. Denys, auec ses compagnons: mais s'estant depuis accreuë, nos Rois l'ont choisie pour le lieu de leur sepulture, ne pouuant pas estre plus honorablement colloquez aprés leur mort, qu'aupres de ce grand Saint, qui auoit esclairé leur Royaume des lumieres de l'Euangile, & dont eux mesmes auoiēt receu tant de bienfaits durant leur vie. Tesmoin cette Oriflamme, qui estoit vne Banniere de vermeil, semée de Fleurs de Lys d'or, l'estendart de leurs armées dans les guerres estrangéres, qu'ils alloient prendre sur l'Autel de S. Denys, comme vn gage asseuré de la victoire. Tesmoin encore le cry des batailles, *S. Denys Mont-joye*, que nos Princes ont tousiours retenu, depuis que Clouis s'en seruit à la Iournée de Tolbiac, pour reclamer le secours de S. DENIS.

cet Apostre, & qu'il laissa pour signal à ses successeurs, auec tant d'effet, que les Trompettes & les Tambours n'animoient point si fortement les soldats au combat, que le nom de S. Denys. Ie ne raporte point comme la ville fut renduë au Roy Henry IV. & comme le Cheualier d'Aumale y fut tué pensant la surprendre, lors que le sieur de Vic y auoit esté mis depuis peu Gouuerneur. I'ayme mieux me lauer dans l'eau de sa riuiere, que de me soüiller dans le sang des François. Il s'y fait vn amas de ruisseaux tout autour, comme du *Crou*, qui vient de Vaulaurens, & passe par Goënesse & par Boneil, de la *Molete*, du *Hazeray*, & du *Mardret*, qui se ioignent tous dans vn canal, pour aborder la Seine entre la ville & l'Isle de S. Denys. Les eaux de l'estang de Coquenart, & celles du grand estang de Montmorancy viennent aussi s'y rendre au delà de la Briche.

Crou, r.

La Molete, r.

Hazeray, r.

Mardret, r.

La Seine chargée de grosses barques, sort ainsi de Paris prenant force détours, comme si elle auoit quelque regret d'abandonner les delices de la

France, pour aller arrouser les pommiers de Normandie: & apres auoir laissé dans son sein l'Isle de S. Denys, comme vne marque du desir qu'elle auroit de s'arrester auec les terres, si le naturel de ses eaux estoit capable de consistence, elle poursuit sa course & passe le long d'*Argenteuil*, où l'on garde comme vn thresor la Robe du Fils de Dieu: elle descend à Chatou, où elle se passe sur vn pont, & remontant encore du Midy vers le Septentrion, elle va moüiller le pied de sainct Germain en Laye, & arrouser les arbres du *Bois de la Trahison*.

Le bois de la trahison.

Ce bois est à vne lieuë de S. Germain tirant vers Paris, & est diuisé en deux par vn chemin public: si vous rompez des branches des arbres qui sont d'vn costé de ce chemin, & que vous les iettiez dans la riuiere, elles floteront sur l'eau comme vn autre bois: si vous en prenez de l'autre costé, elles iront à fonds comme des pierres. Les Philosophes s'efforcent bien de donner quelques raisons de ces effets prodigieux: mais le peuple, qui nõme ce bois de la Trahison, se persuade que cette pesanteur si extraordinaire est vne marque de la vengeance de Dieu pour la trahison concertée en ce bois par le detestable Ganelon, qui trahit la Maison des Ardennes, les Pairs de France, & les plus braues Capitaines de Charlemagne. Et de vray on y monstre encore vne table de pierre, sur laquelle on dit que fut conceuë & formée la mal-heureuse journée de Ronceuaux au passage des Pyrenées.

Nanterre. *Ruel.*

Pres de Chatou sont Nanterre & Ruel, qui ont donné force matiere à nos histoires; l'vn venerable aux François, pour auoir veu naistre en son enceinte saincte Geneuiefue, la Tutelaire de cet Estat, & la Protectrice de nos Rois; & l'autre redoutable aux Estrangers, pour auoir souuent seruy de cabinet d'estude & de meditation au Cardinal de Richelieu, le Genie de LOVIS XIII. & l'Ange de ses Conseils. C'est là que cette saincte Vierge s'offrit à Dieu pour espouse en l'Eglise Parroissiale par le ministere de S. Germain Euesque d'Auxerre. Là elle rendit la veuë à celle qui luy auoit donné la vie, en luy lauant les yeux de l'eau de ce puys, qui se void encore en l'Eglise dediée à son honneur: là elle garda les troupeaux de son pere dans ce parc miraculeux, qui est entouré de grosses pierres, & qui n'est iamais couuert d'eau, encore bien que tous les champs voisins en soient inondez par le debordement de la riuiere. C'est icy pareillement que ce premier Ministre s'alloit souuent delasser parmy ces grottes, ces iardins, & ces allées du faix de toute l'Europe, qu'il portoit dans sa teste, ou dans ses mains; c'est icy que ce fameux Politique a formé les loix generales que tous les Rois de la Chrestienté ont receu de son Prince, comme le Iuge ou l'Arbitre de leurs fortunes & de leurs differens: & c'est icy sur les bords de la riuiere que cette grande Intelligence prenoit des desseins autant glorieux & faciles à luy, que honteux & difficiles à d'autres, de ramener le Po, l'Ebre, & le Rhein aux sources de la Seine, & faire couler leurs eaux dans son canal.

S. Germain en Laye.

Pour S. GERMAIN, bien qu'il se puisse vanter d'auoir emprunté son nom de S. Germain Apostre d'Angleterre, & Euesque d'Auxerre, il n'a iamais eu neantmoins tant d'esclat, ny tant de reputation, que depuis que les Rois l'ont fait bastir pour vn Palais de la Majesté, où Messieurs leurs Enfans sont esleuez; & où ils passent eux mesmes la plus agreable partie de leurs beaux iours. Charles V. ietta les premiers fondemens du vieux Chasteau, qui ayant esté pris par les Anglois durant les troubles de l'Estat, causez par le desreglement du cerueau de Charles VI. se rendit depuis à Charles VII. moyennant vne grosse somme d'argent payée au Capitaine Anglois qui la gardoit: Il n'est point de place qui soit imprenable auec des armes d'or. François premier qui s'y plaisoit à cause des longues & larges routes des bois voisins, pratiquées à dessein de courir le Cerf & le Sanglier, le fit rebastir, comme en font foy les FF couronnées, depeintes sur les manteaux des cheminées. Mais la perfection de cet ouurage estoit deuë à Henry IV, qui n'auoit que des pensées & des desseins proportionnez à la grandeur de son courage & de son nom. Il fit bastir le nouueau Chasteau sur cette croupe de montagne pratiquée sur les flancs du rocher, qui est le plus proche de la riuiere, où il n'a rien espargné de ce qui pouuoit releuer son honneur & sa memoire.

Puisque la Seine reçoit les eaux de S. Germain, il est bien raisonnable qu'elle s'arreste vn peu, & nous attende iusqu'à ce que nous voyons les grottes d'où elles sortent, à peine d'estre moüillez pour le salaire de nostre curiosité. Vous y voyez vne table toute chargée de coupes, de verres, & d'autres vaisseaux bien formez de la seule matiere d'eau, comme si c'estoit le bufet du Dieu des eaux. Les Nymphes laissans aller leurs doigts au mouuement que la mesme eau leur donne, joüent des orgues auec autant d'harmonie & de concert, que ceux qui les mirent les premiers en vsage dans nos Eglises sous Louys le Debonnaire. Mercure y sonne de la Trompette, comme s'il auoit changé de naturel pour s'accommoder à l'humeur guerriere des Roys qui l'ont receu dans leur Chasteau, & qu'il eust changé ſon caducée à vne lance pour combatre les ennemis de cet Eſtat. Neptune en poſture de Roy, la Couronne de jonc en teſte, & le Trident en vne main conduit ſon chariot ſur cet element liquide, & les Tritons conduiſent la pompe de ſon triomphe, comme ces vieux ſoldats, qui precedoient les Empereurs au iour de leur entrée dans la ville de Rome. Vulcain & ſes forgerons battent le fer ſur vne enclume à grands coups de marteaux, comme s'ils vouloient forger des armes à vn Prince, qui les merite mieux qu'Achille, ou qu'Enée, pour qui les Poëtes les ont mis en beſogne. Bacchus aſſis ſur ſon tonneau, & tenant le verre en main conuie les aſſiſtans à boire à la ſanté du Prince; mais fort peu luy font raiſon, parce que ſes caues ne ſont pleines que d'eau. Orphée anime les bois, les rochers, les beſtes & les oyſeaux; & leur inſpire vn certain mouuement de triſteſſe, depuis que le Roy Louys le Iuſte y a rendu l'eſprit auſſi Chreſtiennement qu'il auoit glorieuſement veſcu: & qu'il alla porter tous ſes lauriers aux pieds de IESVS-CHRIST le mesme iour, que le Sauueur des hommes monta au Ciel, pour offrir à son Pere le fruit de ses Victoires. La Seine chargée de ces riches depoüilles va receuoir les hommages de l'Oyse entre la fin d'*Oyse* & *Arseny*.

OYSE.

L'OYSE, R.

L'OYSE riuiere nauigable prend son origine de *Hiesson* en *Tierrache*, à quatte ou cinq lieuës de Veruins, place recommendable dans nos Histoires, pour auoir esté choisie comme vn temple de la Paix concluë & arrestée entre les Couronnes de France & d'Espagne, au temps que le Dieu de la guerre sembloit auoir plus d'adorateurs, & que les armes estoient plus eschauffées. Elle gaigne *Guise*, diuisée en haute & basse ville, auec vn fort chasteau, l'ancien patrimoine des puisnez de Lorraine, qui fut erigée en Duché & Pairie par le Roy François premier pour recompenser les merites de Claude de Lorraine, qu'on auoit veu si souuent souillé du sang des ennemis de cet Estat, & chargé de leurs despoüilles.

De là, où elle se coule sous vn pont qu'on luy a dressé pour la commodité du pays, & pour le passage des habitans, aussi bien qu'à Ripemont, elle gaigne la *Fere* en Picardie, qui se rendit aux armes de Henry le Grand, & aux inuentions de Beringhen, qui fit refluer la riuiere d'Oyse dans la ville, en arrestant son cours par le moyen d'vne digue : De sorte que l'eau surprenant les assiegez gasta grande quantité de leurs magazins de poudres, de viures, & d'autres prouisions dans les bas estages des maisons, & obligea Aluarez Osorio, & le Seneschal de Montelimar, qui commandoient dans la place, à capituler pour la rendre. Le Roy leur accorda la plus honnorable composition, qu'eussent peu souhaitter des assiegez de ce courage & de cette nation, qui ne se rendent qu'à la mort, ou à la faim. C'est à sçauoir qu'ils sortiroient auec leurs armes, cheuaux, chariots, & tout leur equipage, trompettes sonnantes, tambours batans, enseignes desployées, mesche

La Fere en Picardie.

mesche allumée par les deux bouts, bale en bouche, auec autant de poudre qu'il en falloit à chaque arquebusiers pour tirer dix coups, & vne piece de canon marquée des armes d'Espagne: à condition neantmoins qu'il se trouueroit prouision de viures pour deux mois dans la ville, ou autrement, qu'ils sortiroient le baston blanc en la main, sans rien emporter de leurs meubles. On raconte de ce grand Prince, que voyant le progrez de cette digue, il dit à Montigny à l'oreille: Si i'en pouuois faire autant à la Rochelle, & à Marseille, ie serois absolu Roy de France. Ce qui rendit plus facile l'execution de ce dessein, fut le concours de deux riuieres; de l'Oyse qui a desia receu plusieurs ruisseaux, & particulierement l'*Arrouaise*, auprés de Guise, auant que d'approcher les murailles de la Fere; & de la *Serre* ou *Serue* qui est assez grosse, composée des estangs de Cresoy, de son propre ruisseau qui coule de *Mõtcornet*, & de *Rosoy*, laquelle va prendre l'Oyse dans les fossez de la Fere, Capitale du Tartenois, & toutes deux entou-

l'Arrouaise, r.

La Serre, r.

K

rent cette place frontiere, & en font comme vne isle.

De la Fere, l'Oyse descend sous le pont de *Chauny*, pour prendre le ruisseau de la *Dellette*, & arriue à NOYON, ville aussi celebre en ses aduersitez, qu'en ses plus heureuses fortunes; que le feu a reduite trois fois en cendres, comme si cet Element eust voulu la rendre plus illustre par la lumiere de ses flammes, ou la donner plus pure & plus nette à la France, pour la mettre sur les Autels du Sãctuaire, & la porter sur le Trosne des Roys auec les Assesseurs, & Pairs de leur Sacre & de leur authorité, à la façon de l'or, qui n'est employé à des vsages releuez, qu'apres auoir passé par le creuset. Car la ville de S. Quentin ayant esté ruinée par les Vandales, *Noyon* fut choisie pour estre le siege des Euesques, dont le premier fut S. Medard, en faueur duquel le Pape Hormisdas fit l'vnion de l'Eglise de Tournay à celle de Noyon, voulant que ces deux peuples fussent soûmis à la verge d'vn Prelat, qui estoit capable de gouuerner l'Eglise vniuerselle. Et depuis, le Roy Hu-

Dellette, r.
NOYON.

gues Capet pour comble de grandeur, fit l'Euesque de Noyon l'vn de ses Pairs. Noyon est arrousé de la *Galliole*, de la *Marguerite*, & de la *Verse*, dont les deux premieres se ioignent à la derniere pour se donner à l'Oyse. *Galliole, r. La Marguerite, r. Verse, r.*

Au dessous de Noyon on passe le bac à Berry ; & en suitte on trouue *l'Aisne au Conflant*, qui se vient descharger en l'Oyse ; nous la reprendrons en sa place, quand nous aurons parcouru toute l'Oyse iusqu'à son emboucheure. A deux lieuës du Conflant, qu'on nomme le Bec d'Oyse, est assise la ville de COMPIEGNE auec vn beau pont à l'opposite de l'Aronde, qui sert de bornes au Beauuoisis & à la Picardie. Cette ville, qui estoit anciennement appellée des Latins *Compendium*, comme qui diroit l'abregé des beautez de la terre, a esté l'vn des ordinaires sejours des Roys de France, qu'ils ont aymé à cause du plaisir de la chasse. COMPIEGNE.

Cloraire I. fils du Grand Clouis ayant esté deffait en bataille par les Saxons & Turingeois se retira à Compiegne, où poussé du desir qu'il eut de charmer ses ennuis à la chasse, & d'attraper plus aysement les bestes dans les bois, qu'il n'auoit fait les hommes à la guerre, il s'eschauffa si fort qu'il tomba dans vne fievre continuë, & mourut l'an cinq cens soixante sept, auec ces paroles en la bouche, O que la main de Dieu est redoutable, qui se jouë ainsi des Roys!

Charles le Chauue la fit rebastir sur le modelle de Constantinople, & voulut qu'elle fût nommé *Carolopolis*, Charle-Ville de son nom, comme l'ancienne Byzance fut appellée Constantinople du nom de son Restaurateur. Et pour rendre encore cette ville plus recommandable par sa pieté, qu'elle n'auoit esté par la presence de Louys le Debonnaire, & de Charles-Martel, il y fonda la riche Abbaye de S. Corneille, où il mit vn des trois Suaires dont N. Seigneur fut enuelopé dans son Sepulchre; les autres deux sont à Turin en Piedmont, & à Bezançon en la Franche-Comté. Philippe Auguste vn peu deuant que son pere le pourueust de ses Estats, estant allé à la chasse du sanglier, s'esgara seul dans les bois, & fut deux iours entiers broſſant, ſans trouuer ny guide ny ſentier pour le ramener de la foreſt. Enfin s'eſtant recommandé à la Vierge Marie & à S. Denys patron de nos Roys, & Tutelaire du Royaume de France, & ayant fait le ſigne de la Croix ſuiuant la pratique de nos anceſtres, il apperceut à ſon coſté vn grand païſan, qui ſoufloit du feu, le viſage plus noir que ſon charbon, auec vne coignée ſur ſon eſpaule, qui l'ayant reconnu le ramena dans Compiegne.

Le Roy S. Louys, qui auoit des maximes d'vne plus ſainte Politique, que celles des autres Princes, ſe perſuadant que le plus clair reuenu de ſes Finances eſtoit l'amour de ſon peuple; & que les plus fortes barrieres pour arreſter ſes ennemis, & leur fermer l'entrée de ſes Eſtats, eſtoient la Iuſtice & la Religion, & que les prieres des Saints faiſoient plus de coup que les armes de ſes ſoldats : comme auſſi que les maiſons conſacrées au ſeruice de Dieu valoient mieux que toutes les citadelles du monde pour contenir des ſujets dans le deuoir, fit à Compiegne ce qu'il auoit desia fait en plusieurs autres lieux, & y fonda les Eglises & les Conuents des Mandiens. Henry III. ayant esté mal-heureusemēt assassiné, son cœur & ses entrailles furent mises en vn caueau de l'Eglise de S. Cloud, & son corps ouuert & embaumé fut porté à Compiegne, où il a esté gardé comme vn pretieux depost, iusques à l'an 1610. qu'il fut transporté à S. Denys en France aupres de ses Ancestres. Iugez donc si la ville de Compiegne ne merite pas à iuste titre de porter le nom de *Ville Royale*, ou de la ville *des Roys*, comme elle a tousiours esté nommée, puisque les Roys en ont fait le sujet de leurs delices, & le lieu de leurs demeures.

Ce fut en defendant les murailles de Compiegne que Ieanne la Pucelle, le bon-heur de la France, & le sacré Genie de Charles VII. fut prise par Iean de Luxembourg, & mise entre les mains de l'Anglois, qui ne pouuant pas la faire mourir comme prisonniere de guerre, la fit prisonniere de la Iustice, pour la faire executer à

Roüen, comme Magicienne. Ainsi vouloient-ils couurir la honte d'vne nation de Conquerans deffaite par les addresses d'vne Bergere, en faisant passer ses actions pour magie, & ses vertus pour des enchantemens. Mais Dieu qui arresta l'actiuité des flames en faueur des petits Prophetes de Babylone, se declara pour l'innocence d'vne fille, & le Ciel monstra qu'il ne souffroit ses ombrages, que pour en tirer plus d'esclat. La rage des Anglois s'estoit allumée dans les brasiers, qui consumerent cette sainte Amazone, il faloit beaucoup d'eau pour l'estaindre ; c'est pourquoy l'executeur de la Iustice eut commandement de ietter ses cendres dans la Seine. S'estant mis en deuoir d'obeir aux Iuges il trouua son cœur tout entier parmi les charbons ardens, comme si les flammes eussent respecté le sanctuaire de la vertu, & le cabinet des plus secrettes communications de Dieu.

Suiuant le cours de la riuiere d'Oyse, nous nous sommes iusques icy tenus dans la Picardie ; il est temps d'en ſortir, & quittant Compiegne il faut coſtoyer le *Beauuoiſis*, que nous aurons à la droite, & le *Valois* auec vn bonne partie de l'Iſle de France à la gauche, iuſqu'à ce que nous retombions dans la Seine au deſſous de Pontoiſe.

Le Beauvoisis.

Le pays de BEAVVOISIS peut eſtre ainſi nommé à cauſe de la quantité des agreables & ſpacieuſes vallées qu'il reſerme entre ſes collines. Il eſt borné de quatre riuieres, ſçauoir *Oyſe*, *Seine*, *Ette*, & *Aronde* & eſt arrouſé du *Therain*, de l'*Auelon*, de la *Breche*, & de l'*Arée*. L'*Aronde* paſſe à Gournay, & à Monchy le Pierreux, où elle a des ponts, & ſe va perdre dans l'Oyſe au deſſus de Compiegne. Quant au *Therain*, qui eſt le principal, il paſſe dans la ville de Beauuais, & vient de deux ſources. L'vne du coſté du Soleil couchant, eſt pres de l'Egliſe de S. Pierre du Grumeſnil dernier village de l'Eueſché de Beauuais du coſté de Dieppe, & paſſant par Cauny, S. Samſon, Sully, Hericourt, Fontenay, Eſcames, Songeon, Grenne, Villiers, Vrocourt, Caigny, & Bonnieres, ſe va rendre à Milly, L'autre ſource qui vient du Septen-

Aronde, r.

Therain, r.

grion, eſt entre les villages de S. Denicourt, & Omecourt, vn peu au deſſus du village de Therine, qui prend ſon nom de *Thaire*, ou *Therain*, & s'eſcoulant à Marſeillé dans la prairie de Beaupré, & paſſant par Achy & ſaint Omer ſe vient ioindre à l'autre ſource audit bourg de Milly, & de là paſſans conjointement par Canteuille & Troiſſereurs ſe vont rendre à Beauuais. Comme auſſi fait l'*Auelon*, qui vient du pays de Bray, & du coſté de Pentemont ſe rend auſſi à Beauuais: & de là apres auoir ſeruy à pluſieurs moulins, à nettoyer la ville, & aux manufactures des laines, draps, teintures, & taneries, les eaux ſe r'aſſemblent à la porte qu'on appelle de Paris, où la riuiere ſe fait ſi groſſe & ſi grande, que l'on pourroit la rendre nauigable iuſqu'à la riuiere d'Oyſe, n'eſtoit qu'on a mieux aymé s'en ayder pour pluſieurs moulins à bled, draps, & papier, qui ſont depuis Beauuais iuſques à Montataire, où eſt l'embouchcure & le conflant de Therain ou There en l'Oyſe, qui ſe fait auec vn ſault: ce qui monſtre que le pays de Beauuoiſis

Auelon, r.

est plus haut en ses vallées, que ne sont les canaux des riuieres d'Oyse & de Seine.

La Breche, r.
L'Arée, r.
Le Saulseron, r.

Vn autre ruisseau est si petit qu'il n'a point de nom, & sort d'aupres de Meru, & passant par Fosseuse & Chambly, se va aussi rendre en la riuiere d'Oyse au dessus de Beaumont. *La Breche* vient de Neufuille, & reçoit l'*Arée* au dessous de Ruaul, qui toutes deux s'en vont passer sous le pont de pierre, & se rendre aussi dans l'Oyse au dessus de Creil: si bien que le Terain est entre deux. *La Saulsay* ou *le Saulseron*, petite riuiere plate, viẽt d'aupres du Chastel de Vaumondois, & entre en la riuiere d'Oyse, enuiron vne lieuë pres de l'Isle-Adam. Et ce qui est de remarquable en ces ruisseaux, c'est qu'ils s'escoulent tous d'Occident en Orient contre l'ordinaire de la pluspart des riuieres, qui est vne marque de la bonté des eaux, comme dit Auicenne; & ces ruisseaux seruent à la netteté & commodité des villes, bourgs & pasturages des vallées de Beauuaisis, outre qu'ils sont remplis de quantité de poissons, & particulierement le

Thërain de belles & bonnes truites saumonées.

Il y a aussi au pays de Beauuaisis plusieurs estangs, comme celuy de Gouuieux, & ceux du pays de Bray, & pareillement vne quantité de fontaines salubres pour le corps humain, parmy lesquelles celle de Forges s'est renduë aussi celebre que celles de Pougues en Niuernois, & le Vic le Comte en Auuergne; & encore depuis peu il s'en est descouuert vne autre proche du Bequet & de l'Abbaye de S. Pol à vne lieuë de Beauuais.

L'assiette de cette ville, dont l'Euesque est Seigneur temporel, Comte & Pair de France, entourée de tous costez de costaux & de collines chargées de vignes & de bois, de prez, de pasturages, & de riches campagnes; ses murailles bien flanquées, ses fossez larges & profonds, ses escluses qui retiennent ou laissent couler les eaux à la façon d'vn ancien corps de garde, la beauté de ses maisons, la magnificence de ses Eglises, la diuersité de son paysage, le trafic de ses estoffes la mettent au nombre des plus belles, BEAVVAIS.

des plus fortes, & des plus riches places de France. Mais ce qui la rend plus recommandable, c'est le courage & la fidelité que ses citoyens ont tousiours fait paroistre en toutes les occasions, où il s'agissoit du seruice de la Couronne. Ce furent les Communes de Beauuaisis, qui asseurerent la victoire au Roy Philippe Auguste en la journée de Bouines, la premiere, la plus grande, & la plus importante bataille de la derniere Race de nos Rois. Ce furent les Beauuaisiens qui arresterent le cours des armes de Charles Duc de Bourgogne, & mirent des barrieres à sa fortune pour ne passer point outre, & pour le forcer au contraire de leuer le siege qu'il auoit mis deuant leur ville: & pource que les femmes & les filles mesmes se monstrerent vaillantes au delà de leur sexe en cette rencontre, Louis XI. leur permit d'aller les premieres en procession & à l'offrande le iour de l'assaut, & de la feste de saincte Angadresme, Patrone de la ville.

A l'autre riue de la riuiere d'Oyse à l'opposite du Beauuoisis, est la Duché de Valois, ainsi nommée à cause de ses belles & fertilles vallées. *Bethisy* est vn bourg assez celebre situé en vne gorge fort large & spacieuse de la vallée d'*Autonne*, abbreuué d'vne petite riuiere de mesme nom, laquelle prenant sa source entre les villes de Coulioles & Pisseleu, prez de Viliers-coste-Rez, & se grossissant d'vn ruisseau, qui luy vient de Crespy en Valois, trauerse la prairie dudit Bethisy, & se rend en la grande riuiere d'Oyse au dessous de Verberie. Les bonnes gens du pays nous veulent persuader que Crespy a pris son nom des SS. Crespin & Crespinian, qui commencerent par le Valois à prescher l'Euangile, qu'ils porterent de là par tout le Soissonnois, où ils perdirẽt la vie pour confirmer les veritez qu'ils auoient publiées.

Autonne.

On void SENLIS au dessous, ville tres-ancienne assise sur le penchant d'vn costau, arrousée au bas d'vne petite riuiere nommée la *Nonnette*, qui vient d'aupres de Fontaine S. Pierre, passe à Nanteuil, à Versigny, à *l'Abbaye de la Victoire*, qui fut fondée aux faux-

SENLIS.

Nonnette, r.

bourgs de Senlis par le Roy Philippes Dieu-donné, en reconnoissance de la double victoire qu'il remporta sur ses ennemis le mesme iour; l'vne en Guyẽne sur les Anglois par le Prince Louis; & l'autre plus importante à Bouines en Flandre sur l'Empereur Othon, & sur le Comte Ferrand par sa prudence & par son courage: où effectiuement l'on combatit, le Roy fut terrassé, foulé aux pieds des cheuaux sans estre enseuely: & apres la victoire Ferrand entra à Paris en grande pompe, suiuant la responce captieuse que rendirent les Magiciens à la belle-mere de ce Prince Flamand, qu'elle auoit consultez pour sçauoir le succez de la guerre. De Senlis la Nonnette entre dans l'estang de Gouuieux, qui est vn des plus vastes & des plus beaux du Royaume, & vn peu au dessous de la chaussée s'allie auec l'Oyse. A quelque lieuë au dessous de Senlis l'*Ayse* vient aussi de l'estang de Charlepont s'allier auec l'Oyse.

Senlis, en Latin *Syluanectum*, emprunte son nom de la Forest de Rez qui l'entoure de tous costez. Charles VI. Roy de France voulant eterniser la memoire de la prise qu'il auoit faite en cette forest de Senlis d'vn grand cerf qui auoit au col vn collier de cuiure doré auec cette Inscription en vieilles lettres, *Hoc Cæsar me donauit*, Cæsar m'a fait ce present, prit pour Deuise vn Cerf volant, accolé d'or, & pour supports de l'Escu de ses Armes deux Cerfs de carnation. Cette place est memorable, pour auoir soustenu courageusement le siege contre la Ligue, dont elle auoit secoüé le joug, & pour le combat qui s'y liura entre les Ducs d'Aumale Chef des Ligueurs, & de Longueville Chef des Royaux, assisté de la Noüe, où ceux-cy donnerent si à propos, que le Duc d'Aumale mettant en pratique l'vsage des longues molettes d'esperons inuentées depuis peu, sauua sa personne à la course de son cheual, ne pouuant sauuer son honneur par les armes.

Ie m'estois oublié de visiter le Chasteau de CHANTILLY, assis à l'entrée de l'estang de Gouuieux sur la mesme Nonnette : les corps des logis garnis de chambres à la Royale, ses

CHANTILLY.

cabinets, son parc & sa Chapelle tesmoignent assez le naturel magnifique & la genereuse deuotion de ses anciens Seigneurs, les Ducs de Montmorancy.

Nous nous sommes escartez du canal d'Oyse, depuis Compiegne, pour nous ietter dans les terres du Beauuoisis & du Valois; il faut nous remettre dans le droict chemin, & reprendre le cours de la riuiere, qui sortant des ponts de Compiegne, va passer au dessous de la Verberie, où Charles-Martel tomba malade de la maladie dont il alla mourir à Crecy, & de là elle se glisse sous les pōts de *S. Maixance*; vient à *Creil*, descend à *Beaumont*, se diuise en deux vne lieuë au dessous, pour former *l'Isle-Adam*; d'où elle descend à *Pontoise*, & enfin se iette dans la Seine à Fin d'Oyse, vne lieuë au dessus de *Poissy*.

CREIL. *Pont de Creil.*

La ville de CREIL assise sur l'Oyse, qu'on passe sur vn *Pont*, est à deux lieuës de Gouuieux, ancienne Preuosté, qui va ressortir à Senlis. Charles V. fils de Iean y fit bastir vn fort chasteau, lequel ayant esté pris par les Anglois,

Anglois, durant l'orage, qui sortit des querelles d'Orleans & de Bourgogne, comme du choc de deux nuées; ou plustost comme vn incendie, conformément à la Deuise du Bourguignon, qui estoit d'vn fusil allumé, pour enuelopper la France: le Seigneur de Coitiuy, qui fut depuis Admiral de France, le batit si furieusement, assisté de la Hire & de Poton, de Santrailles, que l'Anglois le rendit au Roy Chales VII. qui voulut se trouuer au siege en personne, accompagné du Daufin, & de la plus florissante Noblesse de son Royaume.

La Prouidence Diuine, qui se ioue de la fortune des Rois, & qui distribue les Couronnes comme il luy plaist, a fait paroistre sa Iustice, en nous donnant vn Roy sans teste, & ses Bontez, esleuant sur le Throsne ceux qui ne sembloient estre que sur les dernieres marches. Car Charles VI. troublé du cerueau, & incapable de gouuerner l'Estat fut mis au chasteau de Creil, & renfermé dans vne chambre grillée, comme dans vne prison, ayant ainsi esté priué de la liberté du corps par sa femme Isabeau de Bauiere, apres qu'vn triste accident l'eut priué de la liberté de l'esprit. Et au contraire Pierre de Bourbon, & sa femme Anne sont depeints dans la Chapelle en posture de supplians, & deuant eux vn cerf volant, & vne Couronne de Lys, auec ce seul mot, qui vaut toute l'Histoire de la Genealogie & des hauts faits des Princes de Bourbon, ESPERANCE. Cette peinture ayant ce semble plustost esté faite de la main de Dieu, que du pinceau des hommes, comme vn presage de felicité, qui promettoit le Royaume à cette illustre maisõ. Ainsi la priere que ces bons Princes faisoient à Dieu est exaucée ; leur esperance est accomplie; & le temps qui par ses reuolutions donne la perfection à toutes choses, a mis la Couronne des Lys sur la teste des Bourbons; & lors qu'il sembloit que l'Arbre des Valois deust estre eternel sur la terre, vne petite branche s'est esleuée tout d'vn coup : l'arbre est mal-heureusement tombé mort sur son tronc, & la branche a poussé, qui couure maintenant de ses fueilles

& de ses fruits plus du tiers de l'Europe.

La ville & Comté de BEAVMONT, qui est aussi assise sur la riuiere d'Oyse, laquelle est couuerte d'vn pont, fut erigée en Pairie par le Roy Philippes de Valois. Elle appartenoit à Charles Duc d'Orleans prisonnier en Angleterre, quand les Bourguignons ennemis iurez de cette maison, la prirent, la pillerent, & ietterent dans la riuiere vn grand nombre de pauures habitans. Ainsi les Princes font des prodiges, imprimant mesmes sur les ondes les marques de leur fureur. L'Isle Adain est entourée d'eau de tous costez, la riuiere s'entr'ouurant, pour donner terre aux fondemens de cette place, d'où sont sortis tant de braues personnages, & entre autres cet illustre vieillard, le Grand Maistre des Cheualiers de Rhodes, qui eut assez de courage pour s'opposer presque tout seul & sans secours à toutes les forces de Soliman, & assez de constance pour suruiure à la perte de ses Estats, & brauer la fortune par sa vertu.

BEAVMONT.

Il ne nous reste plus que la ville de PONTOISE, ainsi nommée à cause du Pont qu'elle a sur la riuiere : il ne faut que l'aborder pour connoistre les beautez de sa situation, & il n'est besoin que de lire ses auentures dans nos Histoires, pour sçauoir les forces de son assiete. Le Roy Charles VII. l'arracha des mains de l'Anglois par vn siege memorable, qui dura six sepmaines, & fut emportée par vn assaut general, nonobstant la courageuse resistance des Anglois, lesquels y perdirent tous la vie ou la liberté. Le Roy Henry III. l'attaqua, fortifiée d'vne grosse garnison de plus de deux mille hommes, & apres vne furieuse batterie de trois semaines l'obligea de se rendre à son obeïssance par vne honnorable composition, & d'abandonner le party de la Ligue. L'Oyse n'estant plus ny Angloise ny Ligueuse, s'offre à la Seine auec vne entiere liberté, & ne craint plus de communiquer ses eaux auec celles qui arrousent nos Fleurs de Lys dans la Capitale de cet Estat : bien qu'elle coule tousiours, elle est là dans son repos,

PONTOISE.

& bien qu'elle perde son nom, elle y trouue son centre : nous la laisserons donc dans vn lieu si honorable, pour aller reprendre l'*Aisne*, & la conduire depuis son origine iusques au *Bec d'Aisne*, où elle vient trouuer l'Oyse, & se ietter en son sein.

AISNE.

L'AISNE, nommée *Axona* par les Latins, coule aussi doucement dans les liures des guerres de Cesar, que dans le Barrois où elle prend sa naissance, & que dans la Champagne où elle se perfectionne, pour s'allier auec plus dauantage à la riuiere d'Oyse, & contester auec elle de la largeur de son canal, & de la profondeur de ses eaux. Elle vient de deux sources, l'vne de *Beaulieu* en Argene, au dessus de sainte Menehout, dont elle bat les murailles, & l'autre au dessus de *Clermont* dans le Barrois, qui se ioignent ensemble au dessus de Mouron, pour entrer plus glorieusement dans le Retelois, & remplir auec plus d'abondance les fossez de Retel. Elle est fort pois- L'AISNE R.

ſonneuſe, & porte des brochets & des carpes d'vne groſſeur prodigieuſe. De Retel, où elle ſe paſſe ſur vn pont, elle gaigne chaſteau Pourcian : & de là ſe rend au pont de la Vere, où elle commance à porter des batteaux, & continuant ainſi ſon cours vers le Couchant, elle va paſſer ſous le pont de Vely ; elle moüille les murailles de Soiſſons, & s'auançant touſiours ſans s'arreſter la voila ſous le pont de Vis ſur Aiſne, d'où elle n'a que cinq ou ſix lieuës à faire iuſqu'au lieu de ſa ionction, & de ſon emboucheure pres de Compiegne. Elle parcourt auſſi quatre Prouinces, le Barrois, le Rethelois, la Champagne, & vne partie du Gouuernement de l'Iſle de France.

Dans vne ſi longue eſtenduë de païs que parcourt l'Aiſne, elle reçoit pluſieurs ruiſſeaux & petites riuieres ; à ſçauoir, la *Bionne*, qui vient de Somme-Bionne, paſſe par le chaſteau d'Ancy, & ſe perd audeſſous d'Argiers. Le mot de Somme en vieux lãgage de Champenois, ſignifie ſource ou fontaine. Ainſi, outre la Bionne, la *Tourbe* vn peu au deſſous d'elle prend ſon origine de

Tourbe, r.

Somme-Tourbe, passe à Ville-Tourbe, & se conjoint à l'Aisne au dessus du bourg d'Autry. La *Vaillie* prend son eau dans l'Abbaye de Signe, qu'elle va porter dans l'Aisne à chasteau Pourtian. L'*Ardilie* en fait autant venant de Sore, & passant à Trieleure. La *Retonre* vient d'vn pauure lieu, qui est aussi nommé le Pauure, & ne faut pas s'estonner, si ce qu'elle va descharger dans la grande riuiere, où elle entre pres de Pignecourt, n'est pas beaucoup considerable. Le *Suip* est au dessous vn peu plus remarquable, qui vient d'vn village de mesme nom à cinq lieuës de Chalons, passe à pont Fauerguay, Isle & bourg dit sur Suip, passage pour aller à Mezieres, descend au dessus du pont de Vere, & ne porte aucuns batteaux, à raison des ports & bacs, dont les Seigneurs particuliers leuent de gros reuenus.

Vaillie, r. *Lardilie, r.* *Retonre, r.* *Suip, r.*

La *Velle* a sa source à *Somme-Velle*, d'où elle descend à N. Dame de l'Espine, & de là à Rheims, de Rheims à Fismes; où ayant receu le *Nore* en son lict, va chercher l'Aisne qui la conduit à Soissons. Ceux qui ont leu les pre-

Velle, r. *Nore, r.*

miers fondemens de nostre Monarchie, sçauent comme Attila ayant esté contraint de leuer le siege deuant Orleans, fut viuement poursuiuy par Aëtius, & ses Confederez, & atteint aux champs Catalauniques. La bataille fut si furieuse que les Huns y perdirent cent quatre-vingt mille combattans, & la victoire demeura en commun aux Romains, aux François, & aux Gots; le triomphe & l'honneur à Merouée & aux siens pour auoir valeureusement combatu. On expose diuersement ces champs Catalauniques empourprez du sang de tant de barbares, les vns tiennent auec peu de raison qu'ils sont au pays du Languedoc : les autres auec plus de solidité, prouuent que ces plaines sont celles de Chalons : & la *Velle* se presente sur ses bords teinte encore du sang qu'elle vit couler dans son canal en cette belle & glorieuse Iournée, qui se donna assez pres de sa source l'an quatre cens cinquante-quatre. Et à dire le vray on ne peut point expliquer autrement ce que Paul le Diacre rapporte de ce combat, sinon de la

Velle, quand il dit, que la meslée fut si espouuantable, & qu'il y eut tant de sang versé, qu'vn ruisseau qui estoit proche, s'enfla comme vn torrent desbordé, entrainant les corps morts.

Apres auoir ainsi suiuy les eaux d'Aisne, nous aurons du plaisir de ietter la veuë sur ses riuages, pour contempler les places qui sont assises dessus. S. MENEHOVT, qui paroist la premiere, est située sur les frontieres de Lorraine & de Champagne, auec vn fort chasteau posé sur vn rocher, planté au milieu d'vn marests, y ayant la riuiere d'Aisne, qui passe d'vn costé trauersant la ville, & de l'autre vn ruisseau, qui se vient ioindre à la riuiere, & de l'autre bout vn grand marests. S. MENEHOVT.

LE RETELOIS fut erigé en Duché & Pairie par le Roy Henry III. en faueur de Louys de Gonzague, Duc de Neuers, dont la Capitale est Retel, d'vne situation fort inesgale, auec vn ancien chasteau basty sur la montagne, & vne grande enceinte de fossez, que ledit Duc de Neuers fit faire à dessein d'y construire vne ville nouuelle; mais la mort luy ostant la vie LE RETELOIS.

fit tomber les instrumens des mains des ouuriers, qui laisserent cet ouurage imparfait.

On y void vne ancienne tour, qui fut bastie par les Romains, comme on l'apprend de quelques vieilles inscriptions. Il n'y a point de Prouince, qui ait plus de Souuerainetez que celle-cy : Dont la premiere est Mehon; l'autre Arches ou Charleville; Lumez, dont les habitans ne trafiquent qu'en ardoise, & Chasteau-Renaud, où le Roy tient garnison au Fort de Linchamp.

CHASTEAV PORCIAN est vne ville, dont le chasteau est assez fort pour donner de la peine à ceux qui voudroient l'attaquer. NEVF-CHASTEL est dans vne Isle, que fait la riuiere d'Aisne separant l'Isle de France & la Champagne. VELLY est vne ville, que le Roy Philippe de Valois eschangea contre Mouzon sur la riuiere de Meuze, appartenant à l'Archeuesque de Rheims, qui en estoit le Seigneur spirituel & temporel.

Soissons

SOISSONS estoit si considerable dés le temps de Cesar, que ce valeuceux Conquerant l'assiegea la premiere de toutes, pour faire passer la victoire auec ses armes dans le Beauuoisin, comme si cette ville eust esté le boulevard de la Gaule Belgique. Gillon, qui commandoit en la Gaule pour les Romains, y tenoit son siege, quand les François l'esleurent pour leur Roy en la place de Chilperic, indigne de regner à cause de ses vices, dont il estoit esclaue. Clouis fils de Chilperic espousant les interests de son pere, & heritant à ses querelles aussi bien qu'à ses Estats, alla combatre Syagrius le fils de Gillon ce Romain, le defit à Soissons, le despoüilla de ses terres, & bien tost apres de la vie. Clotaire fils de Clouis en fit la Capitale de son Royaume, & y dressa son Trosne. Pepin la choisit pour le lieu de son Sacre, & y receut la Couronne des mains de Boniface Archeuesque de Maience.

Pour ce qui regarde la CHAMPAGNE, elle est ainsi nommée des grandes plaines, où elle s'estend: Le Comte de la Prouince estoit vn des anciens Pairs, qui assistoient le Roy, comme vn des principaux membres

CHAMPAGNE.

de ce grand corps Politique, dont le Prince est le chef : & luy mesme a esté si puissant autrefois, qu'il a eu iusques à sept Pairs, qui luy rendoient hommage. Cette Comté se trouua vnie au Royaume de Nauarre en la personne de Thibaud, qui mourut sans enfans ; & Henry son frere & successeur ne laissant qu'vne fille, qui fut mariée au Roy Philippe le Bel, la Champagne fut reünie à la Couronne. On la diuise en haute & basse. La haute, voisine de la Lorraine, est pleine de campagnes blanchissantes comme de la craye, dépeuplée d'arbres, n'ayant ny prez, ny eaux courantes, ce qui rend le pays assez mal agreable aux habitans, pour estre contraints de se pouruoir chez leurs voisins des choses necessaires à la vie. La basse est fertile & abondante en bleds, fromens & en vins, la nature voulant traitter ces deux sœurs, comme quelques femmes font leurs enfans, auec des tendresses de meres pour les vns, & des rigueurs de marastres pour les autres. Il y a vne coustume particuliere en Champagne, par laquelle il suffit que l'vn ou l'autre des mariez soit noble pour les enfans qui en prouiennent, ayant esté permis autrefois aux femmes nobles de se marier à des roturiers, annoblissans leurs licts.

RHEIMS, est vne ville fort ancienne, assise sur la Velle, dont elle a de bonnes marques: le fort de Cesar, qui n'en est pas loing, nous est vn tesmoignage que ce Conquerant a eu des soins tres-grands de la ville de Rheims, comme l'alliée du peuple Romain, luy donnant des defenses pour se garantir des surprises de ses voisins, qui ne pouuoient supporter la grandeur de son authorité, & qu'vne seule ville eust plus de credit aupres de l'Empereur, que plusieurs Prouinces. Et si nous voulons croire à la simple deposition de quelques Autheurs, Rheims est aussi vieille que Rome, & comme celle-cy fut fondée par Romulus, celle-là fut pareillement bastie par les amis & seruiteurs de son frere Remus, qui pour rendre le nom de leur maistre aussi glorieux que celuy de son meurtrier, donnerent son nom à la ville de Rheims, comme l'autre impo- RHEIMS.

sa le sien à la ville de Rome. Elle conserue plusieurs restes d'antiquité en ses portes, de Mars, Ceres, Bacchus & Venus. Mais ce qui rend cette ville plus glorieuse est le Siege de son Archeuesque, Siege qui est en possession du Diademe Royal, & qui est comme vn exemple de ruine ou de fermeté presque à toutes les Eglises de France, comme parle Yues de Chartres. Ce priuilege octroyé à l'Eglise de Rheims par le Pape Hormisdas, & cõfirmé par le Pape Victor II. d'oindre & sacrer la Personne de nos Rois, fut fondé sur le merite de S. Rhemy Archeuesque de la mesme ville, qui eut l'honneur de conuertir Clouis le Grand à la foy Chrestienne, & le regenerer par le Baptesme, le Ciel par vne coniouyssance manifeste ayant contribué le sainct Cresme à cette auguste ceremonie, par le ministere d'vn Ange, qui apporta visiblement en forme de Colombe la sainte Ampoule, qui se garde à l'Abbaye de S. Rhemy pour le sacre des Rois. Le paué de l'Eglise de cette Abbaye est d'vne excellente marqueterie, qui remplit le cœur d'vn bout à l'autre, qui est fort vaste, & represente plusieurs belles figures & curiositez Morales & Historiques. Nous trouuons dans le partage & distinction des Royaumes en France sous les Rois de la premiere Race, que la Champagne appartenoit au Royaume de Mets, & que le Siege Royal fut tenu quelquefois à Rheims.

Remontons maintenant sur la Seine, & continuans nostre nauigation, *du Bec d'Oyse* gaignons *Poissy*, *Meulan*, *Mante* & *Vernon*, & quand nous serons au *Pont d'Arche*, nous quitterons encore la Seine pour nous mettre à la suitte de *l'Eure* & de *l'Ondelle*, qui viennent s'y rendre.

POISSY n'estoit anciennement qu'vn chasteau de plaisance, où les Roynes faisoient leurs couches; vne maison Royale où les Enfans de France estoient nourris auant que S. Germain & Fontainebleau fussent bastis & embellis; vne retraitte de Moynes, qui furent fondez par Constance femme du Roy Robert, laquelle ordonna que son corps reposeroit apres sa mort dans leur Eglise, où son cœur POISSY.

auoit logé durant sa vie. Auiourd'huy, c'est vne ville assez plaisante assise en vn valon ioignãt le riuage de la Seine, bornée en son plan de bocages & de campagnes. Le Colloque de Poissy tenu l'an 1561. sous le regne de Charles IX. est si renommé dans nos Histoires, que ce seroit vne chose inutile de vouloir rapporter les motifs de cette Assemblée, semblable à celle dont il est parlé dans les auantures de Iob, où l'Esprit des tenebres sortit vn iour de ses abysmes pour assister au conseil des Anges de lumiere. Ie m'asseure que si Catherine de Medicis mere de Charles IX. & Regente du Royaume eût eu les sentimens de la vertu & de la religion qu'auoit autrefois la Reyne Blanche mere de saint Louys, elle n'eust iamais permis que les Heretiques qui se trouuerent à ce Colloque, eussent prophané si outrageusement la sainteté de nos mysteres, & raualé si fort la dignité du Baptesme, que le plus saint des Rois de France auoit receu dans la mesme ville de Poissy, & pour lequel il mettoit au premier rang de ses illustres qualitez

celle

celle de Chrestien, & prenoit le surnom de Louys de Poissy par vne loüable ambition; au lieu que les autres Princes recherchent d'accroistre le nombre de leurs titres des peuples subiuguez, & des villes conquises.

MEVLAN est partagée en deux, par vne Isle que fait la Seine dans son canal; vne partie est dans l'Isle, & l'autre sur le bord; mais qui se ioignent par des ponts bastis sur la riuiere: laquelle se grossit de quelques ruisseaux, & particulierement de la *Mordre*, qui vient de deux fontaines, passe au pont Gallon, & se iette en la Seine au dessus de Mante. MEVLAN. *Mordre, r.*

MANTE est vne place forte, & qui donna bien de l'exercice à nostre Roy Charles VII. qui se rendit neantmoins à la valeur de son courage, & à la prosperité de ses armes, quand toute la Normandie secoüa le joug de l'Angleterre, pour se soûmettre à la France. Le Roy Philippes Auguste y quitta le Royaume pour aller prendre possession d'vn meilleur, en suitte d'vn Comete, messager du malheur qui affligea la France en la perte d'vn si grand MANTE.

Prince. Il y a vn pont sur la Seine.

Ette, r. A quatre lieuës de Mante, *l'Ette ou Dette*, se vient rendre en la Seine, prenant son cours vers Pommereux en Beauuoisis, le continuant par Gournay, Gisors, Dangu, S. Clair sur Ette au chemin de Roüen, & le finissant au dessous de Gagny, deux lieuës au dessus de Vernon, où elle se descharge de ses eaux à la Rocheguyon, & de *Rebes, r.* celles du ruisseau de *Rebes*, qu'elle reçoit vn peu au dessus de Gisors. Elle separe le Vexin François du Normand. Entre *Gournay* sur l'Epte, & *Gerberoy* sur le Terain fut donnée la bataille entre les François & les Anglois sous la conduite du Comte de Clermont vne fois, & vne autre sous la Banniere du Mareschal de Boussac, & du Seigneur Poton de Xaintrailles, où le Comte d'Arõdel General de l'armée Angloise fut deffait, blessé, & fait prisonnier, & mourut peu de iours apres de ses blessures, s'estimant bien heureux d'estre enterré dans l'Abbaye de S. Lucian, qu'il auoit bruslée & ruinée.

Bataille de Gerberoy.

Gisors. GISORS fut fortifié durant le regée de Philippe premier par Guillaume le Roux, Roy d'Angleterre, qui la prist sur vn Cheualier nommé Payen, qui en estoit Seigneur. Le lieu est si plaisant, & la terre si bonne, que ceux du pays la nomment le Doüaire de la Vierge Marie, pource que le Doüaire de la femme ne peut estre vendu ny engagé, & qu'il est preferé à tous les autres biens du mary. Quelques vns ont creu que Gisors estoit nommé *Gisortium* en Latin, comme qui voudroit dire *Regis otium*, le repos & le plaisir du Roy. D'autres nous veulent faire croire, qu'il est nommé *Gisortium*, comme qui diroit *Diuortium*, le diuorce & la separation des terres de France & de Normandie.

VERNON sur Seine, où la riuiere a vn pont de pierre, fut prise sur l'Anglois par le Roy Charles VII. auec le chasteau nommé Vernonet. Apres Vernon suit Andelis arrousé d'vn ruisseau nommé *Gambon*, sur les bords de la mesme riuiere de Seine, dont nous interromprons la nauigation, pour aller chercher l'*Eure* iusques à sa source, & la conduire en la Seine à trois VERNON. *Gambon*, r.

lieuës au dessus du Pont de l'Arche, chargée des lauriers du Grand Henry, & teinte du sang des ennemis de sa Couronne.

EVRE.

L'EVRE.

DE toutes les riuieres de France, il n'en est point de si glorieuse que l'EVRE, pour cõseruer sur ses bords les plus sensibles marques de l'antiquité des Gaules, & pour auoir abbreuué de ses eaux les Docteurs & les Prestres des anciens Gaulois. Encore qu'à dire le vray, ie ne sçay si elle n'a point des sujets plus illustres de gloire, pour auoir arrousé de nos temps les palmes & les Lys du Roy Henry, que d'auoir autrefois laué les Chesnes sacrez, & le Guy mysterieux de nos Druides.

L'*Eure* prend sa naissance dans l'estãg des Personnes, & de la *Laude* au pays du Perche, d'où elle porte son cours de l'Occident à l'Orient cõtre le mouuement ordinaire des riuieres de France. Elle vient à Loupe, offre le bain aux Nonnains de Bellomer, descend à *Pont-Gouin*, à *Courville*, & à *Pont-Tranche-festu*, sans estre beaucoup considerée, quoy qu'elle ait des ponts en plusieurs endroits, plustost pour la commodité des meusniers, que pour la necessité des voyageurs, qui la peuuent passer à gué sans beaucoup se moüiller.

La ville de CHARTRES, dont elle moüille le pied des murailles la rend considerable dans la Beausse, tant pour l'antiquité de sa fondation, que pour la commodité de son assiete, puis qu'elle s'en sert pour le transport des bleds qui croissent en cette Prouince, le Grenier de la France, & la seconde Sicile de l'Europe. Cette ville estoit le lieu où les Druides, qui gouuernoient les Gaules, auant que Iules Cesar les eût conquises, tenoient leur Parlement, pour rendre Iustice aux peuples, qui les escoutoient comme les Oracles animés & sensibles de la Diuinité, & leur rendoient plus de veneration qu'aux Princes mesmes, & qu'aux Roys. Les Comtes & habitans de cette ville creurent par les instructions de ces Druides, qui auoient leu, comme il est fort probable, les Liures des Sibilles, qu'il naistroit vne CHARTRES.

Vierge en terre, qui seroit la mere du Sauueur des hommes. On adiouste, que Priscus Comte de Chartres sur cette opinion, qui auoit gaigné les esprits de ses suiets, fit faire vne Image representant vne Vierge, qui portoit son Enfant sur ses bras, & la mit au rang des Dieux, luy offrant assez souuent des Sacrifices. Et Geoffroy Comte de Montlehery voyant que ses voisins les Chartrains auoient de grandes tendresses pour cette Vierge inconnuë, ayant recouuré vn de ses enfans qui estoit tombé dans vn puits, fit bastir vn Temple à l'honneur de cette mesme Vierge, aux soins de laquelle il se croyoit redeuable de la vie de son fils. Ce que Cesar parlant de la Religion des Druides, appelle *Lucum consecratum*, estoit ce bocage qui couuroit la montagne de Chartres, où ils auoient consacré vn Autel à la Vierge, auec cette inscription, *Virgini parituræ*, A la Vierge qui doit enfanter, cinq cens ans auant la natiuité du Sauueur du monde. De sorte qu'il ne fut pas difficile aux Disciples des Apostres, deputez en France pour annoncer l'Euangile, de persuader les veritez & les mysteres de l'Incarnation à vn peuple qui en estoit desia tout persuadé, & il ne falut que confirmer par de nouuelles raisons la creance qu'il auoit d'vne Vierge mere d'vn Dieu.

Il ne faut pas aussi s'estonner si les Chartrains tesmoignerent tant de courage en la persecution qui leur fut suscitée par le Proconsul Quirin, pour la deffence d'vn Dieu homme, qu'ils auoient adoré auant que de le connoistre, & s'ils aymerent mieux estre precipitez dans vn puys, qui est dans la Chapelle sous terre de l'Eglise Cathedrale, qu'on nomme encore à present le puys des Saints Forts, que de trahir la foy de leurs ancestres. L'Eglise est deseruie par septante deux Chanoines instituez sur le modele & sur le nombre des septante deux Disciples du Fils de Dieu, estant bien raisonnable que celle qui auoit receu la premiere de toutes les Eglises de France les lumieres de l'Incarnation, fût comme vne Eschole publique, dõt les Disciples seruissent de maistres aux autres pour leur donner les instructions de salut. Sous le regne de l'Empereur Charles le Chauue, la ville de Chartres esprouua la mesme fortune que la pluspart des autres villes, & fust bruslée & saccagée par Hastingue Chef des Normans : & ayant esté rebastie, elle fut assiegée pour la deuxiesme fois par Raoül Conducteur de la mesme nation. Les assiegez voyans que leurs murailles & leurs armes estoient trop foibles pour resister à l'insolence & aux forces d'vn peuple victorieux, chargé des dépoüilles d'vn grand Royaume, eurent recours à la protection de leur Tutelaire; & l'Euesque ayant mis au bout d'vne lance la chemise de la Vierge que Charlemagne leur auoit donnée, auec cet estandart marcha contre Raoül, le mit en fuite, & le rendant vaincu le soûmit aux loix & à l'obeïssance de IESVS-CHRIST.

Ie ne peux obmettre deux sieges memorables que la ville de Chartres a souffert en nos guerres ciuiles, l'vn sous Charles IX. & l'autre sous Henry IV. Chartres est l'vn des principaux magazins à bled de Paris, & estant prise elle accommodoit fort l'estat des Protestans. Ligneres y fut estably Gouuerneur pour le Roy, auec vingtdeux compagnies, renforcées au bruit d'vn siege d'vn regiment d'infanterie. Le Prince de Condé l'assiegea, & la batit, mais auec peu d'effet, cinq pieces de baterie, & quatre legeres couleurines faisoient peu d'effort contre tant d'hommes de deffence, retranchez auec beaucoup d'auantage. On remarqua vn endroit plus foible, où la bresche donnoit esperance de victoire, comme voicy le Seigneur de la Valete grand Capitaine approcher au secours des assiegez auec dixhuit cornettes de caualerie. L'Admiral en eut le vent, & pour ne faillir, disoit-il, le gibier, choisit trois mille cinq cens cheuaux, marche au deuant, charge la Valete, renuerse partie de ses troupes, emporte quatre cornettes, & met le reste en fuitte. Le Duc d'Anjou campoit outre Seine, & ne voulant hazarder le sort d'vne bataille, laissoit Chartres en eminent peril. Mais Catherine sçauoit bien, aussi s'en vantoit-elle ordinairement, qu'auec la langue elle feroit plus de coup que tous ses guerriers auec la lance. Vne bonne paix n'estoit moins necessaire que souhaittée. Les Protestans se persuadoient en general que les Catholiques poseroient les armes auec eux, & la Noblesse en particulier estoit poussée d'vn extreme desir de reuoir ses maisons: plusieurs cornettes auoient desia repris le chemin de Saintonge & de Poitou, plusieurs autres pretexoient le saccagement de leurs maisons, où leur presence estoit necessaire: l'infanterie des pays esloignez s'escouloit de iour en iour, les bourses estoient espuisées, & personne n'estoit payé: c'estoit la saison de Mars, en laquelle les armées ont coustume de se mettre en campagne, & leurs forces Françoises diminuans à veuë d'œil les eussent bientost portez sur la necessité de se defendre: leurs ennemis demeuroient entiers & debout: separer les estrangers & les disperser par les villes, c'estoit se desmembrer soy-mesme. Ces considerations, auec d'autres, pousserent les Protestans d'accepter vn second Edict de pacification conceu & formé à Long-Iumeau l'an 1568. qui renuoya Casimir en Allemagne, le Prince & l'Admiral en leurs maisons, & remit Chartres en liberté.

Chartres fut depuis inuestie par Henry le Grand l'an 1591. assiegée, batuë & assaillie, mais courageusement defenduë pres de deux mois & demy. La Bourdesiere y commandoit, & desja la resistance & le courage qu'auoiẽt tesmoigné les assiegez à quelques assauts, auoient fait resoudre le Conseil de leuer le siege, quand le Comte de Chiuerny remis en sa charge de Chancelier de France par sa Majesté, ayant vn particulier interest à la reduction de cette ville, à cause de plusieurs belles terres qu'il possedoit aux enuirons, se roidit contre l'aduis du Conseil, persista à donner vn assaut general, remonstra la honte qui pourroit apporter vn grand declin aux affaires du Roy, & les commoditez qu'il receuroit de cette prise, comme l'vne des clefs de Paris, capable de raffermir son Estat, & de troubler les desseins des rebelles. Le Comte de Chastillon tout glorieux d'auoir fait leuer le siege au Seigneur de la Chastres deuant Aubigny en Berry, ne trouuant rien d'impossible à son zele & à son courage, promet au Roy, que s'il l'establit son Lieutenant deçà l'eau, il luy mettra Chartres dans huict iours entre les mains. De vray ayant receu ce pouuoir, il dresse vn pont de bois, dont la pointe donnoit iusques sur la bresche, pour venir à couuert aux mains auec les assiegez. Cette nouuelle machine estonne les Chartrains, ils iettent force feux pour la brusler ; mais la voyans le lendemain refaite & couuerte de gazon contre les impressions du feu, ils demandent composition, qui leur fut accordée le Vendredy deuant la feste de Pasques.

Peu de temps apres le Roy Henry s'estant vaincu luy-mesme, embrassant la Religion de ses ancestres & de ses bons subjets, voulut estre sacré à Chartres en l'Eglise de Nostre Dame, de laquelle Louis de Bourbon s'estoit luy-mesme ordonné homme de sa personne, où Clouis le premier Roy Chrestien de la France auoit receu les premieres instructions de saint Seleine Euesque du lieu ; & où les Ducs de Vandosmois ont leur Chapelle particuliere.

Nous auons trop sejourné à Chartres, l'*Eure* n'y fait que passer sous les ponts au pied de ses murailles, elle gaigne Ioüy, & puis Maintenon, pour receuoir deux ruisseaux qui viennent se ioindre à elle ; & au dessous de Maintenon elle se grossit encore d'vne autre petite riuiere, qui prend le nom des lieux par où elle passe, comme *Aunay*, le *gué de Loray*, *Gallardon*, *Houx*. *La Drouette* se iette aussi dans le canal de l'Eure pres l'Abbaye de Coulon au dessus de Nogent le Roy, ainsi nommé depuis la mort du Roy Philippes de Valois, qui rendit l'ame dans le chasteau : elle vient d'vn lieu nommé Drou, & passe par Espernon & par Hanche pleine d'escreuisses. A *Nogent le Roy* l'Eure a vn pont pour le passage ; d'où elle s'escoule iusques aupres de Dreux, pour y receuoir les presens de *la Blaise*, qui a sa source au dessus de S. Ange du Thimerais, & arrouse les campagnes & les anciennes forests

Drouette, r.

Blaise, r.

des Druides auant que se ioindre à l'Eure à la Tour de Fermaincourt.

Aure, r. L'*Aure* vient au dessous, qui naist de la Forest du Perche, passe par Verneuil, Tilliers & Nonnancourt, où elle a des ponts, qui seruent de bornes aux terres de Normandie : & de

Vegre, r. l'autre riue *la Vegre*, qui vient de Houdens, se presente à Iury, où elle se descharge dans l'Eure, pour s'y lauer du sang de la Ligue qui l'ensanglanta

Bataille d'Iury. l'an 1590. Elle vient de la forest de Montfort-la-Maury, passe à Houdan ; &, comme i'ay desia dit, se rend à Iury, non point couronnée de joncs & de faleses, mais de palmes & de lauriers.

D'Iury l'Eure continuë son cours vers Passy, & auant que d'aborder

Iton, r. Louuiers, elle reçoit à Aquigny *Iton*, petite riuiere qui sort d'vne fontaine du Perche, visite Condé plaisant & agreable seiour des Euesques d'Eureux, passe aux pieds de la ville *d'Eureux* ; mais admirable en ce qu'elle se perd sous terre deux ou trois lieuës au dessus de la ville d'Eureux sans laisser aucun vestige de son canal, ny aucune goute de son eau : & puis renaissant tout d'vn coup apres aüoir coulé sous terre plus de trois mille pas, elle cause autant d'estonnement que de commodité à ceux qui en sont proches. Elle a deux sources, l'vne en l'estang de Bretueil, & l'autre pres de Vernueil au Perche, qui se ioignent pres de Condé, chasteau de l'Euesque d'Eureux, où elles ont besoin d'vn pont de pierre pour les passer.

Eureux a porté titre de Comté, possedée par des fils de France, & par des Roys de Nauarre, depuis reüny à la Couronne. L'*Eure* descend de Louuiers en la Seine au dessus du Pont de l'Arche où l'*Andele* vient de l'autre riue se rendre auec le peu d'eau qu'elle a recueilly à Rebais & à Lions, auant que de passer à Fleury. *l'Andele r.*

On sçait assez qui sont les Druides, les Prestres, les Sacrificateurs, les Iuges, & les Docteurs des Gaules : & qu'ils ont pris leurs noms du mot Grec *Drys*, qui signifie vn chesne, pource que ces augustes Personnages habitoient dans les forests, & cueilloient le premier iour de l'an le Guy du chesne ne auec de grands respects. Ils donnerent aussi leur nom à la ville de *Dreux*, qu'on estime estre le milieu de la Gaule, au raport de Cesar, où ils faisoient leur sejour ordinaire, comme si le siege de la Religion deuoit estre dans les corps Politiques, ce qu'est le cœur dans les corps des animaux, où il occupe tousiours le milieu, pour donner le mouuement & la vie à toutes les parties. Ainsi Delos où se rendoient les Oracles, estoit le milieu de la Grece; Ierusalem le milieu de la terre habitable, & Dreux le milieu de la Gaule. Henry IV. auoit assiegé Dreux l'an 1589. quand il leua le siege pour aller donner au Duc de Mayene Chef de la Ligue cette sanglante bataille d'Iury, qui luy affermit le Sceptre & la Couronne, que le droit de ses parens, & le bon-heur de sa naissance luy auoient mis en main & sur sa teste. Le rendez-vous des troupes fut à quatre lieuës de Nonancourt sur le chemin d'Iury, où le Roy diuisa luy mesme son armée en sept escadrons, d'enuiron trois cens cheuaux chacun, soustenus d'infanterie; ce Prince

Prince paroiſſant au milieu comme vn Soleil entre les autres planetes, né pour bien faire à tous, meſme à ſes ennemis: qui parmy cette ſanglante bataille faiſoit retentir cette parole de Roy, *Sauue les François, & main baſſe à l'eſtranger.* Le maſſacre des Liguez fut ſanglant, & ſi les fuyards n'euſſent fait rompre à Iury le pont de la riuiere apres eux, qui deſtourna les victorieux d'vne lieüe & demie, contraints d'aller paſſer au gué d'Annet, ioint auſſi que les cheuaux, auſquels les Reiſtres auoient coupé les jarrets, en trauerſoient les chemins, & retardoient la pourſuite, les principaux Chefs vaincus couroiët fortune d'honorer par leur priſe les trophées d'vne victoire ſignalée.

A*nnet* ſur la riuiere d'Eure appartient au Duc de Vandoſme. C'eſt vn chaſteau baſty ſous Henry II. en faueur de la Ducheſſe de Valentinois par de Lorme excellent Architecte. Le portail eſt d'vne excellente & admirable ſtructure, campé au milieu d'vne terrace pauée de marbre blanc & noir; ſur lequel eſt vne Horologe *Annet.*

tres belle auec vn Cerf de bronze au dessus, plus grand que le naturel, qui sonne les heures du pied, & vn peu auparauant vne meute de chiens de bronze en nombre de quinze ou vingt se remuent, marchent & abboyent. La grand'chãbre & les sales y sont vitrées de cristal auec quantité de figures, & vne grande galerie ornée de peintures. Il y a plusieurs iardins & parterres embellis de fontaines & roches artificielles, auec vne Diane en marbre ornée de branches de corail, & autres pierres & coquilles rares. Le long du grand iardin est vne galerie couuerte bastie à la rustique. Au iardin des arbrisseaux, qui sont orangiers, citroniers, & grenadiers, est vne fontaine auec vne statuë de marbre, representant vne femme dont la chemise est moüillée auec tant d'art, que la veuë des plus curieux y est souuent trompée. Il y a vne Chapelle pauée de marbre blanc & noir auec des pilliers d'ordre Corinthien, fondée pour douze Chanoines. Ainsi les bons Princes sçauent ioindre les plaisirs innocens auec la pieté.

La ville & Comté de MONFORT est ce temple d'honneur & de vertu, qui a produit plusieurs grands Capitaines, qui ont remply l'Europe & l'Asie de la gloire de leurs genereuses actions. Vn Simon de Montfort gaigna la bataille contre les Albigeois, & vn Philippe de Montfort fut esleu gouuerneur d'Acre, pour faire teste aux infideles. MONFORT.

EVREVX est plus recommandable par la doctrine d'vn seul de ses Euesques le Cardinal du Perron, qui fut apres Archeuesque de Sens, que par la noblesse de tous ses Comtes, sortis de la maison de Normandie, entre lesquels fut vn Raoül, dont la femme imposa son nom à la riuiere Iton, qui arrouse ses murailles, & se va ietter en la Seine; laquelle enflée de toutes ces recreuës s'en va au Pont de l'Arche, où elle fait vne espece d'Isle, qui se ioint par deux ponts. De là la Seine prenant vn large détour, & faisant vn grand cercle vers Albeuf vient enfin à Roüen. EVREVX.

ROÜEN est la Capitale de la Duché de Normandie, le siege d'vn Archeues- ROÜEN.

que & d'vn Parlement : la grandeur de son enceinte, & les richesses de ses habitans la rendent assez celebre, sans qu'elle ait besoin de fables, ny de flateries pour acquerir de la reputation de l'antiquité de sa fondation, ou des vertus de ses premiers Fõdateurs. Elle est assise d'vn costé sur la Seine, qui laue ses murailles dans vne vallée enuironnée de hautes montagnes, couuertes de bois ; & au Leuant elle a d'autres petites riuieres, *Rebec*, *Aubette*, & la *Renelle*, qui entrans dans la ville nettoyent les ruës, & ayant fait moudre plusieurs moulins vont se ioindre à la Seine. Elles ont plusieurs ponts pour passer d'vne ruë à l'autre, sçauoir le pont de Rebec, le pont d'Aubette, le pont Dame-Renaude, & le pont de Taritaine. Mais le pont qui est sur la Seine est vn des plus beaux de France, composé de treze arcades, auec vn double port separé par le pont, où abordent d'vn costé les nauires, qui montent de l'Ocean auec le flot, & de l'autre les bateaux qui viennent de Paris. L'*Aubette* coule à Darnetel petit bourg voisin renommé pour ses draps.

Rebec, r.
Aubette, r.
Renelle, r.

Le *Rebec* entre dans la ville par la porte de S. Hilaire, & entre le port & la porte de S. Guillaume Léon se descharge dans la Seine.

Au Leuant & au Midy la ville est dominée des montaignes voisines. Et bien qu'elle soit fortifiée de murailles, de tours, & de fossez, munie de boulevars, de bastions, de casemates, de remparts, & de terrasses, elle a encore vn vieux chasteau sur la riuiere, que les nauires saluent à leur abord de trois coups de canon. On void aussi sur vne coline au chemin de Paris le Fort de S. Catherine, qui fut demoly par la permission du Grand Henry, qui aymoit mieux regner par amour dans le cœur de ses sujets, que par crainte dans les places de son Empire.

L'Eglise de N. Dame est vn des plus superbes bastimens de la ville, tres recherchée au dedans & au dehors de son Architecture. Elle est couuerte de plomb, & son Choeur fort somptueux reuestu de cuiure. Ses orgues sont prodigieuses, son thresor incroyable, ses ornemens & ses habits Pontificaux tous couuerts d'or & de perles. Trois grandes tours s'esleuent en l'air, & portent leurs pointes dans les nuës brauans les foudres & les orages : particulierement la tour de Beurre, qui n'apprehende point les ardeurs du Soleil, & la tour de la Pyramide, dont l'aiguille seule, qui est de bois reuestu de plomb doré a deux cens marches, & tout l'edifice plus de six cens. La tour de Beurre fut ainsi nommée pour ce qu'elle fut bastie des deniers recueillis du peuple pour la dispence obtenuë par le Cardinal d'Amboise Legat en France de manger du beurre en Caresme.

Le Roy Louys XII. y erigea le Parlement de Normandie l'an 1499. au lieu de l'Eschiquier, qui estoit comme vne espece de Grands-jours. Raoül Prince de Normandie, qui receut le Baptesme sous Charles le Simple, fut si bon justicier, & si chery de ses sujets qu'apres sa mort les Normans, quand on leur faisoit quelque tort, se souuenans de luy disoient en souspirant, Ah Raoül ! laquelle exclamation est tournée en coustume, qu'on appelle clameur de Haro, qui est chose si particuuiere à ceux du pays, que ce cry estant fait sur quelqu'vn, il est arresté sans autre forme de iustice. La ville de Roüen, quoy qu'elle soit dans les eaux, a esté fort sujette aux incendies, ayant esté bruslée quatre fois depuis huict cens ans, par accidens ou par le feu du Ciel. Elle a aussi ressenty les effots de la guerre durant les derniers troubles de la Religion.

La *Seine* sortant de Roüen, & prẽnant ses détours ordinaires, reçoit la petite riuiere de *Clere* au dessous de Cler, & de là se pousse à Caudebec au pays de Caux; où elle commance à eslargir son canal par la communication de la mer, qui en est voisine, où elle se va ietter entre le Havre & Honfleur auec tant de violence, que les nautonniers les plus experimentez en apprehendent l'abord: on nomme ce flux impetueux, la Barre de la Seine. Honfleur est ainsi nommé pour ce que les eaux coulent par là dans l'Ocean. Harfleur est à l'opposite, qui signifie contre-flux de mer. Pour le Havre de Grace, vne des importantes forteresses, qui soit sur nos costes, elle fut

Clere, r.

HONFLEVR.

HARFLEVR.

bastie par le Roy François I. pour fermer vne des portes de la France aux Anglois, s'ils vouloient encore y rentrer, comme ils voulurent faire sous Charles IX. quand les Protestans mirent cette place entre les mains d'Elizabeth Reyne d'Angleterre, pour l'obliger à leur prester secours : mais le Roy la reprit auec autant de iustice & de courage, qu'elle auoit esté rendüe auec injustice & lascheté.

Il semble que les riuieres qui ont recherché l'alliance de la Seine depuis sa source iusques à son emboucheure, ayent plustost consideré leurs propres interests, que la gloire de ce grand fleuue. Ils ne pouuoient visiter auec plus de pompe & de majesté toutes ces grandes villes, qu'en se mettans à la suite de la Seine; comme ceux qui desirans voir les Royaumes estrangers auec honneur & seureté, taschent de s'introduire en la compagnie des Princes, ou de leurs Ambassadeurs. La riuiere de *Rille* est la plus loüable, en ce qu'elle vient se donner à la Seine au dessous de Pôteau-de-mer, lors qu'elle n'a plus de nom, & que l'Ocean

Rille, r.

luy a desia rauy la douceur de ses eaux. Cette riuiere naist au chasteau d'Hasprés prez la forest d'Aigle, passe à Aigle, Rugles, Auton, Montfort, Ponteau, petites places, mais qui ont quasi toutes donné de l'exercice aux Anglois & aux François durant leurs guerres. La Risle apres s'estre comme perdüe au sortir d'Aigle se releue plus enflée sous Grolay, passe à Beaumont le Roger, & à Nassanore, où il reçoit la *Carentonne*, laquelle naist en la forest d'Ouche pres l'Abbaye de S. Euroult, reçoit le *Ternault*, passe à Montreuil, à Chambrois; à Bernay sur Carentone, où elle reçoit *Conqué*, & se perd dans la Risle qui se descharge à saint Samson.

Carẽtonne, r.

Ternault r.

Conqué, r.

Telle est la naissance, le progrez, le concours & la cheute de la Seine en la mer: Tels sont ses voyages par les Prouinces de la Bourgogne, Champagne, Brie, France & Normandie: Telles sont les grandes villes qu'elle moüille de ses eaux, & qu'elle enrichit par son commerce: Telles les riuieres qu'elle reçoit de tous costez, comme des reconnoissances de l'honneur qu'elle possede, d'abbreuuer la personne des Roys, & d'arrouser leurs Lys dans la Capitale de leur Estat. Il faut voir en passant les autres qui se ioignent à l'Ocean sur les costes de la Normandie, auant que d'entrer en la Bretagne.

LESON.

LISIEUX, la ville principale du pays des anciens Lexobiens, qui se firent assez connoistre à Cesar, est vne Euesché, dont l'Euesque porte le titre de Comte, assise sur *Leson*, la premiere riuiere qu'on rencontre sur la coste de Normandie, en descendant de Honfleur vers la Bretagne. Elle n'a pas vn grand cours, aussi n'est-elle pas beaucoup considerée par nos Geographes, qui n'en font presque aucune mention. Elle naist vers Canabauille, reçoit *Orbec* au dessus de Lisieux, d'où il se porte au *Pont l'Euesque*, & de là en la mer entre *Touques* & S. *Arnou*, s'estant grossi des ruisseaux de *Cormeilles*, ou *Calone*, & d'*Hebertot*. Les habitans de Touques font boüillir

Orbec, r. *Cormeilles, r.* *Calone, r.* *Hebertot, r.*

l'eau de la mer dans des vaisseaux de plomb, où elle se conuertit en sel fort blanc.

LA DIVE.

L'Autre riuiere en suitte du Leson est la DIVE, qui a deux sources au dessous de Guacé, & separe le terroir de Lisieux d'auec celuy de Sées. Elle reçoit l'*Ante*, au dessus de S. Pierre, où elle a vn pont pour le passage des voyageurs, & se va ietter en mer à S. Sauueur de Diue, entraisnant plusieurs ruisseaux, qui viennent des estangs, dont tout le pays est plein. LA DIVE R. l'Ante, r.

La ville de FALAISE est bastie sur l'Ante en figure de Nef, dont le chasteau pratiqué sur le roc comme vne poupe, & entouré de fossez fort profonds auec deux estangs, qui luy seruent de deffence, estoit le lieu de plaisance des anciens Ducs de Normandie durant la paix, & leur place d'armes durant la guerre; l'vn de ses estãgs ne peut iamais estre mis à sec pour l'abondance de ses sources: Il y a des moulins, qui seruent aux esmouleurs FALAISE.

de cousteaux de Falaise, qui sont des meilleurs de France. A vne lieuë de cette ville est le mont d'*Arienes*, où se prennẽt les oyseaux de proye, comme Faucons, Sacres, Tiercelets, Esperuiers, Emerillons, & quelques fois des Aigles. Ce qui est de plus prodigieux en ce pays est le village d'Arnes, situé en vne plate campagne, & despourueu de toutes sortes de fleuues & de ruisseaux; où la mer neantmoins, qui en est esloignée de neuf grandes lieuës, y roule quelques fois ses eaux auec telle abondance par des conduits cachez & inconnus, qu'elles y forment vn grand lac remply de quantité de bons poissons, qui desseiche, quand ces eaux de la mer se retirent.

Mont d'Arienes.

Estang d'Arnes.

L'AVNE, OV L'ORNE.

L'ORNE est nauigable, mesme les grands vaisseaux montent auec le reflux de la mer iusques à Caën. Il n'y a pas encore quarãte ans qu'vne grosse Baleine y fut prise, assez pres de la ville, laquelle auoit suiuy le mon-

L'Orne, R.

tant des eaux de la mer, & pour s'estre trop auancée dans les terres demeura comme vn nauire eschoüé à la mercy des habitans, qui la pescherent. Cette riuiere prend sa naissance à Aunon au dessus de Sees où elle se rend aussi tost qu'elle est née; elle continuë son cours à Argentan, Pont-Crespin, Clissy, reçoit le *Noireau*, qui naist au dessus de Condé, qui en prend son nom, & de la l'Orne gaigne le pont de Coudray, & Linchamp, où elle reçoit *Guigné*, & l'impetueuse riuiere de *Laize*, qui coule des monts de l'Anore. De là elle descend à Thury sous le pont, elle gaigne Caën pour receuoir l'*Ondon* au pont de S. Pierre, là où elle commence à porter de grands vaisseaux, & à trois lieües de là elle se va descharger en la mer au port d'Estrehan.

Noireau, r.

Guigné, r.

Laize, r.

l'Ondon, r.

Le terroir de SEES, que les Geographes appellent Sagiens, est borné au Leuant des Lexobiens, au Ponent du Pays Bessin, au Midy de la Duché d'Alençon, & au Septentrion du Bailliage de Caën & d'Auge. La ville capitale est Sees, située sur la riuiere d'Orne, annoblie d'vn Siege Episco-

SEES.

pal, dont la capitale est dediée à l'honneur de la Vierge. La ville d'ARGENTAN bastie sur la mesme riuiere fut long-temps possedée par l'Anglois auec les autres places de Normandie, & enfin reduite à l'obeissance de Charles le Victorieux. CAEN est vne ville fort ancienne, puisque Caius Cesar la nomma de son nom, *Cadomus*, comme si on disoit *Caij Domus*, la maison de Caius, où cet Empereur se preparant au voyage de la grande Bretagne faisoit sa demeure ordinaire. La riuiere d'Orne la diuise en deux, qui se ioignent ensemble par le pont de S. Iacques, & par celuy de S. Pierre, sur lequel est posé l'Hostel de Ville d'vne superbe architecture, à quatre grands estages, embellis de quatre grosses tours. En la haute ville est le chasteau, qui passe pour vne des bonnes places de toute la Normandie, auec l'Vniuersité, dont l'Euesque de Bayeux est Chancelier, les Euesques de Lizieux & de Coutances Conseruateurs des Priuileges Apostoliques; ceux qui president dans les Conciles, & qui sont la langue & la voix de l'Esprit de ve-

Argentan.

Caen.

Ponts de Caën.

sité pour prononcer ses Oracles, deuans estre les Promoteurs, l'ame & la main de cette Vniuersité, comme si c'estoit vne mesme chose que de soustenir ses interests, & defendre le party de l'Eglise. La basse ville est enfermée d'eau, où abordent les nauires qui la rendent de grand trafic. La riuiere d'Oudon passe d'vn autre costé par le milieu de la ville, & se joint auec l'Orne au Pont de S. Pierre.

LA SEILLE, L'AVRE, ET LA DROME.

LA SEILLE n'a rien de memorable, à peine est-elle née qu'elle se perd en la mer : son origine & son tombeau se touchent, s'il m'est permis de parler de la sorte. Elle a deux ponts, Vieux-Pons & Reuiers. Elle naist audessus de Senans, & s'embouche en l'Ocean à Courseille, qui est ainsi nommé, pource que c'est là que finit le cours de la Seille. Elle separe les Iurisdictiõs de Caën & de Bayeux, & fait apres vn havre dans la mer. LA SEILLE, R.

BAYEVX, ville ancienne, Capi- BAYEVX.

tale du Pays Bessin, annoblie d'vn Euesché, dont l'Euesque preside en l'absence de l'Archeuesque de Roüen, duquel il est le Lieutenant, est assise sur

Avre, r. la riuiere d'*Aure*, qui sourd à Liuoy pres Caumont, & passe par Vaux sur

Drome, r. Aure. *La Drome*, qui coule par Vauselles, n'en est pas beaucoup esloignée, & toutes deux se ioignent ensemble en vn lieu nommé Maisons, quoy qu'il semble que leurs humeurs ne soient pas fort semblables, l'*Aure* estant douce & agreable, & la *Drome* dangereuse & mal plaisante. C'est vn vieux mot du pays,

La riuiere de Drome
A tous les ans cheual ou homme.

Ce qu'on trouue prodigieux en ces deux riuieres, c'est qu'elles coulent quelque temps sur le sable, & s'y perdent insensiblement à Mont-Caluin, sans que lon puisse connoistre le lieu de leur retraite, n'y ayant ny abisme, ny trou pour resserrer toutes ces eaux, qui se monstrent à demie lieüe de là, comme sortans d'vne nouuelle source, & reprenans vne seconde vie, qu'elles vont perdre en la mer au Port Bessin.

LA

LA VIRE.

VIRE est vne petite ville assise sur la riuiere, qui emprunte son nom : son terroir abondant en bestail & riche en laine, s'appelle Vau-de-Vire, d'où ont pris leur origine ces chansons inutiles qui ne seruent que d'occupation aux esprits oyseux, qu'on nomme communément Vaux-de-ville, pour Vau-de-Vire, à cause de leur autheur qui en estoit natif. Apres se rencontre la Vicomté de S. Lo, forte place sur la mesme riuiere de Vire, qui prez de là se va ietter dans la mer au Vé de S. Clement, autrement le grand Vé, diuisant Coutances d'auec Bayeux. Elle fut ainsi nommée du cinquiesme Euesque de Coutances, dont les Successeurs ont porté durant plusieurs années le titre d'Euesques de S. Lo, pource qu'ils y possedoient vne belle maison, qui leur seruoit de retraite. VIRE, R.

LA DOVE, OV OVVE.

Dove, R. L'Origine de *la Doue* se prend en la forest de Briquebec, & sa cheute en la mer est au dessous de Carentonne au petit Vé, ou Abbaye des Vées. Cette riuiere passe par vn petit Royaume, si toutefois il est veritable que la

Yvetot. terre d'Yuetot en ait eu le titre & l'authorité pour vne telle occasion : Clotaire I. ayant tué Gautier d'Yuetot le iour du Vendredy saint dans la Chapelle où il oyoit le seruice, le Pape Eugene indigné de ce meurtre scandaleux en sa suitte, & infame en sa cause, condamna le Roy à reparer la faute sous peine d'excommunication. Clotaire pour satisfaction ordonna que les Seigneurs d'Yuetot seroient quittes de tout hommage, seruice, & obeïssance deuë à la Couronne pour la terre d'Yuetot au pays de Normandie ; & ainsi cette petite terre a longtemps possedé le titre & les prerogatiues de Royaume ; iusqu'à tant que ce titre de Royaume a esté changé en titre de Principauté, dont l'illustre maison du Bellay iouyt encore à present.

La Doue descend à S. Sauueur le Vicomte, chargée du *Beaupteis*, où on passe sur vn pont de pierre; & de là se rend à Carantan sous vn autre pont aussi de pierre, mais beaucoup plus grosse & plus profonde qu'ailleurs, tant à raison de plusieurs ruisseaux qui viennent se ietter dans son sein, qu'à cause du reflux de la mer qui monte iusques là, & la rend assez forte pour porter de grands batteaux. Dans le mesme Vé de S. Sauueur se rend aussi le *Carentey*, qui vient du pont Tardif, & de Perriers. La *Sare* gaigne la mer entre Houteuille, & Thelauille.

Beaupteis r.

Carentey, r.

Sare, r.

L'OVLE.

L'OVLE se descharge en la mer au dessous de *Coutance*, chargée de deux ruisseaux qu'on nomme le *Herout* & *Burd*, lequel coule sur les masures des bastimens de l'Empereur Constance, qui donna son nom à cette ville, & l'embellit de plusieurs edifices; dont les piliers esleuez en façon d'arcades, qu'on void dans vn valon au

L'Ovle, r.

Herou, r.

Burd, r.

couchant de la ville nous font connoistre que c'estoit autre-fois vn ouurage digne de la magnificence d'vn Empereur Romain. La ville est sans doute tres ancienne, puis qu'elle a desia veu dans son Eglise plus de quatre-vingts Euesques consecutifs, dont le soixante septiesme merita d'estre esleué sur le Siege de S. Pierre, & d'estre l'Euesque vniuersel du monde.

SEES ET ARDRES.

Sees et Ardres.

AVRANCHES est vne ville aussi fort anciẽne, assise sur vn rocher esleué sur vne montagne difficile à monter principalement du costé de la mer, dont elle n'est pas beaucoup esloignée. Elle est bordée de deux petites riuieres, l'vne le *Sées* au dessus, qu'on nomme la riuiere d'Avranches, & l'autre au dessous qui s'appelle l'*Ardres*, & toutes deux se vont ietter dans la mer sans auoir rien qui les rende recommandables. Nous quittons icy la Normandie pour entrer dans la Bretagne.

Avranches.

LES RIVIERES DES COSTES DE BRETAGNE.

III.

LA BRETAGNE a pour ses bornes du costé de l'Orient le Mayne & vne partie de l'Anjou ; la Normādie auec la mer Britannique du costé du Nort : au Couchant elle n'a point d'autres limites que l'Ocean, & au Midy elle touche le Poitou. Elle est diuisée en trois langues, à sçauoir le François, qui comprend les Eueschez de Nantes, Rhennes, & Dol : Le Breton-Gallo, parlant François & Breton comme il luy plaist, où sont Van- LA BRETAGNE.

nes, S. Brieu, S. Malo. Et le Breton-Bretonant, qui renferme Cornoüaille, Leon, & Treguier, neuf Eueſchez ſuffragans de l'Archeueſché de Tours. Les riuieres de Sarte, Coëſnon, & Mayenne la ſeparent des Normans & des Manceaux, le Loire des Angeuins. C'eſt vne erreur groſſiere de ſe perſuader que la Bretagne ait emprunté ſon nom de l'Angleterre; puis que nous apprenons de l'Eſcriuain de la Nature, quand il fait le dénombrement des peuples des Gaules, que les Bretons eſtoient ainſi nommez auant que les Empereurs euſſent paſſé la mer pour porter leurs victoires dans cette Iſle, la plus grande & la plus riche de l'Ocean: il y auroit plus de raiſon de iuger que les Bretons des Gaules s'eſtans rendus maiſtres de l'ancienne Albion, qui eſt aujourd'huy l'Angleterre, la nommerent Bretagne, faiſant tout au contraire des Romains, qui auoiẽt couſtume d'accroiſtre leurs qualitez du nom de leurs vaincus. Quoy que c'en ſoit, nous trouuons que les villes de Bretagne eſtoient nommées *Armoriques*, c'eſt à dire Maritimes du temps de Cesar, d'autant qu'e-stant assises au bout de quelques caps & langues de terre, on n'y pouuoit aller à pied, quand la mer estoit pleine, ny mesme sur des vaisseaux, pource que le flot venant à s'abaisser ils demeuroient à sec. Ainsi de l'vne & de l'autre façon il estoit fort difficile d'en approcher. Neantmoins l'auantage du lieu & de la situation ne pût empescher ce Conquerant, qui ne trouuoit rien d'impossible au bon-heur de ses armes, de battre les Bretons rangez en mer, & de les soumettre à son obeïssance. De sorte qu'ayant esté contrains de receuoir les mesmes loix, que les autres Prouinces de la Gaule, ils furent gouuernez comme les autres peuples conquis, par des Gouuerneurs Romains, iusques à ce que le Tyran Maxime s'estant fait proclamer Empereur en la grande Bretagne, departit les Gaules par Comtez aux Gentils-hommes, dont il auoit esprouué le courage & la fidelité, & entre autres donna la petite Bretagne à vn sien Lieutenant nommé Conan, qui crût pouuoir aussi bien se faire Roy que son maistre s'estoit fait Empereur. Il print donc la Couronne & le Sceptre, & posseda la petite Bretagne à titre de Royaume, & ses enfans tascherent aussi de conseruer l'authorité, que leur pere leur auoit laissée en mourant & trancherent des Roys. Mais le grãd Clouis les ayant vaincus, leur osta le titre auec les marques de Royauté, & les contraignit de reprendre le nom de Comtes, & de releuer de sa Couronne. Depuis ils ont fait comme les Acteurs sur vn Theatre, qui changent d'habits à toutes les Scenes, & representent diuers personnages : ils ont esté tantost Roys, & tantost Comtes, & Ducs, suiuant les changemens de la fortune, qui leur mettoit vn iour le Sceptre en main & la Couronne en teste, & vn autre les abbatoit aux pieds des Roys de France, pour leur rendre hommage de leurs personnes & de leurs terres. Le mariage d'Anne fille vnique du dernier Duc François auec Louys XII. les a deliurez de toutes ces importunitez, & les a soustraits des caprices de la fortune pour les attacher fermement au bon-heur de la

France par l'vnion inseparable de leur Duché auec nostre Couronne.

Cette Prouince a receu des faueurs particulieres de la Nature, & si elle portoit autant de vin que les Bretons en peuuent boire, elle pourroit se vanter d'estre le meilleur pays de France. Les terres y sont labourables à souhait, & payent auec vsure au laboureur la semence qu'il leur preste en la saison. Elle a force prez, des landes pour le pasturage, & des forests pour le seruice. Les riuages portent des poissons, que les mers du Leuant ne connoissent point. Le Dauphin, l'Esturgeon, le Thon, le Marsouin, dont la prise est au Roy, & autres poissons qu'on appelle Royaux, s'y trouuẽt en abondance. Les Saumons, les Harencs, & les Sardines, qui à certaines saisons se donnent aux riuages, & en d'autres s'en absentent, s'y prennent à troupes. Et comme toutes terres ne portent pas toutes sortes de fruicts, aussi certain riuage porte ce qui ne se void, ny prend ailleurs. On y pesche vn poisson fort extraordinaire, qu'on nomme à Marseille Imperador, & en Bretagne on luy a donné le nom de gracieux-Seigneur. On asseure aussi que pendant le long voyage des mariniers, de la resine & de la poix dont les vaisseaux sont calfeutrez, s'engendre vne certaine crouste attachée au ventre de la nauire, laquelle auec le temps se forme en oyseau, qui prend vie, & pend par le bec sur l'eau, iusqu'à ce qu'il tombe en mer, & s'enuole, comme les autres oyseaux. Aucuns les appellent Crabans, & en Bretagne Brauaches, raportans à la forme d'vn canard. On a douté si c'estoit chair ou poisson; mais on ne fait plus de difficulté d'en manger en Caresme, depuis que les hales & les marchez de Paris sont pleins de semblables oyseaux, aux saints iours du Caresme. On les nomme icy Macqueroles ou Macquereuses.

Et comme si la terre vouloit contester auec la mer pour distribuer ses richesses auec profusion, les mines de fer & de plomb sont entre Chasteaubriant & Martigne; & celles d'argent se treuuent mesmes en plusieurs endroits. En la Seigneurie de Salle est vne ſource qui entraiſne aprés ſoy vn ſable de couleur d'or, & vne eau, dont l'odeur rapporte fort à l'antimoine. Là meſme dans vn lieu montueux, ſe trouue du ſouffre, de l'antimoine, du cuiure & de l'eſtain. Il y a vne autre colline chargée de Talch & d'Amianthe, ou d'alum de plume, luiſant comme vn miroir, quand le Soleil darde ſes rayons deſſus; on croid que c'eſt la pierre Asbeſtos des Anciens. On y trouue du jaſpe & du criſtal tres-fin auec pluſieurs autres raretez aux riches minieres de Vulgoet, que les Ducs de Bretagne firent ouurir, aux ſecrets du mont Menedalhech, aux beautez de la foreſt Bresban, où ſe void encore le Perron-Merlin, l'ancien diuertiſſement des Cheualiers Errans, & la fontaine de Balanton, & autres curioſitez; les pierreries de ſuccine à Belle-Iſle; les aqueducts de Dol; les voûtes d'entre Rieux & Redon; le torrent ſouſterrain en la foreſt de S. Aubin du Cormier; les ſingularitez de la riuiere d'Ardre, & du lac de Grand-lieu pres de Nantes, où ſe trouuent pluſieurs pierres nommées crapaudines,

& langues de Serpent, qui ont plusieurs proprietez, & seruent de remedes à quelques maladies.

Au pays d'autour d'Ancenis peuplé de grandes forests se fait vn grand nombre de Nauires pour la mer, le vaisseau prodigieux nommé la Nompareille y fut construit sous le Roy François I. & celuy du Roy Henry II. qu'on appella le grand Caraquon.

Ses costes sont fort celebres, tant pour le grand nombre des Isles qui les couurent, que pour les bons ports qui les enrichissent, comme sont les havres de Cancale & de S. Malo, le Port-blanc, le Conquest, Brest, Landerneau, Daoulas, le Fou, Chasteaulin, Camerets. Les ports & havres de Dinan, Morgas, Labert, Douuernest, Port-ras, Pouldauid, Triboul, le Ras, Port du Cabestan, Audierne, & Pennemarch. Et en descendant tousiours vous trouuez les ports & havres de Tudes, Benaudet, la Forest, Conquerneau, Pont-auene, Mouelan, & Quimperlay. Blauet est vn fort bon havre, où l'on peut facilement entrer à sept brasses d'eau, pourueu qu'on prenne garde à vn dangereux rocher qui est à l'entrée, qu'on nomme la Iument, & à quelques autres qui sont à l'emboucheure de la riuiere. Au dessous de Blauet est le Golfe de Morbian plein d'vn grand nombre d'Isles, & garny de plusieurs havres dont les deux principaux sont Auuray & Vannes. Belle-Isle est en mer à l'opposite du Golphe de Morbian. De là iusques à la riuiere de Loire sont les ponts de Penerf, Penelen, Mesquier, Pinac, Poulquin & S. Nazaire. Pour la ville de Nantes elle est située à l'endroit du Loire, où peuuent monter les plus petits nauires qui reposent à la Fosse, & les autres qui ne peuüent monter iusques là, iettent l'ancre au Pelerin deux lieuës plus bas. Les Isles sont en grand nombre, grandes & petites. Il y en a iusques à trente deuant Morbian, qui ne peuuent nourrir aucunes bestes venimeuses.

Les Riuieres de Bretagne que nous auons à suiure pour nostre dessein sont,

COËSNON.

COESNON, R. LE COËSNON, qui separe la Bretagne du Diocese d'Avranches, prend son origine au dessus de Fougeres, auec vn bon chasteau flanqué de deux grosses tours, capables d'arrester pour quelque temps vn ennemy. *La Minete, r.* *La Minette*, qui n'a que six lieuës de cours, fort propre & vtile aux teinturiers, vient se rendre dans le Coësnon pres de Fougeres, pour l'accompagner iusques à Autrain, où il est couuert d'vn pont de pierre pour la commodité des deux Prouinces, qui sont bornées de ses riuages. *L'Aisance, r.* *L'Aisance* se descharge dans son canal au dessous d'Autrain, & le suit au Pont-d'Orson, où la mer poussant son flux & ses vagues, semble le rechercher pour l'entraisner dans ses abysmes, où se vont perdre toutes les riuieres. *Couenette, r.* La Couënette s'y rend aussi. L'emboucheure du Coësnon est au dessous du Mont S. Michel, de sorte que la montagne est en Normandie, & la riuiere en Bretagne. Les Bretons ialoux de la gloire de leur pays plus que toute autre nation, se seruent d'vn prouerbe à ce sujet.

Coësnon fit vne grande folie
Mettant le Mont en Normandie.

A trois lieües d'Avranches s'esleue vn rocher merueilleux dans l'Ocean, qui n'estoit autrefois qu'vne vaste forest, & vne affreuse solitude, seruant de retraite à quelques bons Hermites, que la Prouidence de Dieu tenoit cachez dans son sein, comme des Anges celestes inconnus aux hommes de la terre. S. Aubert Euesque d'Avranches l'an 708. y fit bastir vne Eglise à l'honneur de S. Michel, Prince & Conducteur des armées de Dieu, Tutelaire & Protecteur de l'ancienne Synagogue & de l'Eglise, Arbitre & Defenseur des peuples de Dieu, comme aussi de la Iudée & de la France, les deux plus riches possessions du domaine de Dieu le Pere, & de IESVS son Fils, qui estoit apparu à ce sainct Prelat. Depuis Richard premier Duc de Normandie y establit des Religieux de S. Benoist, pource que les Chanoines fondez par S. Aubert s'estoient retirez

SAINT MICHEL en Normandie.

de la Regle & des exemples de leur Inſtituteur, pour mener vne vie licentieuſe. Le lieu s'eſt accreu peu à peu par le bruit des miracles que Dieu y a operez ; & les peuples ont mieux aymé y viure en ſeureté ſous la protection du Ciel, qui a teſmoigné des ſoins particuliers pour la conſeruation de cette place, & ſur vn rocher entouré de la mer & de precipices inacceſſibles, que d'eſtre expoſez en terre ferme, ou ſur la coſte aux courſes des Pirates & à l'inſolence des ennemis. De ſorte qu'il s'y eſt fait vne ville, auec vn fort chaſteau, qui ne craint aucune attaque que des nüées & de la foudre, pres duquel coule vne fontaine ſalutaire à pluſieurs maladies. Ce rocher eſt deſtaché de la terre ferme de trois lieües, comme il eſt eſloigné d'autant de la vraye & pleine mer. On fait du ſel du ſable qui s'y recueille, en le cuiſant.

RANCE.

S. MALO.

LA ville de S. MALO eſt baſtie en la mer, comme vne eſpece d'Iſle d'Isle, qui se nommoit jadis Aleth, & ses citoyens Aletées : mais elle changea de nom, & prit celuy de son premier Euesque S. Malo, s'estimant plus glorieuse de porter le nom de cet illustre Prelat, qui auoit remply la terre de l'exemple de ses vertus, & la mer de la grandeur de ses miracles, que toutes ces superbes villes de l'antiquité qui empruntoient les noms des plus sages Princes, comme si elles eussent deu attacher leurs fortunes auec leurs qualitez : Ou plustost le Siege Episcopal qui estoit à Aleth fut transporté en cette Peninsule qui porte auiourd'huy le nom de S. Malo. Il y a du plaisir de voir les Malouins quand ils sortent tous les ans de leur port en la saison, pour aller aux Terres-neufues & aux nouueaux Royaumes trafiquer auec les Barbares, & quand ils reuiennent chargez de marchandises, qu'ils distribuent aux Prouinces voisines. La ville est importante à cause de son assiette, qui la fait garder comme vne clef de France : on dit qu'elle a des Dogues, qui font la ronde toute la nuict autour de ses murailles auec plus de seureté que des Soldats ; & que comme l'ancienne Rome deuoit la conseruation de son Empire & de ses forces aux Oyes du Capitole; de mesme saint Malo reconnoist des Chiens pour les Protecteurs & sauuegardes de ses Citoyens. Elle est bastie à l'opposite de la riuiere de *Rance*, qui vient y rendre à la mer les eaux qu'elle a prises au bourg de Bron, & qu'elle a porté le long des murailles de Dinan, ville agreable, & vn des beaux sejours des Ducs de Bretagne, qu'on tient auoir esté bastie au milieu des forests par des peuples estrangers & sauuages, & consacrée à l'honneur de Diane, dont elle porte le nom par la transposition de quelques lettres qui composent les noms de Diane & de Dinan. Les grands nauires montent auec l'eau de la mer le long de la riuiere iusques au port de Dinan.

RANCE, R.

DINAN.

Ie ne dis rien des petites riuieres de *Pontrieux*, de *Lantriguet* ou *Lestranguene*, & de *Morlais*, dautant que ce sont plustost de petits bras de mer que des riuieres, qui n'ont aucun cours, & ne possedent aucun nom.

S. Briev dit des Vaux, a pris le nom de ſon Apoſtre, & premier Eueſque. Les petites riuieres de *Trieu* & *Arguenon* qui l'arrouſent, peuuent eſtre le *Titius & l'Argene* de Ptolomée, où ſont les Biduces des anciens ez enuirons de ſaint Brieu. *Triquier* eſtoit au lieu qu'on appelle auiourd'huy Cozqueoudet, qui ſignifie vieille Cité ſur la riuiere de *Loquez*, voiſine du lieu dont ils font voir les ruines. Et là furent les premiers Eueſques du lieu iuſques en l'an huiɛt cens trente ſix que Haſtan Roy des Danois la prit & ruina. Apres quoy le ſiege Epiſcopal vaqua quelque temps, & fut reſtably en vn val appellé *Trecor*, dont la ville a pris le nom de Treguier, pres la petite riuiere de *Trieix*. Morlais eſt auſſi ſur vn bras de mer, ayant vne petite riuiere qui ſepare la ville, & en met partie dans le Dioceſe de Treguier, & partie dans celuy de Leon. Le Fort du Taureau baſty de noſtre temps, commande au paſſage pour aller à Morlais. La riuiere de *Lez* paſſe à Pontrieux & ſe iette en l'Ocean au deſſus de Treguier ſans beaucoup de reputation. L'*Elorne*

Trieu, r.
Arguenon, r.
Loquez, r.
Trieix, r.
Lez, r.
Elorne, r.

Aufen, r. & *Aufen* ne sont point plus celebres, & ne sont reconnuës que pour la grande & spacieuse *Baye de Brest*, où elles entrent; l'Elorne au port de Landerneau, & l'Aufen à costé du port du Fou. Il est vray que cette-cy est d'vn plus long cours; car elle vient de Buzlat & de Rostrenan, passe à Chasteau-neuf, forme le port de Chasteaulin, où la mer a son reflux, & entre dans la Baye au dessous de Landeuenec. La riuiere

Oder, r. d'*Oder*, passe deuant Quimperkorentin, n'estant pas plustost née, qu'elle confond ses eaux douces auec l'amertume de l'Ocean: l'*Isole* moüille les murailles de Quimperlay, & *l'Elle* se rend dans le Golfe de Blauet dessous le pont Scorff.

Isole.
Elle, r.

BLAVET.

POur la riuiere de BLAVET, elle est plus estenduë: Sa naissance est aupres de Grace au Diocese de saint Brieu; elle passe à Pontiui, & à Henebon, où elle est couuerte d'vn pont, & se descharge en la mer au port de Blauet, qu'on nomme aujourd'huy le

Port-Louys. Cette place, vne des plus fortes de toute la coste de Bretagne, fut baillée aux Espagnols durant la Ligue par le Duc de Mercœur Gouuerneur de la Prouince, & renduë au Roy Henry le Grand par la paix de Veruins. Au commancement du regne de Louys XIII. de glorieuse memoire, les Princes mal contens la fortifierent, & le Duc de Vandosme l'ayant enfin remise entre les mains du Marquis de Cœuvres, le Roy la fit raser. Elle fut neantmoins rebastie, & Soubise l'an 1625. s'estant saisi du port de Blauet, & de plusieurs gros vaisseaux qui estoient à l'ancre, fit sa descente en terre, s'empara facilement du bourg qui est sur le port, & pensant en suitte surprendre le Fort, il fut salué du canon; au bruit duquel accoururent les Ducs de Vandosme, de Rais & de Brissac auec vn grand nombre de Noblesse, qui firent tendre de gros chables, trauersans le port, attachez par vn bout au Fort, & par l'autre à la Roche de l'Armor, village assis à l'opposite, à dessein de renfermer Soubise & ses gens, comme des sangliers dans les toiles. Mais luy preuoyant le danger où il estoit, s'eschapa la nuit auec la plus grande partie de sa flote, apres auoir profané les Eglises & les Autels, brisé les saintes images, & fait seruir de bute à leurs mousquetades le Crucifix, & le S. Sacrement de l'Autel.

Le port Royal de Brest, son chasteau, auec sa ville forte de bastiment & d'assiete, le bouleuard de la Bretagne, est situé dans vn grand Golfe, où la mer fait quatre entrées, sçauoir celle du havre de Brest au Nort, celle de Lardeneau au Nord-est, celle du Four à l'Est, & la derniere de S. Segal faite en triangle au Sud vers Chasteaulin.

LA VILAINE.

VILAINE R.

AVant que de mõter sur la VILAINE ie desire auertir mon Lecteur que les anciens Geographes contoient sept differens peuples en la Prouince Armorique, que nous appellons aujourd'huy la Bretagne. Mais il y a si peu de raport entre les noms que les

Latins leur donnoient, & ceux que la France leur a imposé depuis qu'elle a chassé les Aigles des Romains audelà des Alpes, que ce seroient plustost des Enigmes, que des points d'Histoire, si la mer & les riuieres auoient aussi bien changé de place que les hommes ont changé de langage. Ils auoient nom *Bidugasses*, *Ambiliates*, *Oßismij*, *Curiosolites*, *Veneti*, *Nannetes*, & *Rhedones*. Or qui est-ce qui deuinera que *Bidugasses* sont les Diocesains de Dol & de S. Malo depuis la riuiere du Coësnon, iusqu'à la Rance? *Ambiliates*, le peuple de Lombale, & de S. Brieu entre la Rance & l'Estanguene? *Oßismij* le peuple de Triguier, & ceux de S. Pol de Leon, depuis l'Estranguene iusqu'à la pointe du Four? Et qui se persuaderoit iamais, que *Gobæum* soit le Promontoire ou la pointe du Four, & *Vorganium* la ville de S. Pol de Leon, de laquelle estoit Seigneur ce Tristan memorable, dont les Romans racontent tant d'extrauagances pour l'amour qu'il portoit à la femme d'vn sien oncle. Ceux de la maison de Leon la possederent apres ce Tristan iusques à ce qu'ils la vendirent à Iean I. Duc de Bretagne & luy donnerent le nom de leur famille. Son premier Euesque se nomma Pol, Prelat illustre en sainteté, & à l'honneur de qui la ville changea de nom, & voulut estre nommée S Pol. Depuis le Four iusqu'à Blauet est le terroir de Cornoüaille connu par les anciens sous le mot de *Curiosolites*, presque autant esloigné que les autres. *Veneti*, sont les habitans de Vannes, depuis Blauet iusqu'à la riuiere de Vilaine, & la Capitale estoit *Dariorigum*, auiourd'huy Vannes. La Vilaine & le Loire renferment les Nantois, *Nannetes*, dont la ville s'appelloit *Condiuincum*. Dans le milieu des terres esloignées de la mer habitoient les peuples de Rhennes, *Rhedones*, qui ont retenu leur nom, & conserué leur demeure ancienne sur la *Vilaine*.

Cette riuiere a son origine au dessus d'Argentré sur les frontieres du Mayne, d'où elle vient à Vitré, & costoye la grande plaine de S. Aubin du Cormier, où fut donnée la bataille de S. Aubin l'an 1488. entre les riuieres du Coësnon & la Vilaine. Les villes de *Fougeres* & de *S. Aubin*. places frõtieres & bien munies s'estoient renduës à la valeur & à l'addresse de Louys de la Tremoille Conducteur des armées Royales en l'absence de son beau frere Louys de Bourbon, quand les Bretons auec les Princes liguez se resolurent de donner, ou plustost d'accepter la bataille plus par necessité, que par election. On dispose les troupes au combat, l'auantgarde de l'armée Bretonne est donnée au Mareschal de Rieux, la bataille au Seigneur d'Albret, auec quelque caualerie pour les secourir sur les aisles: Chasteau-briant conduit l'arrieregarde, & on dispose sur les costez le charroy de l'artillerie & le bagage pour faire espaule à vne partie des gens de pied, fauorisée en flanc d'vn petit bois taillis: Et pour faire paroistre plus grand le petit nombre d'estrangers, on habille douze cens Bretons de hoquetons parsemez de croix rouges à l'Angloise, à la façon des Comediens, qui donnent le Sceptre & les ornemens d'vn Roy à vn homme emprunté pour grossir leur theatre. Pareillement Louys de la Tre-

Bataille de S. Aubin du Cormier.

mouille donne l'auantgarde de l'armée Royale à Adrian de l'Hospital vieil Capitaine François, & qui s'estoit desia signalé dans la Bretagne ; il prend la bataille, & commet l'arrieregarde au Mareschal de Baudricourt. Les deux armées s'auoisinent, l'artillerie donne, & porte par terre quantité d'hommes de part & d'autre. Vne escarmouche s'attache d'enuirõ deux heures, qui donne le loisir aux François de se renger en bataille, que la rencontre precipitée leur auoit osté. Les deux auantgardes se ioignent, la Bretonne soustient le choc si vertement, que la Françoise cede à la resoluë generosité du Mareschal de Rieux pour enfoncer la bataille. Blaise Capitaine Allemand pour se couurir de l'artillerie Françoise change de cartier, & marchant biaise son bataillon, comme en croissant. Quatre cens cheuaux François les chargeans en flanc sur le ply qu'ils ont fait, les chassent, les rompent, & en font vn horrible carnage. A mesme instant deux cens autres cheuaux chargent à dos ceux qu'on auoit cõmis à la garde du charroy & du bagage, & leur font quitter la partie. La caualerie Bretonne, qui flanquoit l'armée prend l'espouuante, & laisse l'infanterie à descouuert. On l'attaque, on la presse, on la fend, tout fait iour, tout prend la fuite. Les caualiers & les soldats se sauuerent dans les bois, comme des bestes poursuiuies par des Chasseurs. Le Duc d'Orleans & le Comte de Dunois qui combatoient à pied, pour oster aux Bretons la persuasion qu'ils s'estoient formée sans aucun fondement, que ces Princes auoient vne secrette intelligence auec les François au preiudice de leur pays, firent bien tout ce qu'on pouuoit attendre des gens de leur naissance; mais cette vertu ne pût neantmoins les garantir de la honte dont ils flestrirent leur reputation en cette Iournée, le Comte s'enfuyant parmy les Allemans dans vn taillis, où il fut attrapé; le Duc ayant deschiré sa croix noire, la liurée de Bretagne, & s'estant couché parmy les morts, où il fut reconnu, & tous deux furent menez prisonniers à S. Aubin, d'où l'on tira tost apres le Duc d'Orleans, pour luy faire espouser la grosse Tour de Bourges, au lieu d'Anne de Bretagne qu'il recherchoit, & que le Duc luy faisoit esperer aussi bien qu'à plusieurs autres, se faisant par ce moyen d'vne fille beaucoup de gendres. Le Mareschal de Bretagne, & le Seigneur d'Albret se sauuerent à Dinan à la faueur de leurs cheuaux. Main basse à tous ces Anglois contrefaits, & croissez de rouge, massacrez sans aucune pitié comme les Anglois naturels. Les Seigneurs de Leon fils aisné du Vicomte de Rohan, dont le pere suiuoit le party du Roy, du Pont l'Abbé, de Montfort & six mille hommes de guerre demeurerent estendus sur la place, comme des trophées à la gloire du vainqueur. Mosen Galla Maistre d'Hostel de Ferdinand Roy de Castille, & Chef des troupes Espagnoles fut fait prisonnier. Cette Iournée fut vn grand coup d'Estat, qui donna bien de l'exercice au Duc de Bretagne, inquieté par la confusion de ses desseins dans son esprit, troublé par le mescontentement de ses suiets dans son Estat, & fort affoibly par la perte de ses villes, qui suiuent la fortune du vainqueur dans la prosperité de ses armes. Mais Iournée, qui a eternisé la memoire de ce genereux Heros Louys de la Tremoille, qui en l'aage de vingt-cinq ans deffit les forces de tous les Potentas de l'Europe, de Maximilian Roy des Romains, de Philippes Archiduc d'Austriche Prince de Flandres son fils, de Ferdinand Roy d'Espagne, de Henry Roy d'Angleterre, de Iean de Chaalon Prince d'Orange, des Ducs d'Orleans, de Bretagne, de Lorraine, des Comtes d'Engoulesme & de Dunois liguez contre le Roy Charles VIII.

Le lendemain de la victoire la Tremoille tourna le visage à *Renes*, somma la ville, & pour intimider les habitans, logea son armée triomphante dans les villages circonuoisins. Nous auons plus de faueur que luy, les portes de la ville luy furent fermées, d'autant qu'il venoit en qualité d'ennemy; elles nous seront ouuertes, puisque nous ne pretendons que la liberté du passage, comme amis, en suiuans la Vilaine nauigable, qui est bien nommée. Car elle reçoit toutes les immondices des ruës, & de toutes les descharges des boucheries, ce qui pourroit causer de l'infection en l'air, si les corbeaux qu'il est deffendu de tuer, comme estans les bienfaicteurs du peuple, & les commissaires de la santé, n'alloient continuellement retirer ces ordures & ces charognes, pour en faire leur curée. *Rhennes* se peut vanter d'auoir esté la demeure ordinaire des Princes, d'estre le siege d'vn des plus anciens Eueschez de Bretagne, & le lict de Iustice du Parlement de la Prouince. Ainsi Iean Comte de Monfort pretendant droit à la Duché de Bretagne, apres la mort du Duc Guy, attaqua la ville de Rhennes, la prit apres quelque resistance, où il receut les ornemens & les marques de Duc, auec la foy & l'hommage de quelques Seigneurs, pource que la ville est la Capitale du Duché, dit du Haillan. De mesme trouuons nous que sous le Roy Clouis, Melanius Euesque de Rhennes assista au premier Concile tenu à Orleans. Et cette Duché estant vnie à la Couronne par le mariage de Louys XII. & d'Anne de Bretagne veufue de Charles VIII. nos Roys y establirent vn Parlement semestre seant à Rhennes, dont les Presidens & Conseillers sont moitié François & moitié Bretõs, où ressortissent par appel quatre sieges Presidiaux, sçauoir Rhennes, Nantes, Vannes, & Quimpercorentin.

La Vilaine sortant de Rhennes reçoit au dessous *l'Isle*, & plus bas *le Men*, qui prend ses eaux dans le Diocese de S. Brieu, & les conduit le long de Meen, de Montfort la Canne & de Breal. Auec ce petit accroissement d'eau du *Bonneau*, & de quelques autres ruisseaux elle descend à Rhedon, pour prendre *l'Aoust*, qui vient de la forest de Laudeac, passe à Rohan maison illustre, & puis à Iosselin, & de là se pousse au Pont-Corbin, chargé d'*Ars* & de la *Claye*. Il y a encore vne autre petite riuiere nommée *Aden*, qui vient s'allier à la Vilaine pres de Cran, pour gaigner l'Ocean à la veuë de Belle-Isle.

Isle, r. *Men, r.* *Bõneau, r.* *L'Aoust, r.* *L'Ars, r.* *Claye, r.* *Aden, r.* BELLE-ISLE.

Cette Isle porte le nom de Belle, pource qu'elle est tres-agreable en son assiette, bien qu'elle n'ait point de forest, à cause que la terre n'y est pas assez profonde pour nourrir les racines des grands arbres, estãt appuyée sur des rochers, qui sont neantmoins reuestus au milieu d'vne terre assez forte pour produire des fromens & des auoines, & aux extremitez s'esleuent en la mer comme des murailles & des bastions que la Nature a dressez pour la rendre presque inaccessible. Elle est esloignée de quatre lieuës de terre ferme, son circuit est de sept lieuës, sa longueur de trois, & sa largeur de deux. Elle renferme quatre parroisses, & cent quarante villages, qui ne releuent d'aucun Euesque, & n'obeissent qu'à celuy qui a le gouuernement de l'Eglise vniuerselle, & qui est le Pasteur de cette Isle, où ne pouuant pas se trouuer en personne, pour estre attaché à des occupations plus importantes que n'est le gouuernement de quatre parroisses, il leur commet vn Official, duquel ils prennent les dispenses, les congez & les dimissoires, pour receuoir de la main de quelque Euesque les Sacremens & la Confirmation pour tous les Chrestiens, &

de

de l'Ordre pour ceux qui veulent se dedier au ministere de l'Autel. La Forteresse est dans le roc. Les Ducs de Rets en sont Seigneurs. Ceux qui se plaisent au diuertissement de la petite chasse, y ont dequoy passer leur temps apres vne grande quantité de lapins.

LE LOYRE.

SI le Prince des Poëtes Latins eust eu autant de passion pour les interests de la verité, qu'il en auoit pour la reputation de l'Italie, iamais il n'eust priué le LOYRE du titre de Roy des Fleuues, pour le donner au Po : puis que cét Italien n'a rien de comparable à nostre François, qui possede tous les droits d'vne haute majesté, & en porte les marques dans l'estenduë de son cours, & sur la grandeur de son canal. Car il n'est point de riuiere en Europe, qui pousse plus loing ses flots, & qui arrouse plus de Prouinces, si ce n'est le Danube : & beaucoup moins en est-il vne, dont la nauigation soit plus fauorable & plus auantageuse aux peuples pour l'entretien de leur

LE LOYRE.

commerce, & dont les passages soient plus importans pour la conseruation d'vn grand Estat, que ceux du Loyre, qui partage la France en deux parties, & la trauerse par le milieu.

C'est peu de dire, que prenant son origine dans le *Vellay*, il enrichit plus de douze Prouinces par la communication de ses eaux, & remplit les fossez de plus de trente belles villes, auant que d'arriuer à Nantes, où il se retire dans la mer Britãnique, pour s'y delasser apres vn voyage de pres de deux cens lieuës qu'il a fait chargé de marchandises, particulierement depuis *Roane*, où il commance à porter des bâteaux. Ces ruisseaux, & ces riuieres, qui viennent de tous costez se rendre à luy aussi frequentes & serrées que des gouttes de pluye, que sont-ce autre chose, sinon des hommages, que luy rendent les terres par où il passe, en reconnoissance de ses grandeurs & de ses liberalitez ? Ces ponts voutez sur ces eaux, & qui s'esleuent comme des Arcs de triomphes portez sur des pilastres, aussi hardis en leur assiette, que recherchez en leur

Architecture, ne sont-ce pas autant de marques glorieuses de l'honneur qu'il s'est acquis dans l'estime des peuples, qui ne passent de la Gaule Celtique dans l'Aquitanique, & ne repassent de l'vne à l'autre que sous son aueu, & auec ses passeports? Et ces superbes Citez, qui sont presque toutes Capitales d'autant de Prouinces, basties sur ses riuages, nous témoignent les soins qu'ont eu les Fondateurs de rechercher son alliance, & de se ranger sous sa protection.

Mais quel iugement peut-on faire de cette grande Leuée, qui s'estend le long de ses bords, & qui couure toute la magnificence des somptueux bastimens de l'ancienne Rome; puis qu'on ne void rien de semblable dans les pais de Conqueste, où ces Vainqueurs du monde s'estudierent auec tant d'ambition de faire connoistre à la posterité la grandeur de leur Empire par la grandeur de leurs ouurages? N'est-ce pas, à dire le vray, vne Couronne de paix que l'Empereur Louis le Debonnaire offrit à ce Fleuue pour arrester ſa cholere & ſes ſaillies, qui le portoiét aſſez ſouuent hors de ſon lict, & le iettoient bien auant dans les terres de la Beauce, du Bleſois, de la Touraine, & de l'Anjou, qu'il rauageoit cruellement quand vne fois il s'eſtoit débordé, noyant les moiſſons dans les campagnes, & entrainant les hommes & les maiſons dans vne meſme ruine? Cette grande quantité d'iſles, que la Nature luy a pratiquées dans ſon ſein, les vnes pour le diuertiſſement, & les autres pour le profit, me ſemblent autant de perles qui luy ſeruent d'atours, ſuiuant la penſée d'vn des plus venerables hommes de l'antiquité, qui nommoit les grandes Iſles les joyaux de la mer. En vn mot, tout ce qui peut rendre vne riuiere recommandable, ſe trouue au Loire; à ſçauoir le cours d'vne longueur prodigieuſe, la nauigation fauorable, les bords chargez de groſſes villes, les terres voiſines fertiles à merueille, les paſſages auantageux, les ponts ſuperbes, le canal groſſi de plus de deux cens autres riuieres, & l'eau abondante en toutes ſortes de bons poiſſons. Ie commance donc à le suiure auec ma plume depuis sa source.

Le pays de VELLAY est ioint à *l'Auuergne*, & separe le ressort de Paris d'auec celuy de Tholose par les bornes du Rhosne. C'est là que le Loire, le pere des riuieres de France, prend sa source au *Gerbier le Ioug*, entre trois montagnes, *Mesinc*, *Lambre*, & *Clergeac*. A peine est-il né, qu'il commance à faire du bien aux hommes, arrousant vne grande prairie qu'on nomme *Loiret*, & la tapissant d'vne agreable verdure. Il se porte premierement vers le Midy; puis il rebrousse vers le Septentrion: en suite il biaise, tirant au Nordouest iusques à Orleans, & enfin il continuë de marcher tousiours droit vers le Couchant iusques à son emboucheure. Le premier pont de pierre, dont il se couure est à *Riotier*, à trois lieuës de sa fontaine: mais si petit, qu'vne Dame Françoise mariée à vn Gentil-homme de Florence qui auoit franchy la longueur de son espace en deux pas posant les pieds sur vn bassin d'argent au milieu, fit croire aux Italiens, qu'elle

Pont de Riotier.

auoit passé le Loire sur vn pont d'argent : le deuxiesme est à *Godet*, où se va descharger le ruisseau de la *Colence* ; & le troisiesme est au dessous de *Solignac*, d'où s'auançant vn peu dans les montagnes, il reçoit l'*Olizon & la Borne*, qui se ioignent ensemble dans les fossez de *Nostre Dame du Puy*, pour venir de compagnie luy rendre leurs deuoirs, & se soûmettre à luy à deux lieuës de leur ville. Cette ville est vn Eueſché, la Cathedrale & le Chef du Velay, assise sur la pointe d'vne montagne, & renommée pour son Eglise de nostre Dame, où se gardent les pretieuses reliques du Prepuce de IESVS-CHRIST, la Mitre d'Aaron le premier & le Souuerain Pontife du peuple de Dieu ; & s'il s'en faut raporter à la pieuse credulité des habitans, ils ont mesmes quelques cierges de ceux qui furent allumez au trepassement de la Vierge.

Pont de Godet.

Colence, r.

Pont de Solignac.

Olizon, & Borne, r.

Le Puy N. Dame.

LE FOREST.

Au sortir du Velay on se trouue dans le pays de FORESTS, qui emprunte son nom du mot Latin *Forum*, c'est à dire Marché, plustost que des bois & des forests, dont il est couuert. Aussi la Capitale s'appelle *Feurs*, pource que les Bressans ou Segusiens y portoient leurs danrées au marché, pour les vendre aux Romains, quand ils tenoient les Gaules. Le Forest & le Velay sont diuisez par la riuere d'*Anse*, qui vient d'aupres de S. Ambert se décharger dans le Loire au bourg de *Bas*, passant sous les ponts *Emperat*, *Chalancone*, *Viane & Tholin*. Vous ne faites pas vn long chemin sur le Loire sans trouuer *S. Rambert*, où se void vn beau pont qui fut basty pour la commodité des marchands de Languedoc, qui vont trafiquer à Lyon. A costé de S. Rambert paroist *S. Estienne de Furen*, assis au pied de la montagne de S. Barbe; qu'on prendroit plustost pour vn enfer de diables, que pour vne habitation d'hommes, n'estoit cette grande Croix, qui est esleuée à vne des portes de la ville, comme vn trophée de salut, dont le tronc, qui n'est que d'vne piece, ne peut estre embrassé par deux hommes, qui montre que les ames peuuent bien conseruer leur pureté sous des visages charbonnez, sans contracter aucune saleté des corps, non plus que le Soleil, quand il verse ses

Anse, r.

Ponts d'Emperat, Chalancone, Viane, et Tholin.

Pont S. Rambert.

SAINT ESTIENNE DE FVREN.

rayons dans les bourbiers. Proche de S. Estienne il y a trois montagnes, *Mine*, *Viale*, & *Bute*, qui brûlent continuellement, & iettent des flammes, comme le Vesuue en la Champagne d'Italie. Elles produisent aussi des mines de fer & de charbon, dont les habitans, qui sont les meilleurs ouuriers de France, se seruent pour forger toutes sortes d'armes & d'ouurages de fer. De sorte qu'estans proche de cette ville, vous n'entendez que des coups de marteaux sur les enclumes, qui menent plus de bruit que le tonnerre; & vous n'y voyez que des hommes barboüillez, qui sont plus effroyables que des Lutins de nuict, qui n'ont rien de blanc sur eux, que les dents & les prunelles. On iureroit, que c'est vne peuplade d'Africains, ou de Negres, qui ont esté transportez en France pour seruir de forgerons. Il n'y a qu'aux iours de festes qu'ils changent de robe & de visage, & qu'ils deuiennent aussi blancs que les Septentrionaux, par le moyen de l'eau de leur petite riuiere, on la nomme *Chenevalet*, qui a cette admirable proprieté de net-

Chenevalet, r.

toyer & de blanchir tout ce qu'elle laue mieux que la laissiue ny le sauon.

Les mines de charbon qui sont dans le terroir, & qui rendent la ville comme vne boutique de Vulcan, sont si abondantes & si creuses, qu'on y va bien loing auec des cheuaux & des charettes : & le feu s'est tellement attaché à vne de ces mines, qu'elle brusle depuis trente ou quarante ans; la flamme paroist la nuict & en temps humide : ce feu consume le charbon qui est dessous, & laisse la terre au dessus semblable à de la cendre, incapable de porter aucun fruit. Le Forest a eu ses anciens Comtes, Seigneurs puissans, de qui la race estant finie, Anne fille & heritiere du dernier Comte fut mariée à Louys second Duc de Bourbon, dont les successeurs iusques à Charles de Bourbon, Comte de Montpensier, Connestable de France, ont iouy de la terre; & en sa personne par la confiscation elle a esté reünie à la Couronne. Le pays est sous le Gouuerneur du Lyonnois, & sous l'Archeuesque de Lyon. Ie ne veux pas omettre vn autre ruisseau qui vient de *S. Bonnet le*

Ruisseau de S. Bonet.

Chasteau se ietter aussi dans le Loire, & qui n'est pas moins propre pour donner la trempe à l'acier, que ce fleuue si vanté par les Espagnols sous le nom de *Chalibs*, à cause de ses vsages, la nature nous voulant témoigner qu'elle communique à la France en gros & auec profusion toutes les faueurs qu'elle ne donne aux autres qu'en detail & auec retenuë.

On auroit plustost compté toutes les estoiles du Firmament, que le grãd nombre des ruisseaux & des riuieres qui se glissent imperceptiblement de tous costez, & vont se rendre au Loire comme autant de petites lumieres qui veulent se concentrer dãs le corps du Soleil. La *Coise* descend de *S. Galmier*, amenant auec elle les eaux miraculeuses de la Fons-fort, dont les effets donnent autant de peine à l'esprit des Philosophes & des Medecins, que d'vtilité au corps des habitans du lieu. Elle supplée au defaut du vin, elle vaut mieux que le leuain pour paistrir le pain, & faire leuer la paste, & vn verre de son eau a plus de force que toutes les receptes d'Hippocrate

Coise, r.

& de Galien, pour la purgation des humeurs. Ne voila pas des gens heureux, qui n'aprehendent point que la rigueur des hyuers gele leurs vignes, qui en toutes les saisons de l'année font vandange à peu de frais, & qui peuuent conseruer leur santé sans nuire à leur bourse? Car il est hors de doute qu'vn demy sextier de cette eau miraculeuse meslée auec vn peu de vin ne l'affoiblit aucunement; au contraire luy donne vne force particuliere, qui eschaufe & anime ceux qui la boiuent, & leur sert de remede & de preseruatif contre toutes sortes de maladies, pour arriuer iusques à vne belle vieillesse sans autres drogues que le seul vsage de l'eau de cette fontaine. On ne peut neantmoins s'en seruir à cuire les viandes, pource qu'elle s'en va toute en fumée, & se resout en vapeurs, deslors qu'elle commence à boüillir. La *Vesie* sort de *Montbrison*, le Siege Royal du pays, d'où estoit né le fameux Iurisconsulte, Iean Papon. Le *Lignon* coule plus doucement sous la plume du Marquis d'Vrfé, qu'aux pieds de *Noire-Estable* & de *S. Didier*, &

Vesie, r.

Lignon, r.

se croid plus glorieux d'auoir esté choisi pour le Confident des amours d'Astrée & de Celadon, que pour arrouser les iardins delicieux de la *Bastie*, d'où il va se ioindre au Loire tout couronné de fleurs vis à vis du *Donzi*, du *Verneson* & de la *Neironde*, trois autres petites riuieres qui empruntent leurs nõs des lieux par où elles passent, à costé de Feurs, & se vont descharger au Loire. Le *Lignon* prend sa source sur la montagne de Loule où sont trois grosses fontaines, descend à Sauuin, S. Georges, Couuant, & au Pont de Creué, où il reçoit la riuiere de S. Turin, & acquiert le nom de Lignon, & passe auec quelque impetuosité au dessus de Bouin, à la Boteresse, à Bonlieu, Monuerdun la Bastie, & apres quelque contours, où il baigne les plaines du pays, perd son nom prez de Feurs, où il entre dans le Loire. Il a sept lieuës de cours, & porte bateaux pres de Loire, auec quantité de poisson, truittes, saumons, barbeaux, lamproyes & autres qu'on pesche dans ses eaux claires & viues, celebrées par vn des plus illustres Autheurs du temps.

Donzi, r. *Verneson, r.* *Neironde, r.*

La Dé se precipite du haut des montagnes de la Lune au bas de *S. Iust en Cheualet*; d'où elle gaigne *Iuré*, *S. Marcel*, *& le Chasteau d'Vrfé*, esleué sur la croupe d'vne montagne, & passe sous les trois ponts de *Morru*, de *N. Dame*, & de *Grand Pont*, auant qu'arriuer à *S. Germain le Val*, le terroir des bons vins, & le pays du docte Masson, à qui ie suis redeuable de la meilleure partie de ce petit recueil des riuieres de France: & continuant son cours le long des prez elle s'enrichit des ruisseaux d'*Or* & d'*Argent*, qui ont plus de nom que d'eau; & vn peu au dessous elle se couure d'vn autre qui s'appelle l'*Escu*, en Latin *Scutum*, comme si elle apprehendoit d'estre volée, ou qu'elle eust besoin de deffense pour se couurir contre les efforts de l'*Isable*, torrent fascheux, qui vient luy couper le chemin, vn quart de lieuë au dessus le *pont de Piney*, où se voyent encore les piliers & les ruines d'vn ancien pont basty sur le Loire. L'*Vs* se presente à l'autre riue, auec le *Soruin*, qui prend sa source du Beaujolois, vis à vis de la *Renaison* proche de Villerez, qui grossissent si fort

La Dé, r.

Pont de Morru.

Pont de N. Dame

Grand Pont.

Or et Argent, r.

Escu, r.

Isable, r.

Vs et Soruin, r.

Renaison r.

le lict du Loire, qu'il est capable de porter de grands bateaux à *Roane*, qui n'en est qu'à vne petite lieüe, & où l'on s'embarque pour Orleans, & pour les autres villes qui sont assises sur les bords de cette illustre riuiere.

ROANE. Nous seruans donc de la commodité, nous prendrons l'eau à *Roane*, qui n'est effectiuement qu'vn bourg, mais qui vaut mieux que plusieurs villes, & laissant à main droite le Beaujolois, & le Charolois dont la principale ville est *Charlieu*, qui donne le nom & les loix aux pays, par où passe le *Fournin*, nous entrerons dans la Bourgogne, & gaignerons *Marsigni*, celebre Monastere des Religieuses de Cluny, où est l'emboucheure de la *econse*, nous irons receuoir la *Brebince*, qui coule dessous *Semur*. La Brebince vient de l estãg de Long pendu se ietter dans le Loire, & la *Dehune* coule du mesme estang dedans la Saone entre *Marsigni* & le *Port Degoin*; l'*Arroux* coule au pied du Chasteau de la Mote de *S. Iean*, posé sur vne eminence pour descouurir de loing les campagnes de cette grande Prouince, l'ancien Royaume des

Fournin, r.

Recõse, r.

Brebince, r.

L'Arroux r.

Bourguignons, & la premiere Duché & Pairie de France. L'*Arroux* a cette gloire de passer le long des murailles d'AVTVN, la bonne amie, & la sœur d'alliance de la grande Rome, la Capitale des Heduens, comme témoigne le mot d'Auguste dont elle est nommée à la gloire d'vn Prince qui estant le Chef de l'Vniuers, eust crû profaner la majesté de son nom, de l'employer à d'autres vsages, qu'à signifier des villes, qui donnassent les loix aux Prouinces, comme il les donnoit luy mesme à l'Empire. Que si l'on reconnut autrefois la grandeur prodigieuse du Colosse de Rhodes par vne de ses parties, & si l'on mesure tous les iours la hauteur des pyramides par leur ombre, ie crois qu'on ne peut mieux decouurir la magnificence de la ville d'Autun, que par ses vieilles ruines. La ieunesse des Gaules y auoit ses Escholes, la Noblesse son Academie, & les Druides leur Parlement. La Ienitoye, qui est vn Temple de Ianus; le Marchaut, le Champ de Mars: le Mont Dru, le siege des Druides; le Mont Iou, la Colline de Iuppiter; AVTVN.

auec les restes d'vn grand nombre de statuës, de colomnes, d'acqueducts, de pyramides, d'arcs de triomphe, & d'autres ouurages de la superbe antiquité, que les Goths ruinerent en haine du nom & de la majesté Romaine, sont des tesmoignages que cette ville ambitiõnoit d'imiter, & mesme d'aller du pair auec la Maistresse du monde. Elle est diuisée en deux, la haute est couuerte des mõtagnes qui se nõment *Mons-Cenis*, comme ceux de Sauoye, au pied desquels est son chasteau, auec l'Eglise Episcopale, dediée à la memoire de S. Nazaire: & la plus basse, qui se nomme Marchaut, est arrousée de la riuiere d'Arroux qui se va descharger dans le Loire. Si le canal d'Arroux n'estoit point si plein de rochers, & que les vaisseaux y peussent voguer en seureté, il n'a que trop d'eau pour estre nauigable, car il reçoit dans son sein le *Misey*, le *Vesure*, le *Tornay*, la *Motte*, la *Varenne*, & plusieurs autres ruisseaux, qui sont comme des recreuës qui luy viennent des frontieres de la Bourgogne.

Misey, r. Vesure, r. Tornay, r. La Motte, r. Varenne, r.

Le Bourbonnois est attaché à la Bour-

Bourgogne, & du mesme pas que vous sortez de l'vne, vous entrez dans l'autre. *Le Sernet* descend à Bort le Comte, & la *Londe* vous vient receuoir sur l'entrée de la Prouince, & la *Bébre* ou *Chabre*, chargée de *la val* & de la *Teiche*, se vient presenter auec le Loire à *Sept-fons*, ayant laué les murailles de *Daligny* & de *S. Germain le Puys*, & passe sous le pont de la *Palisse*, qu'elle contemple comme vn monument de la gloire de ce braue & vaillant Capitaine, Iaques de la Palisse, Grand Maistre & Mareschal de France, qui perdit la vie moins pleine d'annees que de triomphes à la Iournée de Pauie. On raconte vn plaisant trait de ce grand personnage, pour monstrer qu'vn chacun doit se mesler de son mestier. Le Roy François I. ayant donné la charge à l'Euesque d'Eureux d'aller à Paris pour faire toucher la monstre aux soldats, le sieur de Chabanes pria sa Majesté, qu'il luy donnast aussi commission d'aller reformer les Chanoines d'Eureux. Cette charge, respondit le Roy, ne vous est pas propre ny conuenable. Elle appartient aussi

Sernet, r.
Londe, r.
Bébre, r.
La Val, r.
Teiche, r.

bien pour le moins à vn homme de ma profession, repartit Chabanes, qu'à vn Euesque d'ordonner sur la Gendarmerie.

BOVRBON LANCY.

Proche des *Sept-Fons* est *Bourbon-lancy* à l'autre bord du Loire. Bourbon Lancy, comme qui voudroit dire l'*Ancien*, ou plustost l'*Anceaume*, fut frere de Bourbon l'Archambaud, qui n'auoit point besoin d'autres Notaires pour garantir les contracts & les transactions qu'il passoit, que la pointe de son espée ; & tous deux furent fils de Iean de Bourgogne, qui ayans partagé l'heritage de leurs ancestres, comme il est fort probable, l'vn eut pour sa part *Bourbon*, qu'il surnomma *Lancy* assis sur le Loire, & compris dans la Bourgogne ; l'autre *Bourbon*, dit l'*Archambaud*, dans la Duché de Bourbonnois, basty dans vn vallon entre quatre montagnes delà la riuiere d'Allier, l'vn & l'autre renõmez pour ses bains chauds, & pour ses eaux salutaires. C'est vne remarque digne de nos histoires, que les Armes de la maison de Bourbon estans de France au baston de gueule, le mesme iour que le Roy

Henry III. fut malheureusement assassiné, & que la branche des Valois finit par sa mort, pour ceder les fleurs & les fruits de la Couronne à celle de Bourbon, la foudre emporta la barre qui trauersoit les fleurs de Lys en leurs Armes dépeintes sur les vitres de la Chapelle du chasteau de Bourbon, sans endommager l'Escu, qui fut vn heureux presage, que le Ciel la destinoit à porter le Sceptre en ses mains, & le Diadéme sur son front couronné de lauriers, qui se ioüoient des foudres.

Ie m'oubliois de dire vn rare trait de Bourbon l'Archambaut, qui a donné son nom à cette place; c'est que comme l'Empereur Charlemagne auoit coustume de seller ses lettres & ses patentes du pommeau de son espée, pour dire qu'il deffendroit auec la pointe de l'espée ce qu'il auoit cacheté du pommeau : ainsi le grand Archambaut garantissoit par son espée tous les contracts & transactions qu'il passoit, en y faisant inserer cette clause, *Promitto garentire ense meo*, Sous la garantie de mon espée.

Le *Loire* abandonnant Bourbon-

Lãcy se rend à *Decise*, à l'embouscheure de l'Arrõ. L'*Arron* entre en Loire pres Decise, passe par les estangs de Creux à Chastillon, à Isenay, & à Cercy la tour. L'*Alaine* vient de Luzy, passe à Tais, & au dessous de Cercy la Tour entre en l'Arron. *La Quesne* part des estangs de S. Martin de la Bretõniere, passe pres S. Saulge, forme de bons estangs, fait moudre plusieurs moulins, & ioint l'Arron pres de Colonges. *L'Andarge* vient des vallées d'Vnflan, fait l'estang d'Aulezy, & celuy du Pernay à Lomenay, passe dessous Langy & Aubigny & s'allie auec l'Arron pres de Vernueil.

l'Arrõ, r. *Alaine, r* *Quesne, r.* *Andarge, r.*

Decise est vne ville ainsi nommée, pour auoir esté bastie sur le fonds d'vne petite Isle, détachée de terre ferme par artifice, pour la rendre plus forte. Ses Eglises sont fondées sur des pilotis, & le pont par où on passe à saint Maurice à l'autre bord, est appuyé sur des pilles de pierre. De Decise à Neuers on conte plus de vingt-cinq lieuës, en suiuant les destours de la riuiere, qui se grossit en cet interualle des ruisseaux de *Colin*, & d'*Abron*, qui

Pont de Decise. *Colin, r.* *Arbon, r.*

viennent du Bourbonnois, entrent en Niuernois, passent à Coçay, & Thory, & pres d'Aury entrent en Loire.

Pour NEVERS, c'est vne grosse & opulente ville sur la mesme Loire à l'emboucheure de la *Nieure*, son pont est magnifique, basty de pierres de tailles, & soustenu de vingt arcades d'vne riche structure, auec des pons-leuis aux deux bouts, & des tours pour battre aux auenuës. Les murailles sont remparées de plusieurs grosses tours, & entourées de bons fossez. Ce qui la met dauantage à couuert, c'est qu'elle n'a point de faux-bourgs, toutes les maisons estans renfermées dans l'enceinte de ses nouuelles murailles. Cesar la nomme en ses Commentaires *Nouiodunum*, où il tenoit ses magazins & ses finances. La *Nieure*, qu'on croid auoir donné le nom à Neuers, entre dans Loire sous le grand pont de Neuers pres de Bisy Paroisse de Parigny: l'vn de ses chefs vient de Giry, & l'autre des estangs de Bonrais pres de Champenuz. Sur cette riuiere sont plusieurs moulins & forges de fer & d'acier. Les autres petites riuieres

NEVERS.

Nieure, r.

du Niuernois qui entrent dans le Loire sont *L'Yſſeure*, qui vient de Lichy; *Creſſonne*, qui ſepare le Niuernois de la Bourgogne pres de Crona & Tanay. *L'Acolaſtre* qui vient au deſſus d'Aſy le Vif, & fait l'eſtang de Parenches, *Laubois* paſſe par la Guierche. *Narcy* & *Guerchy* entrent dans Loire à Meſue. *Noain* paſſe à Donzy, à Vergias, & à Sully. Deux lieües au deſſous de Neuers l'*Allier* ſe ioint au Loire en vn lieu nommé le *Bec d'Allier*, *& le bourg de Conflans*. Il faut le parcourir iuſqu'à ſa ſource, auant que de paſſer outre ſur le cours du Loire.

Yſſeure, r. Creſſone, r. Acolaſtre r. Lambois, r. Narcy et Guerchy, r. Noain, r

L'ALLIER.

ALLIER, R.

LA riuiere d'*Allier* prend naiſſance à *Loſere*, la plus haute montagne du Geuodan, d'où il ſort pour luy ſeruir de bornes, & le ſeparer du Viuarez & du Velay; & pour arrouſer la haute & baſſe Auuergne d'vn bout à l'autre, depuis Iangeac iuſqu'à S. Porçain, que s'eſtend ce te belle & fertile Prouince. C'eſt cette campagne delicieuſe, dit Sidonius parlant de l'Auuergnè, d'où il estoit natif, si commode & fauorable aux voyageurs, si vtile & fructueuse aux laboureurs, si douce & charmante aux chasseurs : entourée de montagnes, comme d'vne chaisne d'or, dont le sommet est couuert de prairies, le panchant chargé de vignobles, le pied garny de mestairies, la pleine abondante en moissons, les destours ombragez de forests, les rochers flanquez de chasteaux & de forteresses, les valons entrecoupez de fontaines & de ruisseaux. C'est dans cette belle Prouince, la mere des forts & robustes esprits, que sont nez tant de saints & vigilans Prelats, qui ont gouuerné l'Eglise, tant de subtils Docteurs, qui ont brillé comme des Astres, aupres du Sanctuaire; tant de Iuges incorruptibles, qui n'ont eu des yeux, que pour penetrer bien auant dans les interests de la vertu, ny des mains que pour punir le vice: & tant de sages Personnages, dont les vns viuent encore, l'ornement de nostre aage, & les maistres des belles lettres; les autres paroissent dans leurs escrits, comme le Soleil se fait connoistre par ſes effets, apres qu'il s'eſt retiré de nos yeux. C'eſt cette contrée que ie peux nommer auec raiſon la Region des miracles, où les quatre Elemens s'efforcent à l'enuy de ſe faire admirer, comme ſur vn theatre, par la nouueauté de leurs productions : le Feu y fait voir des montagnes ardantes pleines de ſouffre : l'Eau fait couler la ſanté dans les ruiſſeaux des fontaines : la Terre y porte dans ſes entrailles l'or, l'argent & le fer, & ſur ſon front les bleds, les vins, le ſafran, les bois & les prairies : & l'Air y eſt ſi temperé, qu'on n'y cõnoiſt les maladies que fort tard, ou ſeulement par le rapport des eſtrangers. Aucuns tirent le nom de la Li-

Limone, r. magne de la riuiere de *Limone*, qui deſcend du haut Auuergne, paſſe à ſainct Fleuret, & entre dans Allier à S. Martin.

L'Allier trauerſe cette Prouince d'vn bout à l'autre, comme i'ay dit, paſſant premierement au pied des murailles de *Iangeac* en la haute Auuergne, & de là portant ſes flots ſous le pont de

Pont de Brioude. *Brioude*, merueilleux pour n'auoir qu'vne arcade : il touche *Vſſon*, chaſteau

tres-fort à cause de son assiette, assis sur vn haut rocher taillé naturellemēt en pilliers ronds, où la Reyne Marguerite a long temps demeuré, & entrant dans la Limagne, gaigne *Issoire* assis sur la *Cousse*, qui vient du lac de Pauin, & ramasse de tous costez les sources & les torrens qui tombent des montagnes pour auoir assez d'eau de quoy fournir à la nourriture de tant de fruicts & de tant de pasturages, qui croissent en abondance dans ce pays de promesse. Il reçoit entre autres le *Laignon*, qui coule du mont de Cantal, où se font les fromages, passe à Murat, au pont de Vernests, à *Marsiac*, & se rend dans l'Allier. Le *Doulon*, qui vient des estangs de S. Germain l'Air, passe à saint Verin & saint Didier, & joint l'Allier entre Brioude & vieille Brioude. L'*Ause* prend sa source dans les confins de Forests & d'Auuergne, & passe à S. Antheme. Il entre encore plus auant, & donne iusques à *Pontchasteau*, où il est assez fort pour porter la charge des bateaux qu'il meine à *Marignac*, où il reçoit le *Ioro*, qui vient pres de Billon, & vn peu plus auant il

Cousse, r.

Laignon, r.

Doulon, r.

Ause, r.

Ioro, r.

Ricochet, r. *Artier, r.* *Ronas, r.* *Tiretaine, r.*

s'enrichit de *Ricochet*, qui passe par Billon, & de l'*Artier*, qui luy presente les eaux du *Ronas*, du lac de Sarlieue, & de la *Tiretaine*, ce ruisseau pierreux, qu'on nõmoit autrefois *Scateon*. Quelle chose peut se voir plus merueilleuse au monde que ces fontaines de pierre qui sont à Clermont au voisinage de S. Allyre, qui visiblement se petrefient. Il y a vn pont fort haut & fort long, qui s'est fait en peu d'années du passage de ces eaux : & il est hors de doute, que si les meusniers qui sont à ces sources les laissoient faire, elles auroient bien tost changé leurs riuieres & leurs moulins en pierre : mais ils sont soigneux de temps en temps de rompre la pierre qui se forme par le cours de l'eau. La couleur en est trouble, le goust ressent vn peu le bitume, & si quelque fois elle est froide, elle est neantmoins plus souuent tiede. Ie n'aurois iamais fait si ie voulois ramasser l'eau de toutes les fontaines prodigieuses qui sont en Auuergne, & qui vont se descharger dans l'Allier. Pres de Montferrand on en void vne qui fait la poix si gluante, que les oyseaux quiviennent y boire en hyuer s'y prennent comme à des gluaux. Derriere S. Allyre est vne grosse source qui tarit à la cheute des fueilles de noyer, & reprend son cours lors que les noyers commencent à pousser. Dans la Comté de Pontgybaut il y en a vne autre, qui est extremément chaude en hyuer, & au contraire est glacée parmy les ardeurs de Iuin, Iuillet & Aoust. Le lac Pauen voisin de la ville de Besse, est de telle nature, que si vous iettez vne pierre dedans au temps le plus serain & le plus calme, l'agitation qu'elle fait excite vne grosse vapeur qui se resout en pluyes. Pour l'*Artier*, il tire son origine d'vne fontaine merueilleuse, qui estant conduite de *Royac* par des acqueducts sousterrains iusqu'à Clermont, auec plusieurs autres veines d'eau, forme la riuiere, qui est assez grosse & assez roide pour faire moudre des moulins à papier, apres auoir receu *Lunat* pres de Lusat; mais non pas assez forte, ny assez profonde pour estre nauigable. Le *Bedat* enflé des flots de l'*Embene*, porte bateaux à *Maringue*, où coule aussi la *Murge*, assez

Lunat, r.

Bedat, r.

Embene, r.

Murge, r.

proche de ſon emboucheure; il paſſe au milieu de *Montferrand*, & il ſemble auoir ſa ſource au meſme lieu que l'Artier. Le *Litron* eſt vn petit ruiſſeau qui ſe iette dans l'Allier, entre l'Artier & le Bedat ſur l'autre bord.

Litron, r.

CLERMONT.

Laſſiete de CLERMONT, la deſcription qu'en fait Iules Ceſar, le Mont voiſin qui porte encore le nom de Gergouie, les ouuertures du roc où campoit ce ſage Prince Romain, les voûtes ſouſterraines par leſquels on peut aller plus d'vne lieüe ſous terre auec des flambeaux allumez, & quelques autres marques nous font aſſez iuger, que Clermont eſt la fameuſe *Gergouie*, qui fut iugée imprenable à ce Conquerant, qui ne trouuoit rien d'impoſſible à ſon courage; & où la meilleure partie des Capitaines Romains, qui auoient arboré les eſtandars de leur Empire ſur les plus fortes Citez, trouuerent leur tombeau. *Montferrand*, qui eſt auiourd'huy le ſiege des Threſoriers Generaux de la Prouince, n'a eſté qu'vn chaſteau, qui ayant eſté bruſlé par les François ſous le regne de Philippes Auguſte, fut rebasti sur ses ruines, & deuint vne bonne & grande ville, assise entre Clermont & Rions, qui se ioignent quasi toutes trois. On dit que le Mareschal d'Effiat auoit eu dessein de renfermer Clermont & Montferrand dans l'enceinte d'vne mesme muraille & n'en faire qu'vne ville, qu'il eust nommé Clermontferrand.

Clermond Ferrand.

La *Duore* est vne riuiere assez considerable, qui prend son nom d'vn village, d'où elle tire son origine: elle passe à *Ambert*, & à *Cropiere*, reçoit la *Durolle* assez proche de Tiert, & la porte dans l'Allier au dessus de Puy Guillaume. *Le Chison* & *Iolan* s'y rendent aussi du costé de l'Orient, l'*Annellalot* du Couchant, qui s'en vont toutes trois dans vn mesme canal passer sous le pont de *Varenes*. Vn peu au delà de Varene se rend aussi la *Siole*, qui vient du Limosin d'vn village nommé Sigule dessus le pont au Mur, & moüille les murailles de *Rochefort*, *de Pont Gibaud*, *& de S. Porçain* où elle est beaucoup plus grosse & plus profonde qu'en tout le reste de son cours, par la ionction de la *Bouble*, *d'Agouges*, & de

Duore, r.

Durolle, r.

Chision, r.

Iolan, r.

Annellalot, r.

Siole, r.

Bouble, r.

l'Agouges, r.

Venas, r. *Venas*, qui entrans dans la Siole se vont ietter dans l'Allier vne lieuë au dessous de S. Porçain. Si la Siole ne porte aucun bateau, ce sont les sables qui en sont la cause.

BOVRBONOIS. Nous voicy pour la deuxiesme fois en la Duché de Bourbon, & nous n'auons que sept ou huict lieuës à voguer

MOVLINS iusques à Moulins, la Capitale du Bourbonois, assise sur les bords d'Al-

Daure, r. *lier*, & de *Daure*, qui lauent ses murailles. L'aspect de la ville est si agreable au Printemps, que vous la prendriez pour vn iardin, ou pour quelque lieu de plaisance, cõplanté d'arbres, & diuersifié de Tours & d'edifices, qui portent bien haut leurs pointes auec vne agreable proportion. Son enceinte est fort petite, mais elle a de grands fauxbourgs, dont la meilleure partie a esté renfermée de murailles durant les dernieres guerres. Son chasteau est spacieux & magnifique, la demeure des anciens Ducs de Bourbon, qui ont leurs portraits representez au naturel dans vne des galeries. Il suffit de dire que c'est la maison des Bourbons, pour vous former l'idée d'vne maison d'agreement, assortie de tout ce qu'on peut souhaiter pour sa perfection, & d'vn lieu de veneration, où la gloire & la Majesté ont pris leur naissance. Le douaire des Reynes de France est ordinairement assigné sur la Duché, estant bien raisonnable, que celles qui ont contribué leur sang, & leurs soins pour l'agrandissement de l'Auguste famille des Bourbons, recueillent les fruits de leurs terres. Il semble pareillement que la prouidence Diuine qui a voulu que cette race fust immortelle au monde, l'ait pourueuë des moyens propres à la prolongation d'vne belle vie, & à la conseruation du corps humain: puisque les remedes que les autres Prouinces vont chercher dans l'Afrique & dans les nouueaux mondes, parmy les naufrages & sur les precipices, se trouuent dans les fontaines publiques du Bourbonois, & se puisent dans les bains delicieux. Ie m'oubliois de dire que l'Allier est sujet a de grands debordemens, & qu'il n'a qu'vn pont de bois à Moulins Il reçoit le *Quesne*, petite riuiere au dessous de Moulins, auec lequel sortant du pays des Roys, il en- *Quesne, r.*

tre dans le Niuernois, & se perd dans le Loire au Bec d'Allier.

C'est icy que ie reprens le cours du Loire, où ie l'auois laissé, & continuë ma nauigation le long de ces florissantes villes, assises sur ses bords, que ie n'oserois passer sans entrer dedans, & y considerer quelque particularitez.

LA CHARITE' se presente la premiere sur la main droite. Elle merita de porter ce beau titre, pour les grandes liberalitez qu'y exerçoient autrefois les Moines de Cluny enuers les pauures, & pour les soins charitables qu'ils auoient des Pelerins. Mais i'ay grand peur que ce trophée erigé à la gloire des Predecesseurs, ne serue de reproche à leurs Enfans, qui ont renoncé à l'heritage de leurs vertus, & se sont contentez du reuenu de leurs benefices. On y void vn beau pont de pierre, qui est vn passage fort important, dont le Comte Palatin du Rhin, Duc des Deux-Ponts, sceut bien se preualoir sous le regne de Charles IX. quand il surprit cette ville desgarnie d'hommes, par la faute des Ducs d'Aumale & de Nemours, & qu'il ad-

Pont de la Charité.

courcis

courcit son chemin de soixante lieuës, qu'il auoit à faire pour remonter à la source du Loire, & ioindre l'armée des Princes Protestans, par vn chemin plein de bois & de montagnes, où la caualerie n'eust seruy que d'empeschement à ses desseins. Auant que d'arriuer à la Charité, l'*Auliers* petite riuiere vient de Sencoing en Berry, passe par la Guierche, Patinge & S. Germain, & entre en Loire. *l'Auliers, r.*

SANCERRE suit apres du costé du Berry, esleuée sur le haut d'vne montagne, dont la riuiere baigne le pied, où est le port de S. Thibaud. Cette ville estoit assez recommandable dans les escrits des Anciens sous le nom de *Sacrum Cereris*, pource qu'on y adoroit Ceres, la Deesse des bleds; ou plustost sous celuy de *Sacrum Cæsaris*, comme qui diroit l'Oratoire de Cesar, lequel auoit choisi ce lieu à cause de son eleuation, pour rendre ses vœux & offrir ses sacrifices aux Dieux, qu'il croyoit estre les Promoteurs de sa Fortune, & les Auteurs de ses conquestes : Mais son siege memorable, & les extremitez qu'elle endura l'an 1573. auant que de ſe rendre à la force des armes, luy ont donné le meſme rang parmy les villes deplorables en leur mal-heur, qu'à Numance & à Ieruſalem. Le canon foudroyant leurs maiſons tira en deux mois plus de ſix mille coups, ſans affoiblir les aſſiegez, que de vingt-cinq perſonnes: Elle vid ſes murailles ruinées ſans s'eſtonner, le courage des habitans luy ſeruant de rampart: Elle eſuenta les mines de l'ennemy, elle repouſſa genereuſement les aſſaillans, qui ſe preſenterent à vne bréche de trois cens pas: elle fit meſurer la hauteur de ſes tours aux plus hardis, qui entreprirent d'y planter l'eſcalade; la force & la ruſe ne luy firent aucune peur. Voicy la diſette des viandes ordinaires, qui les accueille au commencement d'Auril; il faut ſe ſeruir de la chair des aſnes & des mulets, & puis des cheuaux, des chiens, des chats, des ſouris, & des taupes; les animaux venans à leur manquer, ils ſe iettent ſur les cuirs, parchemins, cornes, harnois, ceintures, & racines ſauuages, qu'ils font boüillir ou fricaſſer. Sur la fin de Iuin, les trois parts n'ont plus de pain, ils en font les vns de graines de lin, les autres de toutes sortes d'herbe meslée auec du son moulu, les autres de farine de paille, de coquilles de noix, d'ardoise : les graisses, le suif, & l'oingt seruent aux potages & aux fritures ; pour du vin ils en eurent tousiours en quantité. Il y en eut qui tascherent de soulager leur faim auec des excremens d'hommes & de cheuaux : vn vigneron & sa femme appaiserent la leur par la teste & par la fressure de leur fille aagée de trois ans, qui venoit de mourir en langueur : & n'eussent donné autre sepulture que leur ventre à ce pauure corps, si la Iustice auertie de cette inhumanité, n'eust abregé leurs iours par le supplice. Quatre-vingt-quatre personnes moururent par les armes (dit l'Histoire) & plus de cinq cens y moururent de faim. Il sembloit desia que les menaces du Roy Charles IX. deussent s'executer. Ie feray (disoit-il) qu'ils s'entremangeront les vns les autres; si les Ambassadeurs de Pologne ne leur eussent obtenu la clef des champs, & l'vsage du pain, & si eux mesmes n'eussent racheté le pillage de leur triste patrie de la somme de quarante mille francs, payables au sieur de la Chastre, qui les auoit assiegez au nom du Roy son maistre. Ses murailles furent rasées, son horologe & ses cloches brisées, & toutes les marques de ville furent ostées aux habitans. On y void encore des femmes, dont la grandeur & la taille dispute auec la grandeur du courage, qu'elles firent paroistre en cette occasion.

Montfaulcon ville & Barõnie est à huit lieuës de Bourges, & à cinq de la Charité, auec vn chasteau en lieu eminent, clos de murailles, fossez, & nombre de tours, de mesme que la ville, au dessous de laquelle passe la petite riuiere nommée la *Vau-vir*, qui va se perdre dans le Loire pres de Sancerre. Cette Baronnie comprend vingt-huit Parroisses, & entr'autres le bourg & chasteau de Baugy. Dans l'enclos de ces Paroisses sont plus de cinquante estangs grands & larges, & entr'autres celuy de Poligny, qui a quatre lieuës de tour, auec vne garéne au milieu d'enuiron vne lieuë de circuit, remplie d'vne grande quantité de lapins. La pesche de ces estangs porte beaucoup de reuenu, & lors qu'il sont à sec, on y seme souuent du millet, lequel y croist fort haut, duquel aussi, lors qu'on vient à le cueillir on laisse les estoupes hautes, afin que le poisson qu'on y remet, s'y puisse cacher estant poursuiuy des cignes, herons, cormorans, & autres animaux qui les deuorent, & dont les estangs sont chargez.

De Sancerre on vogue iusques à *Cosne* sur les frontieres du Niuernois, où se descharge la riuiere d'*Oeuf*; & de Cosne à *Neuuy*, où la *Vrile* se ioint au Loire. De Neuuy on descend à *Briare*, d'où depuis quelques années l'on a conduit vn canal iusques au *Loing*, qui va se ietter dans la Seine entre Melun & Montereau, pour la ionction de ces deux grandes riuieres, le Loire & la Seine, & pour la commodité du commerce. De Briare on vient à *Chastillon*, qui soustint vn siege sous Charles IX. les hommes se deffendans à coups de pierre, & les femmes versans de l'eau boüillante sur la teste des assaillans. De Chastillon on se rend à *Bonny*, où

Oeuf, r.
Vrile, r.

autrefois le Prince de Condé trouua le gué commode pour passer la riuiere: De Bonny on coule à *Giem* ville tres ancienne, & garnie d'vn beau pont sur le Loire, dont Cesar fait vne honnorable mention en ses Commentaires, si toutefois *Genabum* est Giem, plustost qu'Orleans, Iargeau, ou Baugency. Les Protestans s'en saisirent au commancement de leur reuolte, mais les Catholiques la reprirent bien tost: où l'on dit que les Italiens entre autres insolences, couperent en deux vn ieune enfant tout vif, & mangerent de son foye. L'*Occre* vient d'auprés de Cernoy en Berry, passe par Aultry, S. Brisson, S. Martin sur Ocre, entre en Loire pres de Giem. De Giem le Loire se pousse sous les ponts de *Iargeau*, petite ville, mais assez forte, où le Comte de Suffolc Anglois fut pris sur le pont s'enfuyant, l'vn de ses freres tué au combat, & l'autre noyé, apres la grande deffaite d'Orleans, sous le Roy Charles VII. qui ne pouuoit estre mieux paré pour les ceremonies de son Sacre de Rheims, que du sang des iniustes vsurpateurs de son

Pont de Giem.

l'Occre, r

Pont de Iergeau.

Royaume. Entre Giem & Iergeau l'on void sur la main gauche la Duché de *Suilly* auec les vestiges d'vn ancien pont; & les Abbayes de *S. Benoist*, & de *Fleury*, si renommée pour sa Bibliotheque, & pour les hommes doctes qui en sont sortis. Quelques ruisseaux gaignent le Loire, qui coulent de la forest d'Orleans, comme celuy du *Pont aux Moynes*, & l'autre de *Bionne*, vne demie lieuë au dessus d'Orleans, le premier qui commance à Ingrande & Nancray, coule à Fay, Donnery, au Pont aux Moynes, à Chesy, où elle est nommée le *Cency*; & la Bionne commence à Segry, & descend à Bionne. La forest d'Orleans ayant esté mesurée sous le Roy François I. se trouua contenir sept-vingt mille arpens de bois, & bien que depuis elle ait esté defrichée & mise en terres labourables, elle est encore de septante mille arpens. Elle commence prés de Monpipeau, va du costé du chemin, qu'on appelle Romain, & s'estend iusques à Giem. Cette forest abonde en gibier de toutes sortes, le fauue & le noir s'y trouuent en grande quanti-

Pont aux Moynes.

Bionne, r.

té. Les Roys de France y ont eu autrefois leur principale chasse, ce que tesmoignent les gros bourgs & villes qui sont en son estenduë, & qu'on surnomma aux Loges, comme Vitry aux Loges, Neufuille aux Loges, à cause des relais qu'on y logeoit, & qui l'ont fait habiter.

ORLEANS.

Sans m'arrester à voir par le menu toutes les raretez de cette belle ville, la Capitale d'vn Royaume, durant nos premiers Princes, le siege de cinq notables Conciles assemblez pour la reformation des mœurs, & pour la destruction des heresies; le sejour des Sciences, & le Theatre des plus sanglantes guerres de cet Estat, où les hommes ont fait paroistre leurs passions, & Dieu les merueilles de sa conduite : Ie me contenteray de raconter l'histoire, representée sur le pont, où l'on void l'image de la Vierge tenant son Fils entre ses bras détaché de la Croix, & d'vn costé le Roy Charles VII. armé de toutes-pieces, & de l'autre vne Fille aussi armée, auec les bottes & les esperons d'vn Caualier, les genoux pliez, les mains join-

Pont d'Orleās.

stes, & les cheueux flotans sur ses espaules. Cette Fille fut nommée de ses parens, Ieanne d'Arc, & ses glorieuses auantures luy acquirent le surnom de Pucelle d'Orleans. Elle nasquit en Lorraine d'vn pere & d'vne mere pauures, qui destinerent leur fille à garder des moutons, celle que la Nature auoit mise au monde pour en faire vne Reyne des Amazones.

Charles VI. ce grand Roy, dont la France faisoit ses delices; ce bon pere, que le peuple nõmoit son Bien-aymé; ce sage Prince, que les nations choisissoient pour l'Arbitre de leurs differents, ayant eu l'imagination troublée, & le cerueau demonté par la rencontre de quelques funestes accidens, l'infirmité qui le rendit incapable du gouuernement, mit tous les Princes de sa Cour en jalousie. Le Duc d'Orleans frere du Roy, croioit que la naissance luy donnoit droit à la Regence. Philippes Duc de Bourgogne prenoit vn specieux pretexte, le droict manquant à sa cause. Paris estoit vn amphitheatre où ces maisons Royales exerçoient leur rage chacune à son tour, & toute la France n'estoit qu'vne course de lice, partagée en deux bandes, en Armagnacs & en Bourguignons, distinguez par l'Escharpe blanche, & par la Croix en sautoir. Philippe estant mort, Iean son fils fut heritier de son ambition & de ses haines, aussi bien que de ses Estats & de son nom. Par le crime le plus noir qui puisse tomber en vne ame illustre, il fit massacrer son aduersaire vn soir comme il alloit de chez la Reyne à l'Hostel de S. Pol: Mais le meurtrier receut bien tost sur le pont de Montereau la recompense de ce qui s'estoit fait à Paris par son ordre.

Henry Roy d'Angleterre, qui s'estoit laissé vaincre aux yeux de Catherine de France aprés la victoire d'Azincourt, fit si bien par les pratiques de Philippes de Bourgogne, qui a fait trop de maux à sa patrie pour porter la qualité de Bon, qu'il se vid en peu de iours gendre du Roy, & Regent de son Royaume, au preiudice de Charles Dauphin, qui fut condamné à l'exil, declaré décheu de tous ses droits sur la France, & incapable d'en posseder ſe Sceptre, pour la mort de Iean de Bourgogne tué en ſa preſence,& comme on ſuppoſoit, par ſon commandement.

Charles ſe contenta d'en appeller à Dieu, ſans vouloir alleguer les loix humaines: Mais la Iuſtice, qui ne peut pas faire tomber le poids de la balance, ſi elle n'a l'eſpée en main, & la mort du Roy Charles VI. ayant apporté plus de confuſion dans ſon Eſtat, que la folie n'en auoit ietté dans ſa teſte, Henry d'Angleterre fut couronné Roy de France à Paris, & le Dauphin n'eut pour domaine que ſon courage, & l'eſpée de quelques jeunes Seigneurs, qui n'abandonnerent iamais ſa fortune.

Le Comte de Salisberi auoit deſia poſé le ſiege deuant Orleans, le cœur de ce grand Corps politique, apres auoir gaigné la teſte & les extremitez par force, ou par faueur, tout eſtoit deſeſperé pour Charles, ſi Dieu n'euſt renforcé le bras de la Pucelle Ieanne pour le ſalut d'Orleans. C'eſtoit vn ſpectacle diuertiſſant, qu'vne ieune fille aagée de dix-ſept ou de dix-huict ans, armée de toutes pieces, fit des sorties si vigoureuses sur l'ennemy, qu'en moins de rien elle coucha sept mille hommes sur la place, rasa soixante forts, que les Anglois auoient dressé deuant la ville, & fit leuer honteusement le siege à des troupes qui sembloient inuincibles. Les Bourgeois d'Orleans ne furent pas ingrats des faueurs du Ciel: aussi-tost qu'ils les eurent receuës, ils en rendirent graces à leur Auteur, & chanterent le *Te Deum*, auec toute la solennité d'vne grande feste. Et depuis pour conseruer la memoire d'vne deliurance si miraculeuse, ils mirent sur leur pont vn Crucifix, qui a d'vn costé le Roy Charles, & de l'autre Ieanne à genoux armée de toutes pieces.

Outre ce siege memorable des forces Angloises, qui fut leué par les saintes adresses de la Pucelle, il y a douze cens ans qu'Attila Roy des Huns, surnommé le Fleau de Dieu, l'assiegea: mais ayant esté contraint de se retirer dans les plaines de Chalons, il y fut deffait par Aetius General des Romains, soustenu de Merouée Roy des

François, & de Theodoric Roy des Gots. Elle fut encore assiegée pour la troisiesme fois l'an mil cinq cens soixante-trois par François Duc de Guise pour le Roy Charles IX. ayant esté surprise l'année auparauãt par le Prince de Condé, où ce vaillant & Catholique Duc perdit la vie d'vn coup de pistolet que luy deschargea Poltrot gaigné par les promesses de l'Admiral de Coligni, & par les cõseils de Theodore de Beze.

La ville d'Orleans est donc assise dans la Beausse sur vn costau, qui s'éleue doucement aux bords du Loire, qui bat le pied de ses murailles. Au milieu de la riuiere s'esleue vne Isle fort agreable, couuerte en partie de beaux arbres qui ombragent le lieu, partie de bastimens. L'Isle est attachée d'vn costé à la ville par vn pont, & de l'autre au faux-bourg, qu'on nomme Pontereau. Le pont est defendu de quelques tours & bouleuars, & la ville est fortifiée de bonnes murailles terrassées, & de plusieurs tours rondes, qui se ressentent beaucoup du canon des premieres guerres ciuiles entrepriſes pour la Religion. Ie trouue dans nos Hiſtoires, que l'Admiral Culant paſſa le Loire à gué durant l'hyuer, qui eſtoit fort ſec, pour aller viſiter ceux d'Orleans, & leur porter des prouiſions neceſſaires pour ſouſtenir le ſiege dont ie viens de parler, & le repaſſa mettant au fil de l'eſpée quelques troupes Angloiſes. Le pont n'eſtoit lors que de bois, qui s'enfonça ſous la peſanteur des troupes du braue Glacidas, & le Loire fut le ſepulchre de ce Capitaine Anglois, & de ſa troupe touſiours accouſtumée à vaincre, ſinon quand elle a eſté vaincuë par les forces d'vne Bergere : il eſt maintenant baſty de pierres de taille.

L'Egliſe Cathedrale de S. Croix, qu'on croid auoir eſté baſtie par vn des premiers Eueſques d'Orleans dés l'an trois cens ſoixante, enrichie d'ornemens par l'Empereur Conſtantius, quoy qu'Arrien, eſt de celles qu'on a eſcrit auoir eſté beniſtes & conſacrées de la propre main de IESVS-CHRIST, le Souuerain Pontife des Anges & des hommes, comme celles de ſainct Denys en France, de S. Seuerin à Bordeaux, & d'Arles en Prouence. Elle fut ruinée durant les guerres ciuiles par les Religionnaires qui auoient pris à tasche de corrompre les Temples viuans de Dieu par le poison de leur pernicieuse doctrine, & de rompre & ruiner les Temples materiels par le fer & par le feu, instrumens de leur rage. Son clocher a esté le plus haut de France, comme celuy de Strasbourg l'est d'Allemagne. Ce qui a esté remis du vieux dessein est deu à la pieté du Roy Henry le Grand, qui posa la premiere pierre. L'Eglise deseruie par cinquante-neuf Chanoines, & douze Dignitez, est longue de cent quatre-vingts pas, & large de cent quarante. Ses piliers sont hauts de dix-sept toises; mais le clocher s'esleuoit au dessus des piliers de plus de trente-sept.

Vn peu au dessous d'Orleans le *Loyret* se iette dans le Loire. C'est vn petit fleuue de la Sologne, qui prenant sa source pres d'Oliuet, & passant à l'Abbaye de S. Mesmin, où il a vn pont de pierre, n'a de cours qu'enuiron deux lieuës, & toutefois il est sujet à des saillies qui ne semblent tole- *Loyret, r.*

rables qu'aux plus grandes riuieres, & ses débordemens sont si estranges, que ceux du pays disent en prouerbe,

Quand Loyre & Loyret s'entretiennent,
Il n'y a pays qu'ils ne tiennent.

Les riuieres croissent peu à peu, & ne reçoiuent leur perfection qu'en parcourant plusieurs Prouinces & se ioignans à d'autres eaux : mais le Loyret est aussi gros & aussi profond en son origine, qu'au lieu où il s'allie auec le Loire, & luy offre tous ses bateaux chargez des vins & des bleds de Sologne. Et de plus il a cet aduantage de resister esgalement aux chaleurs de l'esté & aux rigueurs de l'hyuer, sans que les grandes secheresses qui affoiblissent assez souuent mesme les forces de l'Ocean, luy enleuent vne seule goutte d'eau, ny que la glace, qui arreste parfois le cours du Loire, & retient son mouuement, puisse faire aucune impression sur son canal.

Continuant ainsi sa nauigation sur le Loire, on trouue à quatre lieuës d'Orleans la ville de MEVN sur la riue droite, où l'on pesche les plies. Ce n'estoit autrefois qu'vn chasteau, qui

MEVN.

fut

fut ruiné par les Vandales ; mais la beauté de son assiete, & la commodité du pays qui l'enuironne, l'ont depuis renduë assez recommandable, particulierement pour auoir produit ce docte Poëte Iean de Meun, qui poursuiuit & acheua le Roman de la Rose, que Guillaume de Lorris auoit commencé sous le regne de S. Louys : & aussi pour auoir esté le sejour ordinaire, & le lieu de plaisance du Roy Charles V. lequel y mourut comme il y auoit vescu, si nous nous en rapportons au Prouerbe des bonnes gens du pays.

L'an mil trois cens septante & vn,
Mourut le bon Roy Charle à Meun.

Encore que selon la verité de nos histoires ce fut au Chasteau de Beauté sur la riuiere de Marne l'an 1380. que ce sage Prince quittant la vie laissa sa Couronne à son fils Charles VI. la regence de son Royaume à ses trois freres, la paix à ses sujets, & vn incroyable thresor en ses coffres. Il est bien vray que Charles VII. mourut à Meun sur Yeure en Berry l'an 1461. & c'est ce qui a donné sujet d'erreur au vulgaire, & à quelques personnes d'eſtude, qui n'ayans pas remarqué cette conuenance des noms des lieux, des années & des perſonnes, ont plus eſtimé la rime d'vn meſchant vers, que la force d'vne bonne raiſon.

BAVGENCY. BAVGENCY eſt ſur la meſme riue à trois lieuës de Meun, en vn lieu tres agreable pour les diuertiſſemens de la chaſſe, & tres riche pour l'abondance des bleds & des vins qui s'y recueillent. Louys VII. dit le Ieune, voulant ſe defaire honneſtement de ſa femme Eleonor, qui ne meritoit pas vn traitement ſi fauorable, pour auoir remply tout le Leuant de la mauuaiſe odeur de ſon incontinence, & pour auoir preferé les cajoleries d'vn Sarrazin à la grandeur d'vn Roy de France, ſon mary legitime, fit aſſembler vn Concile à Baugency pour obtenir vn diuorce, qui luy fut accordé ſous pretexte qu'elle eſtoit ſa couſine au quatrieſme degré. On y paſſe la riuiere ſur vn pont de pierre, qui fit reſiſtance au Comte de Salisbery, quand il eut pris la ville, pour aller mettre le ſiege deuant Orleans. *Pont de Baugency.*

BLOIS. BLOIS eſt aſſis ſur la meſme riuiere, à mesme main : & à la gauche luy est opposé vn fauxbourg, qui se ioint à la ville par vn beau pont de pierre, sur lequel se void vne pyramide, auec cette inscription, qui porte que le pont ruiné durant les guerres ciuiles fut remis durant la paix par Henry le Grand. L'éguille de cette pyramide fut renuersée par vn coup de tempeste, sans que la Couronne qui estoit sur la base fust tant soit peu endommagée, les foudres du Ciel respectans les lauriers de ce grand Prince, dont la terre cherit encore la memoire & le nom. Ie ne diray point que la ville de Blois est la Capitale de Beausse, qu'on peut appeller le grenier de la France auec autant de raison, que la Sicile le grenier des Romains; puisque les Cosmographes ne sont pas tous d'vn mesme auis sur ce sujet. Les costaux y portent les meilleurs vins du monde, de sorte qu'il ne faut pas s'estonner si le peuple y parle auec tant de delicatesse, ayant la langue si bien abbreuuée. Il ne faut que conuerser auec les habitans, pour connoistre que la courtoisie est née en cette ville : aussi

Pont de Blois.

a elle esté l'vne des Chambres Royales, où les Enfans de France prenoient leur nourriture, & où les Roys faisoient leur sejour ordinaire, d'où vient qu'on la nommoit la ville aux Roys. C'est peut estre de là que le peuple est si courtois & si ciuilisé, & que la langue Françoise s'y parle auec plus de pureté qu'en tout le reste du Royaume, y ayant cette difference entre le Soleil des Cieux, & les Soleils de la terre qui sont les Roys, que tant plus les Astres s'approchent de celuy-là, ils reçoiuent moins de lumiere; & au contraire tant plus les Sujets s'attachent à leurs Princes, ils se perfectionnent dauantage dans les deuoirs de la ciuilité & dans les vsages d'vne belle vie. Ceux qui ont visité le chasteau, & qui ont consideré ses sales & ses galeries auec vne si agreable diuersité d'Emblemes & de Deuises, peuuent iuger des soins de Louys XII. de François I. & de Catherine de Medidicis: Les autres qui ont veu les aqueducts esleuez sur des arcades, dont vne partie est pratiquée dans vn roc, capables de receuoir trois caualiers marchans de front, & le village d'Orcheze à deux lieuës de la ville, que ceux du païs disent auoir esté le grenier de Cesar, comme il y a quelque apparence, remarquent en quelle estime l'auoient ces Anciens : Et si nos Medecins pouuoient bien penetrer les vertus de la terre qui se tire assez proche de ce mesme village d'Orcheze, ou qu'ils ne fussent point dans les erreurs du peuple, qui ne iuge de la bonté des choses que par l'argent qu'elles coustent, ou par la difficulté qu'on a de les trouuer, ils mepriseroiẽt la terre Sigillée, & le Bol du Leuant, & auoüeroient que la nature qui a choisi la France pour le lieu de ses delices, ne luy a rien refusé des presens qu'elle a faits au païs des monstres, & aux lieux de son bannissement.

Il faut continuer son voyage, & de Blois voguer durant dix lieuës iusques à Amboise : *Le Loire* se grossit en cet entre-deux de plusieurs petites riuieres, comme du *Cousson*, de la *Canle*, de la *Cisse*, du *Beuueron*, de la *Taronne*, & du *Negent*. Le *Cousson* riuiere de Sologne, vient d'aupres de Giem, passe pres *Canle, r.* *Cousson, r.*

la Maiſon rouge, au Gué Renard, par la Ferté S. Aubin, par Ligny, par la Ferté Hubert, & par Chambord, & entre dans le Loire au deſſous de Blois à l'autre riue. Elle ne porte aucun bateau, mais elle fait moudre plusieurs moulins. *Chambord* est vne maiſon Royale capable pour ſa grandeur de loger tous les Princes de l'Europe, & qui pour l'excellence de ſon Architecture ſurpaſſe tous les ouurages des anciens & des modernes, & qui eſt comme vn abregé du trauail & de l'eſprit de pluſieurs ſiecles. Elle fut commencée par le Roy François au retour de ſa priſon d'Eſpagne, & ne pût eſtre acheuée, quoy que dix-huit cens ouuriers y euſſent trauaillé durant douze ans. Son eſcalier eſt de deux cens ſoixante & quatorze degrez, & ſi large que ceux qui montent par les deux extremitez des marches, peuuent parler enſemble ſans ſe voir, vn coſté eſtant dérobé à l'autre par vn merueilleux artifice, qui ſert d'eſtude aux plus grands maiſtres; Et ſes jardins ſont ſi curieux, ſes allées ſi magnifiques, & ſes ormeaux ſi droits & ſi bien alli-

Chābord.

gnez, que ceux du Roy de Perse si hautement vantez par les Historiens ne peuuent entrer en comparaison.

La *Cise* se vient rendre au pont de Chousy trois lieuës au dessous de Blois du costé du Nort à la droite du Loire, & le *Beuueron* à la gauche du costé du midy. Le *Beuueron* prend sa naissance à Sourd'on village de la haute Sologne, passe par la *Motte Beuueron*, *Chasteau Vieux*, & *Chiuerny*. Elle reçoit la *Canle*, des estangs & fontaines qui sont entre le Cousson & le Beuueron, ruisseau dangereux pour les auiues des cheuaux, qui n'a que trois lieües de cours, large cõme vne mer en hyuer, & l'esté se passe à gué; qui ne sert ny à moulins ny à bateaux. La *Taronne*, vne autre petite riuiere en Sologne, ainsi nommée pource qu'elle tarist assez souuent, vient des estangs qui sont au dessous du Chasteau de Chaumont, descend par l'estang de la Mote en l'estang de Villecomte, & en l'estang du gué Malon, puis entre dans le Beuueron, comme fait aussi le *Negent*, qui sort de l'estang de Maleuaut en Sologne, assez proche de la paroisse de Noan le Fuze-

Cise, r.

Canle, r.

Tarõné, r.

Negent, r.

lier, & entre dans le Beuueron, qui est ainsi dit, pource que l'esté il se boit en terre, & deuient presque à sec.

Ambroise. Par le moyen de ces recreuës le Loire se fortifie, & se presente auec plus d'estenduë & de majesté deuant *Amboise*, qui est assise sur vn de ses bords à la main gauche. Ie ne sçay si je dois m'arrester sur le pont pour conter ses quatorze arches de pierre, & considerer l'artifice de ses moulins, qui sont si bien enchassez dans la structure des voûtes & des piliers, qu'on diroit que c'est vne Isle : ou si ie dois entrer en la ville pour y voir le chasteau, auec ses tours espaisses esleuées depuis le bord du Loire iusqu'au sommet de la montagne. A n'en point mentir ceste place est vne Eschole de la Morale, où l'on peut plus apprendre de belles veritez vtiles pour mespriser les grandeurs du monde, & les vaines pretensions du siecle, qu'en toutes les Vniuersitez de l'Europe, & où l'image de Charles VIII. nous peut donner de plus fortes impressions pour la vertu, que toutes les paroles estudiées d'vn Orateur. Ce Conquerant de l'Italie, qui l'auoit enrichy des plus rares pieces des lieux de ses conquestes ne sçauoit pas qu'au lieu d'vn Palais Royal, il se bastissoit vn tombeau, où tous les lauriers de sa teste deuoient se flaistrir par le mauuais air d'vne galerie puante, & où la mort le renferma auec toutes ses esperances, au point que la fortune luy sembloit plus fauorable, & que tout l Orient luy ouuroit les portes de la Grece, comme à son Liberateur. Cét inuincible Monarque, qui auoit arresté les armées ennemies, & qui auoit dissipé les foudres des canons par sa presence, fut estouffé par vne goute d'eau, qui découlant du cerueau luy causa vne apoplexie, & luy noya toutes ses palmes. Ce riche Prince, qui auoit veu toutes les grandeurs du monde à ses pieds, & qui n'auoit rien que Dieu dessus sa teste, eut pour son dernier lict de parade vne simple paillasse dans vn lieu de passage sale & mal entretenu. Ce puissant Roy qui auoit conduit la Victoire à ses costez, & la Gloire à sa suite, mourut presque sans qu'on le sceust entre les bras de quelques domestiques. Apres cela dites que la felicité mondaine n'est point trompeuse, & que la pompe de ses honneurs n'est point de terre, qui se brise plus aisément lors qu'elle a plus d'esclat.

Masse, r. A deux pas d'Amboise on trouue le ruisseau de *Masse*, & descendant plus bas on apperçoit sur la main gauche le bourg de *Mont-Louys*, qui n'a aucune maison esleuée sur la terre, mais seulement des loges taillées dans le rocher, qui n'ont point d'autre couuerture que l'herbe & le gazon, & qui ne se reconnoissent qu'aux tuyaux des cheminées. Il y a beaucoup de semblables habitations sousterraines dans la Tourraine, qui ressemblent plustost à des tombeaux de trepassez, qu'à des maisons d'hommes viuans, où ils sont priuez de la beauté du jour, & de la veuë de ses riches campagnes. Ne les prendroit-on pas pour des Tantales, qui sont au milieu des plaisirs sans en pouuoir gouster, & qui sont entourez de tous costez de vignes, de bleds, & de fruits dans ce beau iardin de la France (car c'est ainsi qu'on nomme cette Prouince) sans en pouuoir cueil-

LA TOVRRAINE.

lir? Ne ſont-ce pas des ſerpens damnez dans vn Paradis terreſtre, qui trouuẽt leur malediction dans le bonheur? C'eſt là qu'on commence à découurir la ville de Tours, agreable pour ſon aſſiete, opulente par le commerce, & glorieuſe pour ſon antiquité, ayant autrefois poſſedé le titre d'amie & alliée du peuple Romain, & ſes citoyens celuy de Senateurs de Rome. Mais auant que d'aborder à *Tours* on prend la Sciſſe chargée de la Branſle, qui ſe viennent ietter dans le canal du Loire.

La *Sciſſe*, ancien fleuue eſtroit, mais fort profond, & qui porte des bateaux longs & eſtroits, qui ſe conduiſent à rames & à voiles, vient du Bleſſois, paſſe à *Limeray*, à *Nazelle*, *& à Noyzay*, où il a des ponts, & reçoit au Bec de Sciſſe la riuiere de *Branſle*, qui prend ſon origine à deux lieües de Vandoſme, paſſe à Chaſteau Renaud, & à Vernon, & toutes deux ſe iettent dans le Loire prez de Vouuray à trois lieües de Tours. *Sciſſe, r.*

La Iournée de Tours en l'an 730. où Charles Martel auec vne poignée de François renforcez du bras de TOVRS.

Bataille de Tours. Dieu combatit vne armée de quatre cens mille Sarrasins, & en tua trois cens & soixante quinze mille sur les bords du Loire, apres auoir tellement disposé ses soldats, qu'ils auoient les ennemis en teste, & la riuiere à dos, contraints de vaincre ou de mourir, de se baigner dans le sang des Infideles, ou de se noyer dans les eaux de ce fleuue : les portes de Tours leur estans fermées, & les aisles gardées par des compagnies de ses ordonnances pour tuer les fuyards, peut seruir d'instruction aux Generaux d'armées, qu'il n'est rien d'inuincible à ceux qui entreprennent la guerre sous les estandars de la Iustice pour les interests de la Patrie & de la Religion. Les Conciles tenus à Tours pour la conseruation de l'esprit de l'Eglise, peuuent auantageusement former les mœurs d'vn Ecclesiastique, & luy faire connoistre quels ont esté les sentimens & les pratiques de nos Ancestres, les fidelles executeurs du Testament du Fils de Dieu, qui nous ont communiqué sa parole & son sang. Les Religionnaires de nostre temps, qui ont receu le nom d'Huguenots d'vn Lutin, qui infestoit de nuit les ruës de Tours, qu'ils nommoient le Roy Hugon, comme ils ont puisé leur doctrine du Prince des tenebres, & comme ils ont infesté le Royaume par leurs sanglantes reuoltes, & infecté les ames du poison de leurs fausses maximes, verront bien que leurs Maistres n'ont iamais pretendu de leur apprendre la saincteté en brisant les Images des Saincts, & bruslant leurs Reliques, & auouëront que Clouis, Charlemagne & S. Louis, & les autres Rois de cet Estat n'estoiét pas de leur sentiment, quand ils mettoient leurs Couronnes sous les pieds de S. Martin, & qu'ils cherchoient la prosperité de leurs subjets & la victoire de leurs armées sur la cendre de son sepulcre. Les peuples y apprendront aussi que le bonheur des familles depend de leur fidelité, comme la seureté des villes depend de leur obeissance au Souuerain; puisque la ville de Tours s'est tousiours conseruée dãs la possession de ses priuileges par l'affection qu'elle a tesmoigné à ses Princes legitimes, comme à Charles VII.

qu'elle receut, quand il fut chassé par l'Anglois de sa propre maison : comme à Henry III. quand les Parisiens se reuolterent contre son authorité, & l'obligerent de sortir de leurs murailles, pour aller chercher à Tours l'asseurance qu'il ne pouuoit trouuer ailleurs, & y mettre vn Parlement pour l'administration de la Iustice, qui ne pouuoit estre fidelement renduë parmy des peuples preoccupez de passion ou d'ignorance : & enfin comme à son successeur Henry IV. lors qu'ils aymerent mieux estre en danger auec l'honneur de ses bonnes graces, qu'en seureté separez de son party. En vn mot, il n'y a ville en France plus agreable : mais il en faut sortir, & suiure l'eau du Loire, qui passe sous vn beau pont de dix-huict arcades, diuisé en deux par vne Isle couuerte de maisons.

Nous auons neantmoins assez de temps pour voir à deux lieuës au dessous de Tours sur les bords du Loire vn rocher creusé, d'où sortent des gouttes d'eau, qui forment plusieurs figures, les vnes rondes, les autres longues, & semblables à des amandes, qui sont neantmoins toutes fort blanches & polies, ressemblans à la dragée; ce qui a souuent trompé dans les festins ceux qui n'y prenoient pas bien garde. Pres de Colomiers, à deux lieuës de Tours, sont aussi quelques cauernes où l'eau se glaçe au cœur de l'Esté.

A grand' peine estes-vous hors de la ville, que vous rencontrez vn bras du *Cher*, qui s'attachant au Loire pres du Plessis, & vn autre à Linieres, fait l'Isle de sainct Cosme, où est enseuely Ronsard le Prince de nos Poëtes, auec Berengarius que nos Religionnaires suiuent en ses erreurs, & qu'ils ne veulent pas neantmoins imiter en sa penitence. Vous trouuez sur la droite *la Choisille* & la *Bresne* deux petites riuieres qui viennent se ietter dans le Loire, deuant que le Cher l'ait abordé. *Choisille, r.* *Bresne, r.*

LE CHER.

LE CHER est vne grande riuiere nauigable, plus dangereuse que le Loire en ses desbordemens, pour changer souuent de lict, & si impe- CHER, R.

tuetise qu'vn cheual a de la peine à resister au courant de ses eaux. Neantmoins le ieune Duc de Guise s'estant sauué du chasteau de Tours, où il estoit detenu prisonnier, le passa à la nage, & puis montant sur vn bidet fut conduit à Celles en Berry, d'où il vint à Paris en bonne compagnie. Il prend sa naissance dans les montagnes du Limosin pres de Sauuert, où à peine est-il hors de sa fontaine qu'il reçoit

Tarde, r. *la Tarde* sur les marches du Bourbonnois, qui vient de S. Valerie en Combraille, & le ruisseau *d'Amaron*, qui *Amaron, r.* passe à Neris ville autrefois remarquable, pour auoir esté fondée par l'Empereur Neron, & qui tesmoigne assez par les vestiges des Thermes, des aqueducts, & des autres antiquitez Romaines, qu'elle estoit en consideration parmy ces peuples victorieux. Il descend à Monluçon, renommé pour ses

Cosnil, r. bains chauds, & de là s'en va prendre *Bande, r.* le *Cosnil* qui passe sous Herisson, char- *Aumance, r.* gé de la *Bande*, de l'*Aumance*, de la *Chaut-* *Chaune, r.* *ne*, & de *Treuillies*, quatre petits ruis- *Treuillies, r.* seaux, qu'il va ietter dans le Cher au dessus de *Valligni*. Il gaigne en suitte

Ainay

Ainay le vieil, & s'estant accreu de la *Marnande* il merite d'auoir vn pont à Bruieres sur Cher, vn autre à Chasteau-neuf sur les confins du Berry : d'où il roule iusques à Vierzon sans receuoir aucun accroissement.

Marnãde, r.
pont de Bruieres.
pont de Chasteau neuf.

A Vierzon, dont l'assiete est si charmante que les bois, les vignes, les prez & les riuieres l'enuironnent de tous costez, l'*Eure* vient trouuer le Cher auec plusieurs autres riuieres, qu'elle ameine de Bourges, où elles ont leur rendez-vous. *Vierzon* a pris son nom de *Versio*, pour auoir esté souuent bruslé & renuersé. *Aure* ou *Eure*, comme on le nomme vulgairement, vient de dessous S. Soulanges, des estangs de Poligny, & de Saugy, passe à S. Germain & entre à Bourges du costé de S. Priué, où elle se diuise en trois branches, dont l'vne entre dans la ville & la trauerse, pour se rendre dans les fossez, la nettoye, & sert aux Teinturiers & aux Taneurs pour les ouurages de leur mestier. La deuxiesme coule le long des fossez, & la troisiesme qui est la grande Eure passe au dessus du fauxbourg de S. Pierre.

Vierzon.
Eure, ou Teure, r.

Auron, r. L'*Auron* vient de Valigny, passe au pont de Chargis, où il reçoit vn ruisseau, qui vient d'aupres de Chalancy, puis au pont D'Is, à Dun le Roy, à S. Denis le Palin, & à Bourges, il entre dans l'Eure au dessus de S. Sulpice, depuis lequel lieu elle a esté renduë nauigable, parce que toutes les riuieres y sont assemblées, & fait des marests vers le chasteau de la ville.

Molon, r. *Molon* petite riuiere sort d'aupres d'Aucheres au dessus de Quantilly, passe contre Moret, entre dans l'Aure à Bourges du costé de S. Priué.

Aurette, r. *Aurette* vient d'aupres de Charly, passe à Soubize, à Crosse, & Sauigny, trauerse au milieu de Bourges, & se va ioindre à l'Eure.

Colin, r. Tripaude, r. *Colin* petit ruisseau chargé de la *Tripaude*, passe par Maubranche, & proche de Moline, laue les murailles d'Aiis d'Angillon, ville tres ancienne, & entre dans l'*Aurette* aux portes de Bourges. Les autres riuieres sont

Azin, r. Choestre, r. *Azin*, qui passe à Auuery, Vorné, & Crosses: *La Choëstre*, qui vient de l'estang de Cian, & ces deux entrent dans l'Eure au dessous de Sauigny.

L'Ouatier, r. *L'Ouatier*, qui vient des fontaines de

Rian, auec plusieurs ruisseaux qui naissent des fontaines de Biou.

Tant de riuieres & de marests qui enuironnent la ville de BOVRGES, estant fort larges & profondes, la rendent si forte qu'il faudroit trois armées pour la bloquer, l'vne à la porte Bourbon, l'autre au pont d'Auron, & la troisiesme à celle de S. Priué. Aussi s'est elle tousiours preualuë de l'auantage de son assiete, & Vercingentorix Chef des anciens Berruiers eut bien le courage de resister à Iules César, & de s'opposer à toutes les forces de son Empire. La ville neantmoins fut prise par ce vaillant Capitaine, à qui rien n'estoit imprenable, & quarante mille Gaulois y perdirent la vie pour rendre la Pourpre de cet illustre Empereur plus esclattante & mieux teinte du sang des ennemis. Elle est outre cela deffenduë de quatre-vingt tours, sans conter la grosse tour qui luy sert de rampart du costé qu'on y peut aborder à pied sec, & qui vaut autant ou plus qu'vne forteresse : Aussi n'a-elle point sa pareille ailleurs, quoy que les tours de Noremberg basties contre les

BOVRGES.

portes, la tour de Constance, & celle d'Aiguesmortes en Lãguedoc semblẽt en approcher. Elle est de figure ronde, elle a trois toises d'espaisseur en oeuure, elle est bastie de grosses pierres taillées en pointes de diamant; ceinte d'vne muraille, & des fossez qu'y fit faire Philippes Auguste, & si esleuée qu'on descouure aisément du haut estage les campagnes quatre lieües à l'entour.

BERRY. BOVRGES est la Capitale du Berry, vne des bonnes Prouinces de France, fournie de toutes les choses necessaires à la vie humaine: où les plaines sont riches de moissons, le pendant des collines est couuert de vignes, les pasturages font de bonnes chairs, les forests voisines donnent des liévres & du gibier en abondance; les riuieres & les estangs nourrissent de bons poissons, & quantité d'oyseaux sauuages, les jardins portent des herbes & des fruits pour les tables, les moutons sont couuerts de laines fines, dont les habitans font vn grand trafic, & les anciennes Armoiries de la ville de Bourges sont vn Mouton.

Ie ne parle point de la fontaine medicinale, qui est au faux-bourg de S. Priué, où l'on void tous les matins d'esté force biberons se saouler d'eau contre le calcul & la pierre, ny de l'Eglise Cathedrale de Bourges dediée à S. Estienne, dont la voûte est supportée de cinquante-neuf piliers, embellie de plusieurs riches sculptures, non plus que de la Sainte Chapelle bastie par Iean Duc de Berry frere du Roy Charles V. où il est enseuely auec cet Epitaphe; Iean fils, frere, & oncle des Roys de France, nepueu de l'Empereur, Roy de Bourges, Duc de Berry & d'Auuergne, Comte de Poitou. Ce qui est de plus remarquable en cette Eglise sont les vitres, à trauers lesquelles les rayons du Soleil ne peuuent penetrer, qui est vn excellent secret.

C'est de là que l'Eure, ou Yeure, continuant son cours, va moüiller Meun sur Yere, & s'estant accreüe du *Beranjon, ou Barageon*, qui descend de Neufui, elle se va perdre dans le Cher à Vierzon, comme i'ay desia dit.

Mevn sur Yere.

L'*Arnon* riuiere portant bateau, qui *l'Arnon, r.*

prend sa source aupres de Chasteau-mellant, & passe par S. Hilaire, Ligniers, S. Ambrois, Charroux, saint George : le pont de Sou entre aussi dans le Cher au dessus de Verzon, mais elle y entre accompagnée de la *Cynaise*, qui passe au pied de l'ancien chasteau de Rizay, du *Theo*, & de *Tournemine*, qui s'assemblent pres Issodun, la seconde ville Royale du païs de Berry, & l'vne des vingt qui furent reduittes en cendres en vn seul iour par les anciens Gaulois, pour affamer l'armée de Cesar. Elle est forte, bien murée, & deffenduë d'vn bon chasteau, enuironné de fossez profonds, qui sont remplis des eaux de la riuiere *Theo*, conduites par vn canal destaché de la riuiere. *La Tournemine* a son cours opposé aux autres riuieres, qui se poussent presque toutes vers le Couchant, ou le Midy, & celle-cy se porte à l'Orient, d'où vient qu'elle est nommée *Tournemine*, comme ayant son port, son canal & son cours mal tournez. *Le Theo*, ou *Theols*, a sa source en vn lieu nommé Fontheols à quatre lieües d'Issodun.

Cynaise, r. *Theo, r.* *Tournemine, r.*

Le Cher chargé de toutes ces despoüilles, desçẽd à Menestou sur Cher, & à Selles en Berry, & va prendre *la Saudre* à son emboucheure, entre Selles & le pont de Saudre. *La grande Saudre*, riuiere de la haute Sologne, portant bateau, passe par Concressaut, Clermont, Brinon, Pierre-fite, Saintgenoux, Salebris, Romorantin; le long de Pruniers, au pont de Saudre, & entre dans le Cher. Elle reçoit plustost sur son chemin la *Neerre* pleine d'escreuisses, qui vient vne lieuë au-dessus d'Aubigny, passe dedans la ville, & au dessous de Clermont se rend au Cher. Pareillement la *petite Saudre*, qui vient des égousts des estangs qui sont au dessus de Soësme, entre dans la grande Saudre, & ne coule pas plus de deux lieuës. La *Reze* aussi, qui vient d'aupres le Precy le Chetif, & passe par Nançay, par Ardeloup, par ville Seruer, se vient rendre dans la grande Saudre à Romorantin. Pour le *Poson*, il prend son cours à Vatan en Berry, & le continuë par Crassay, par d'Vn le Poilier, par S. Cecile, par Premery iusques dans le Cher au dessous de

La grãde Saudre, r.

Pont de Saudre.

Neerre, r.

La petite Saudre, r.

Reze, r.

Poson, r.

Nahom, r. Moton, r. VATAN.

Meusne, où il se perd auec le *Nahom* & le *Moton* deux autres petites riuieres qu'il a pris, l'vne de Creux en Berry, & l'autre de Lucay. VATAN, dont i'ay parlé, fut vne des premieres villes qui se sousleua durant la minorité du defunct Roy, par la temerité du Seigneur de Vatan, qui fut forcé dans son chasteau par la Morliere Lieutenant du Grand Preuost, & condamné par Arrest du Parlement, & executé à mort dans la place de Greve. On dit qu'ayant la liberté de se sauuer estant à Paris, ses amis ne luy chantoient autre chose aux oreilles, sinon qu'il se souuint de son nom, c'est à dire, Va-t'en, & qu'il se retirast: ce qu'ayant negligé, il perdit l'honneur & la vie, & merita d'auoir cet Epitaphe qui luy fut fait par vn Poëte du temps.

Icy gist par grande folie
Vn Gentilhomme de renom,
A qui il a cousté la vie
Pour auoir oublié son nom.

De sorte que le Cher paroist sur les confins du Berry & de la Touraine comme vn gros fleuue digne de l'alliance du Loire, & qui peut accroistre ses eaux d'vne moitié. On le respecte comme vn des riches ornemens de la Prouince, qui entretient le commerce & engraisse les terres, & on redoute plus les effets de sa cholere, & ses debordemens que les foudres de l'air. Les quatre grands ponts qu'on luy a esleuez, auant qu'il soit venu à Tours, *à S. Aignan*, *à Montrichard*, *à Chenonceau & à Bleré*, seroient autant de Diademes, ou d'Arcs de triomphe consacrez à sa puissance, si nous persistions dans l'aueuglement de nos premiers Ancestres, qui reconnoissent vne diuinité dans les riuieres: Et les autres trois ponts, que les habitans de Tours luy ont dressé deuant leur ville, pour la commodité, à sçauoir le pont de *S. Auertain*, le pont de *Cher*, & le *Pont-neuf*, ne sont-ce pas des preuues asseurées de sa grandeur, & des marques infaillibles du besoin qu'ils ont de ses passages?

Pont de S. Aignan. Pont de Montrichard. Pont de Chenonceau. Pont de Bleré.

Pont de S. Auertin Pont de Cher. Pont-neuf.

La ville de S. AIGNAN a quitté le nom de chasteau d'Hagand pour porter la qualité glorieuse du Saint dont elle a ses reliques, qui luy seruent d'vn rempart plus auantageux contre les puissances inuisibles, que ne font ses murailles & ses fossez contre les ennemis d'vn Estat.

MONT-RI-CHARD.

MONTRICHARD est vne place moderne deffenduë d'vne grosse tour carrée, & bornée d'vn costé des rochers & des bocages, & de l'autre d'vne agreable prairie. Foulques Comte d'Anjou la fit bastir sous le Roy Robert pour se deffendre contre les efforts des Seigneurs de Saumur & de S. Aignan, qui couroient ses terres à la faueur du Comte de Champagne.

CHENON-CEAVX.

Le Chasteau Royal de CHENON-CEAVX a esté basty sur vn pont, & enrichy de marbres anciens par la Reyne Catherine de Medicis, qui les fit apporter d'Italie, entre lesquels on estime particulierement la statuë de Scipion l'Africain. Pour *Bleré* ce n'est qu'vn bourg, d'où le Cher qui passe sous son pont, s'en va costoyer la ville de Tours, & se ioignant au Loire par deux bras détachez de son canal il fait deux Isles, auant que d'y ietter toutes ses eaux, & d'y perdre son nom vis à vis d'Ingrande, au dessus de trois Volets.

L'INDRE.

LE Cher ne s'est pas si tost perdu dans le Loire, que l'INDRE veut suiure sa fortune deux lieües au dessous, apres auoir trauersé le Berry, & parcouru le plus beau pays de la Touraine. Sa source est proche de S. Seuere en Berry: son chemin est à la Chastre, à Ardente, à Chasteauroux, à Meun sur Indre, à Chastillon sur Indre, à Loches, à Cormery, à Monbazon, à Azay, & ses voyages se terminent au Loire. Ses ponts plus remarquables sont à Azay, au pont de Ruan, à Artanes, à Mons, à Monbazon, à Esure, à Cormery, à Loches, au Bridore, à Chastillon, à Palluau, à Buzançois, à Meun, & à Chasteauroux. Les ruisseaux ou petites riuieres qu'elle va recueillant des pays où elle passe, sont le *Couard*, qui vient de Creuant, & se rend à Mont-porret. La *Clere* ou le *Clery*, qui prend son nom de la clarté de ses eaux, passe par Herueaux proche de Chastillon, & fait la separation de la Touraine & du Berry. *L'Indrois*

L'INDRE, R.

Ponts de l'Indre.

Couard, r.

Clery, r.

l'Indrois r.

qui n'a pas plus de sept ou huict lieües de cours depuis Cloué sur les bornes de ces deux Prouinces où il naist, iusques à Azay le Chetif, où il se perd.

L'Eschandon, r.

L'Eschandon est encore beaucoup moindre, & se vient rendre sous le pont d'Esure. Si l'*Indre* fait quelque bien, elle fait beaucoup de mal; elle sert à la nauigation & au commerce, mais elle est dangereuse à cause de ses mauuais passages : & c'est vn prouerbe aussi commun que veritable,

L'Indre a tous les iours sa proye,
Chaque iour quelqu'vn s'y noye.

CHASTEAVROVX.

Quant aux villes basties sur les bords de l'Indre, CHASTEAVROVX est vne des belles terres de France au pays de Deols, erigée en Comté par le Roy Charles IX. tant pour son estendüe, où l'on compte douze cens fiefs qui en dependent, qu'en faueur de feu M. le Mareschal d'Aumont, Cheualier des Ordres du Roy, & son Lieutenant és pays & armées de Bretagne, & du Seigneur de la Tour-Landry. Elle est auiourd'huy possedée plus glorieusement par Monseigneur le Prince de Condé, qui l'a acquise des heritiers desdits ſieurs d'Aumont & de la Tour-Landry.

LOCHES a trois baſtimens fort ſuperbes, l'Egliſe pour Dieu, le Chaſteau pour le Prince, & la Tour pour les priſonniers d'Eſtat. L'Egliſe eſt vn edifice merueilleux en ſa hauteur, en ſes voûtes, en ſes deux clochers, en ſes trois piramides qui portent leurs pointes bien auãt dans les nües, & particulierement pour la matiere de tout l'ouurage, qui eſt de pierres de taille iuſques à la couuerture. On y void le tombeau d'Agnes Surelle, ſurnommée par excellence la belle Agnes, pource qu'entre les plus belles elle eſtoit la plus belle, dit Monſtrelet, qui engagea ſi fort l'eſprit & le cœur de Charles VII en ſes beautez, que ce Prince autrefois ſi ſage & ſi vaillant, n'auoit point d'autres penſées, ny d'autre ambition que de poſſeder les bonnes graces de ſa maiſtreſſe. Les vertus ſont meſlées auec les vices, il eſt plus ayſé de porter l'aduerſité que la proſperité, le vin enyure, & l'eau attrempe, & les plus noires écliplſes ſe ſont connoiſtre dans les plus grandes

LOCHES.

lumieres. L'effigie de cette Dame est d'vn beau marbre, trauaillée auec tant d'artifice, qu'elle sert d'estude aux plus excellens maistres, qui sont en peine de prononcer lequel est plus parfait, l'original de la Nature, ou le portrait de l'art. Ces deux Anges qui supportent l'oreiller où repose sa teste, & les deux Agneaux qui sont à ses pieds, ont plus de rapport à son nom qu'à ses mœurs.

Le chasteau est d'vne telle estenduë, si admirable en sa structure, si agreable en son assiete, & si fort en ses defenses, qu'il n'a presque point son pareil dans le Royaume. Le Roy d'Angleterre, à qui la fortune rendoit aisées les choses, que la Nature sembloit auoir faites comme impossibles aux autres, auoüa que cette forteresse estoit imprenable, estant esleuée sur vn rocher, entourée de tous costez de precipices, flanquée de grosses tours & de grands bastions, n'ayant qu'vne auenüe du costé de l'Orient, encore est-il si bien fortifié qu'il est fort difficile d'en approcher autrement que des yeux. Il y a quelques années que Pontbriant Gouuerneur de Loches, voyant quelques endroits dans le chasteau où il y auoit des portes de fer dont les clefs ne se trouuoiēt point, il les fit ouurir. Plusieurs entrerent auec des flambeaux allumez, qui vinrent bien auant iusques à vne autre porte de fer, qu'ils ouurirēt auec beaucoup de peine. A l'ouuerture ils apperceurent vne longue allée taillée dans le roc, qui les mena dans vne chambre carrée, pratiquée pareillement dans le roc, au bout de laquelle estoit vn homme assis sur vne grosse pierre, soustenant sa teste appuyée sur ses deux mains comme s'il eust dormy, auec vn petit coffre de bois à son costé plein de linge fort blanc, & plié proprement: mais tout ce meuble fut reduit en poussiere deslors qu'on y toucha, & l'air dissipa ce corps, excepté la teste & les ossemens, qui faisoient foy de sa grandeur prodigieuse.

La grosse tour, auec son donjon, sert de prison aux personnes de qualité que les Rois veulent tenir en seure garde. Ludouic Sforce Duc de Milan, qui fut pris par les François en la bataille de Nouare, y fut enuoyé prisonnier, & mis dans vne cage de fer, où il mourut pour satisfaire aux execrables cruautez qu'il auoit exercées sur les pauures François qui s'en alloient à Rome pour gaigner le Iubilé, & qui au lieu d'Indulgence pleniere souffroient la peine des pechez qu'ils n'auoient pas commis. On rapporte vne belle parole de ce petit tyran de l'Italie, qui se voyant aux portes de sa prison, s'escria: O fortune, que tu es inconstante, & que tu me fais bien representer diuers personnages! Hier mon ambition n'auoit point d'autres bornes que les limites de l'Vniuers, & aujourd'huy ie perds ma liberté dans vne honteuse prison, apres auoir perdu mon Estat par les armes. Ie commandois il n'y a que trois iours à cent mille hommes, & maintenant ie n'ay pas vn seul valet pour me seruir. Le Cardinal de la Balue Euesque d'Angers fut aussi resserré par le Roy Louis XI. dans vne autre cage de fer, qu'on nomme la cage de Balue. Toutes deux sont longues de dix-huict pieds, larges de six, & entourées de gros

gros treillis de bois couuerts de fer. Ce Cardinal, qui auoit encore plus de raport au naturel des barbares, que la pourpre de son habit n'auoit de cõformité auec la couleur du sang, inuenta ces cages, où il fut le premier renfermé. La France, le pays naturel de la douceur, ne pouuant souffrir les Busiris ny les Amans : & Dieu qui n'est que bonté, faisant retomber les fleches sur la teste de ceux qui les ont decochées contre son image.

Loches & Beaulieu sont deux villes qui sont quasi iointes, & qui de loin ne paroissent qu'vne mesme ville, n'y ayant entre deux qu'vne petite riuiere & vne prairie. Vne grande leuée qui est au milieu, & vn pont sur la riuiere ioint à la leuée, ioignent les deux villes.

L'Abbaye de Cormery est à six lieuës de Loches sur la mesme riuiere. Elle se vante d'auoir nourry le docte Perionius Moyne de S. Benoist, qui a le premier appris à Aristote & à S. Denis, l'vn le Genie de la Nature, & l'autre l'Intelligence de la Theologie, à parler Latin. Ie ne m'arresteray pas

CORMERY, ABB.

plus long-temps sur l'Indre, le Loire s'enfuit, & m'entraisne iusques à la bouche de la Vienne, qui n'est qu'à trois lieües au dessous de celle de l'Indre.

LA VIENNE.

VIENNE, R.

IL nous faut quitter pour vn temps la Touraine, trauerser le Poitou, & entrer bien auant dans le Limosin pour rencontrer la Vienne à sa source, & l'accompagner iusqu'à Cande, où elle se joint au Loire. On peut dire de cette riuiere, qu'elle est semblable à ces vermisseaux qui naissent dans les espines, & meurent dans les roses, puis qu'elle perd son nom & ses eaux dans la Touraine, qu'elle prend dans les montagnes du Limosin, quelques lieuës au dessus de Tarnac; d'où elle descend à *Esmoutiers*, petite ville, où elle a deux ponts de pierre; & de là gaigne saint Leonard, qui se nomme en Latin *Nobiliacum*, pource que la terre fut annoblie par vn de nos Roys, en faueur de saint Leonard le Liberateur des Captifs, & pource que les ha-

Pont d'Emoutiers.

S. LEONARD.

bitans sont affranchis des tailles comme s'ils estoient nobles. Il ne faut que ietter les yeux sur les chesnes & menottes suspenduës de tous costez aux voûtes, aux piliers, & aux portes de l'Eglise consacrée à la memoire de cet illustre personnage, pour reconnoistre qu'il a encore plus de pouuoir au Ciel, qu'il n'en auoit sur terre, & qu'il est apres sa mort en vne plus haute consideration dans l'esprit du Prince Souuerain de l'Vniuers, qu'il n'estoit durant sa vie dans la Cour du Roy de France, qui l'honoroit comme vn Saint, & l'aymoit comme vn Prince de son sang, à ce que disent les gens du pays. Il y a vn pont de pierre sur la Vienne, laquelle commãce à se grossir par les eaux de la *Mode*, qu'elle a desia receuë deuant que d'approcher la ville, & par celles du *Taurion*, qui vient d'vne montagne à costé de Feletin, & passe sous les ponts de Taurion, de Bourganeuf, de Murat, de saint Martin le Vieux, & de saint Prié, & de *l'Aurence*, qui a veu naistre sur ses bords le Poëte Dorat, qui quitta le nom de son pere (*Disne Matin*) pour prendre

Pont de S. Leonard.

Mode, r.

Taurio, r.

l'Aurance, r.

celuy de sa riuiere. De sorte que la Vienne accreüe de ces ruisseaux, & de plusieurs fontaines, qui coulẽt de tous costez, à cause que le pays est fort humide & montagneux, est desia fort enflée quand elle arriue à Limoges Capitale du pays, où elle passe sous deux ponts de pierre au bas de la Cité.

LIMOSIN LE LIMOSIN abonde en seigles, orges, chastagnes, & raues. Les habitans ne sont pas si polis & ciuilisez qu'ailleurs: mais ils sont industrieux, sobres, & mesnagers, semblables à cette sorte de plante qui vient par tout. Comme c'est dans les rochers que croissent les diamans, & aux extremitez de la terre que le Soleil forme les precieux metaux: aussi ie peux dire que c'est dans les plus detestables pays que se font voir les miracles de la nature & de la grace. Quand on parle du Limosin par les Prouinces, on diroit à voir la contenance de quelques delicats, que c'est vne peuplade de sauuages, & vn desert inaccessible, ou vn pays de monstres; & que le seul mot est de ceux dont les Rhetoriciens ſont art, de iamais ne les prononcer qu'auec vne eſpece de correction qu'ils ſe donnent eux meſmes, & apres auoir demandé la permiſſion de le prononcer. Neantmoins c'eſt de là qu'ont eſté tirez trois Papes, Chefs de l'Egliſe Vniuerſelle, & Lieutenans des Eſtats du Fils de Dieu; bon nombre de Cardinaux, quantité d'Eueſques & de Prelats, eminens en eſtime & ſainteté. C'eſt là que paroiſſent tant de Maiſons illuſtres, comme autant d'Aſtres enchaſſez dans leur Ciel, & qu'on void les Vantadours, les Vicomtes de Turaine, les Pompadours, les Cars, les Chaſteau-neufs, & tant d'autres ornemens de noſtre Hiſtoire. C'eſt de là qu'eſt ſorty vn Muret, qui a remis l'Eloquence en ſon Throſne, & appris le langage de l'ancienne Rome aux Romains meſmes; vn Dorat le Directeur des belles lettres, & le Maiſtre du Prince des Poëtes François: vn Fayen excellent Mathematicien, & pluſieurs autres que i'obmets à deſſein, pour ne pas perdre le cours de la Vienne, que i'auois laiſſée à *Limoges*, capitale du Limoſin, ville marchande & populaire,

LIMOGES

Ponts de Limoges.

mais sale & mal bastie, comme si les maisons deuoient auoir du raport auec les habitans. Car les bastimens ne sont que de bois & de terre, comme en plusieurs lieux d'Allemagne, les familles sont sales en leurs meubles & en leur tables, & les femmes sont vestuës si grotesquement, que la simple representation de leurs coiffures, colets, robes, affiquets, postures, démarches, & contenances seroit plus diuertissante aux yeux des estrangers, qu'vne Comedie de Plaute.

Briance, r.

Ruisseau d'Aixe.

Pont d'Aisse, et de S. Iulien.

De Limoges la Vienne continuant sa course, & receuant à vne lieuë de la ville la riuiere de *Briance*, qui vient de S. Vic, & passe par Pierre Buffiere, par Chalucet, & par Solognac ; se va rendre sous le pont d'Aixe, où elle s'accroist d'vn autre ruisseau : & de là elle s'en va moüiller les murailles de S. Iunien, laquelle a pris son nom d'vn saint Hermite dont Gregoire de Tours fait vne honorable mention. Il y a vn pont de pierre. Au sortir de cette petite ville, elle est fauorablement accueillie sur les deux riues de la *Glaue* d'vn costé, & de la *Goëre* de l'autre, qui l'ac-

Glaue, et Goere, r.

compagnent iusques à *Chaban*, où ayant encore franchy les ponts, elle gaigne ceux de *Confolans*, comme qui diroit le Confluent de deux riuieres, la *Garane*, qui vient de Rochoüard, & la Vienne, qui trauerse le Limosin. Ie m'oubliois de dire que *Chalucet*, & non pas Chalus, est le lieu où s'enfuit le Gendarme qui trouua sous terre l'an 1199. vn grãd thresor, à sçauoir les images d'vn Empereur, de sa femme & de ses enfans assis à table, le tout de fin or. Richard Roy d'Angleterre en ayant eu le vent assiegea la place, mais cõme il s'approchoit trop pres des murailles il fut blessé d'vn coup de fleche au bras gauche. L'animosité luy faisant poursuiure le siege, il ne tint conte de sa playe, qui s'empira n'estant pas bien pensée. Il prit la ville, mais l'homme qu'il cherchoit s'estant sauué, il ne peut prendre le thresor qu'il poursuiuoit, & au contraire la mort le prit : laissant auec la vie vn illustre exemple de la vanité des biens du monde.

Garane, r.

Pons de Chabanes, & de Confolãs.

De Confolans on suit la riuiere à *Auaille Poiteuine*, où depuis quelques années les Medecins ont découuert

Põt d'Auaille.

vne fontaine, qui porte le remede auec son eau aux coliques, aux douleurs d'estomach, & à d'autres maladies. On passe encore icy sur vn pont, aussi bien qu'à l'Isle Iourdain, qui n'en est qu'à trois lieuës. Ce lieu est ainsi nommé, pource qu'effectiuement le Chasteau est basty dans vne Isle que la riuiere forme au milieu de son sein. De l'Isle on vient à Lussac, on costoye à la gauche la parroisse de Ciueaux où l'on void vn si prodigieux nombre de tombeaux de pierre dans vn grand champ, qu'on les prendroit pour vn ouurage de la Nature plustost que de l'Art, si ceux du pays ne tenoient par vne tradition fort memorable, qu'à cette sanglante Iournée où Clouis deffit les Gots, tous les soldats François, qui moururent pour vne si iuste cause à l'honneur de leur Prince, & dans les interests de la Religion, furent inhumez par le ministere secret des Anges, & leurs corps couuerts de tombeaux taillez de la main de ces Esprits bienheureux, les Tutelaires de nostre armée. On y monstre aussi le Pas de la Biche, où Clouis passa la riuiere à gué,

Cimetiere de Ciueaux.

ſous la conduite d'vne Biche, qui ſortit des bois pour luy ſeruir de guide. On paſſe encore le pont de Chauuigny, auant que d'aborder à Senon, où l'on trouue le Clain.

Pont de Chauuigny.

LE POITOV eſt vne des belles Prouinces de France, qui a pour bornes le Berry, la Touraine & la Marche du Limoſin au Leuant, la Bretagne & l'Anjou au Nort, l'Angoumois & la Saintonge au Midy, & la mer Oceane au Couchant. Le Pays eſt tres fertile en bleds, en vins, en lins, & en laines. Il a du beſtail, du poiſſon, de la volaille, & du gibier. On peut dire que c'eſt le Paradis corruptible des hommes. Auſſi tient-on que la Prouince fut nommée *Pictauia*, pour eſtre peinte de verdure, & couuerte d'arbres, de fruits, & de moiſſons, l'original du plus riche paiſage que l'Art puiſſe imiter.

POITOV.

Les habitans des bonnes villes y ſont francs & courtois, comme ſi tout le venin de la ſocieté ciuile s'eſtoit reſſerré dans les viperes, qui s'y prennent en grand nombre pour la confection de la Theriaque. le neveux pas nier que le paiſan n'y ſoit rude & malicieux, & plus verſé dans les ruſes de la chicane, que tous les Clercs d'vn Greffe. On le diuiſe en haut & bas Poitou.

Poitiers La ville capitale eſt POITIERS, ſi vaſte en l'enceinte de ſes murailles, qu'il n'en eſt point de ſi grande en France apres Poitiers ; & qu'il n'eſt point beſoin de ſortir hors des portes, pour voir des prez, des vignes, & des champs. C'eſt pour cette raiſon que l'Empereur Charles-Quint la nommoit vn grand village, comme il appelloit Tours le iardin, Orleans la ville, & Paris le grand monde de France. Sa ſituation eſt en partie vers le Couchant, qui eſt l'endroit qu'on nomme la Tranchée, partie ſur la croupe d'vne large colline, renfermée de la riuiere du Clain, des eſtangs, & des mareſts, qui la rendent preſque inacceſſible : quoy que les baſſes ruës ſoient commandées des hauts rochers qui l'enuironnent de tous coſtez, comme vne ceinture. L'Admiral Coligny qui ſçauoit de quelle importance eſt cette ville ; pource qu'elle fait la loy à tout le pays circonuoisin, & qu'elle est assise au cœur de la France, en vne Prouince abondante en toutes sortes de fruits, l'assiegea pour les Religionnaires l'an mil cinq cens soixante-neuf : mais ses entreprises furent vaines, & ses efforts inutiles, tant par le courage des assiegez, que par la prudence du Duc d'Anjou, qui fit quitter le siege de Poitiers à l'Admiral pour venir au secours de Chastelleraud, qu'il auoit inuesty. Le docte Scaliger disoit que les autres villes n'estoient que le corps & les membres; mais que Poitiers possedoit l'ame & l'esprit du Royaume. Ce fut elle qui ouurit ses portes aux fuyards, & la terre de ses Eglises aux Seigneurs & Gentils-hommes qui furent tuez en la Iournée de Poitiers, au Pas de Maupertuis, où le Roy Iean fut fait prisonnier auec Philippe son second fils, & vn grand nombre de Princes. Cette deffaite auint l'an mil trois cens cinquante-six, le dixneufiesme de Septembre, qui fut suiuie d'vne infinité de confusions. Iean auoit tout l'auantage par dessus Edoüard Prince de Galles, le nombre, la force, le lustre, le pays, le prejugé, & l'eslite de caualerie, lors estimée la meilleure de toute l'Europe; Edoüard n'auoit pour soy que la necessité de vaincre ou de perir. Mais nostre Roy auoit oublié que ce n'est pas le cheual ny le Cheualier qui sauue l'homme au iour de la bataille.

Clain, r. Le *Clain*, qui moüille le pied de ses murailles, tire son origine d'vn village nommé Boëre sur les marches du Poitou, entre Charoux & l'Isle Iourdain, & coule si doucement, qu'on diroit que ses eaux sont croupissantes. On la rendu nauigable depuis le lieu de sa ionction auec la Vienne, iusques à Poitiers par le moyen des chaussées: aussi est-il assez profond depuis qu'il a *Vonne, r.* receu la *Vonne*, au dessous de Viuonne, qui vient de l'Abbaye des Chasteliers, passe par Menigouste, par Sansay où elle a vn pont de pierre, par Lusignan, dont le chasteau somptueux & magnifique fondé par la fameuse Melusine, fut démoly durant les troubles: Et *Viue, r.* la *Viue*, qui vient de Mesle s'allier auec la Vonne; & de cette alliance est née Viuonne, pour estre assise sur la jonction de ces deux petites riuieres. Le Clain, encore accreu de la *Clouëre*, qui se descharge dans son canal presque à l'opposite de la Vonne, ayant franchy les marches du Limosin, d'où elle a son origine, & du *Miossan*, qui vient de Noüaillé, auec quelques autres petits ruisseaux, lesquels bien qu'ils n'ayent point de nom, ne laissent pas pourtant d'auoir de l'eau. Les mieux versez dans l'Histoire de l'antiquité nous veulēt persuader que l'Empereur Clodius passant en Angleterre se seruit de la Noblesse Poiteuine en son voyage, & que pour recompēser leurs seruices, il leur permit de bastir leur ville sur ce tertre où elle est maintenant, au lieu qu'elle estoit autrefois proche de Chastleraud, où se voyent encore quelques vieilles murailles, qu'on appelle le vieux Poitiers, par où le Clain se vient ietter dans la Vienne au dessous de Senon, ou Genon. C'est le dicton du pays:

Au port de Senon
Le Clain perd son nom.

Clouere, r.

Miossan, r.

Reprenans donc le chemin de la Vienne, nous allons à Chasteleraud;

mais auant que d'y entrer nous receuons l'*Aumugne*, qui vient de la Cloistre celebre Monastere de l'Ordre de Fontevraud. Chastelcraud est vne ville assez mal bastie, qui fut erigée en Duché par François I. en faueur de François de Bourbon : mais en recompense on y passe la Vienne sur vn pont superbe, composé de neuf arches, long de cent pas, large de soixante-six, que la Reyne Catherine de Medicis commença, & qui fut acheué par les soins du Duc de Suilly Gouuerneur de la Prouince sous le Roy Henry le Grand. De Chastelcraud, où la Vienne commance à porter de gros batteaux, on nauige iusques au Port de Piles, où se rend la *Creuse* au Bec des deux eaux.

l'Aumugne, r.

Creuse, r.

La *Creuse* naist dans les Marches du Limosin vne lieuë au dessus de Feletin, où se font les tapisseries : de là elle gaigne Aubusson, Ahu, Glenic, Celedunaises, par tout elle a des ponts, & enfin elle franchit Froiselines, pour attraper la petite *Creuse*, chargée du *Veyron*, qu'elle prend à Boussac, & se preualoir de ses dépoüilles. Elle mar-

La Petite Creuse, r.
Veyron, r

che en ſuite auec plus de majeſté, & ſe preſente aux murailles d'*Argenton*, d'où le ſieur de Comines eſtoit Seigneur. Cette Chaſtelenie eſt remarquable par vn chaſteau fortifié de dix tours, ſept grandes & trois petites, ſur l'vne deſquelles, qu'on nomme la tour d'Heracle, ſont grauez ces mots en groſſes lettres, *Veni*, *vici*. Elle vient au Blanc en Berry groſſie de la *Croute* petit ruiſſeau de Berry, qui paſſe par vne ferme nommée le Fau à trois lieuës d'Argenton, & là ſepare le Berry du Limoſin & haut Poitou; & de la *Bouzine* qui porte petits bateaux, & ſe rendant à Iſeure elle prend ſon nom de la grande *Creuſe*, en tirant vers la Haye, dit Grande, à cauſe du grand nombre de riuieres, qui luy viennent de tous coſtez. La plus conſiderable eſt la *Gartampe*, qui ſort de la Marche du Limoſin, des eſtangs de la Commanderie de Maiſommer, & ayant receu le *Vincon*, lequel paſſe à Belac, & prend la *Seue* & la *Baſile* au deſſous, entre Belac & le Dorat, elle arrouſe les murailles de Montmorillon, & celles de S. Sauin, où elle a des ponts, & vient embraſſer

Pōt d'Argenton.

Croute, r.

Bouzine, r.

La grāde Creuſe, r.

Gartampe, r.

Vincon, r

Seue, r.

Baſile, r.

Anglin, r l'*Anglin* au dessous d'Iseure. *L'Anglin*, dont le pays natal est Fleursac en la Marche, & le lieu de son education S. Benoist du Sault, est bien accompagné de l'*Aise* & de la *Blenaise*, ou comme d'autres disent *Bienaise*, & du *Blou*, qui vient d'aupres de Parnat en Berry, passe par S. Suyurain & par Prassat.

Aise, r.
Blenaise, r
Blou, r.

Claise, r. *La Claise* part de Vandeuure, & passe par Mezieres en Brenne, par Orsueille, par Bossay, par Preuilly, & ramasse les eaux du *Brignon*, qui cōtribuë le cristal de ses ondes à l'ornement du chasteau de Paulmy. *La Busse* tire ses commencemens de quelques fontaines qui sont proches de Lodun, & passant par le Bourg de Busse, en emprunte le nom. La riuiere *de Dioson* a sa source vn peu au dessus de l'Abbaye de Mioubec, où elle passe & entoure ses fossez, vient à Moulin-Robert, au gué Rossignol, où est le grand chemin du Limosin à Paris, au Moulin de la Mote & de la Calandriere, où elle fait aller vne forge de fer, vient à la Sale, & se ioint à la Claise au dessus du bourg de Substray. Toutes ces sources s'allās ioindre à la Creuse, ne peuuent-

Brignon, r
Busse, r.
Dioson, r.

tient-elles pas luy donner auec raison le titre de Grande? & cette riuiere n'a-elle pas assez de droict de contester de la preference auec la Vienne, & disputer qui des deux preuaudra?

Dans les riuieres de Claise & Dioson fondent quantité d'estangs, dont les plus considerables sont celuy des Sept-bondes, qui reçoit les eaux de plus de deux cens cinquante autres estangs qui sont au dessus dans l'espace de six grandes lieuës: & quoy que les Sept-bondes soient quelquefois ouuertes, elles ne peuuent fournir à vuider les eaux qui s'y deschargent, à cause dequoy on est obligé parfois de couper la chaussée; & celuy de Picadon qui reçoit les eaux de l'estang de Vignaux, qui est des meilleurs & des plus grands du pays. Ces estangs, auec quantité d'autres, tombans dans la riuiere de Claise, la rendent fort poissonneuse & peuplée de brochets, carpes, perches, anguilles, & autres poissons. Pres du Chasteau de Bouchet il y a vn autre grand estang nommé de la Mer rouge, qui reçoit les eaux de plusieurs autres, & dont le courant apres auoir fait vne lieuë tombe dans vn abysme proche de Salbert en la parroisse de Donadic, où apres auoir coulé deux ou trois lieües sous terre, vient ressortir pres d'vn ruisseau nommé le *Sauin*, & auec iceluy entre dans la Creuse. Au milieu de l'estang, pres du Parc du Boucher, est vne Chapelle bastie auec art, & dediée à la Vierge Marie, qu'on appelle communément Nostre Dame de la Mer rouge, ou de la Deliurance. Les eaux l'auoient renduë inaccessible, de sorte qu'on n'y alloit que par bateaux; mais la chaussée ayant esté remise depuis quelque temps, le passage est aysé, pour ceux qui ont la deuotion de visiter le lieu.

Sauin, r.

MEZIERES est la ville capitale du pays de Brenne, où est le Chapitre de saincte Marie Magdelaine en l'vn de ses fauxbourgs, fondé par Alix de Brabant, autrefois Marquise du lieu. Le chasteau du Marquisat est ancien & fort beau, & la place est à Mademoiselle fille vnique de Monseigneur le Duc d'Orleans, oncle de sa Majesté.

La *Vianne* neãtmoins emporte le dessus, vne lieuë au dessous du Port de Piles on ne parle plus de la Creuze, qui est obligée d'accompagner l'autre en qualité de suiuãte par les lieux où elle passe, dont les principaux sont l'Isle-Bouchard, Chinon & Cande.

L'ISLE-BOVCHARD est assise en vne Isle de la Vienne à trois lieües de Chinon, son chasteau est defendu d'vn costé de la riuiere, & de l'autre d'vn fossé profond : la ville est remarquable par vne grande & spatieuse hale. Elle estoit l'ancien patrimoine d'vne maison où le nom de Bouchard estoit ordinaire aux enfans, de laquelle elle a passé en celle de la Tremoüille par le mariage de Catherine de l'Esté auec Georges de la Tremoüille, Baron de Sully & de Craon, grand Chambellan de Frãce sous le Roy Charles VII. au Sacre duquel il representa l'vn des Pairs du Royaume, & depuis peu elle a esté vendüe au Cardinal de Richelieu, qui estoit capable de gaigner tout vn monde par le plomb de sa teste, & par l'or de ses finances. L'ISLE-BOVCHARD.

CHINON est remarquable par ses grands ponts de pierre, qu'on nomme communément les Ponts de la No- CHINON.

nain, soustenus d'vne infinité d'arcades inegales, & chargées de croix en plusieurs endroits; pource qu'on tient que ce fut vn Lutin, ou quelque Esprit inconnu qui en assit la premiere pierre, & acheua le dessein de l'Architecte qui l'auoit entrepris: le lieu est agreable & charmant, aussi les habitans y sont-ils naturellement rieurs, & presque de l'humeur de Rablais leur compatriote: & Charles VII. l'auoit choisie pour son sejour, quand la Pucelle d'Orleans le vint trouuer habillée en homme, où elle le salüa, bien qu'il se fust déguisé sous l'habit d'vn villageois; comme aussi lors que François Duc de Bretagne luy rẽdit vn des plus solennels hommages qui se soit iamais rendu en France.

Cande. CANDE est vn bourg plus fameux que tous les Amphitheatres de l'ancienne Rome, & que toutes les lices de la superbe Grece, puis qu'il ne s'agissoit en ces lieux & combats que d'vne couronne de laurier, ou d'vne gloire fort legere: mais Cande a esté le champ d'honneur où S. Martin a recueilly en mourant toutes les palmes, qu'il auoit merité par ses victoires : & où apres sa mort les Poiteuins & les Tourangeaux disputerent, qui des deux possederoit son saint corps, Poitiers ou Tours ; Poitiers où il auoit receu les lumieres de l'Euangile, & les premieres marques de Chrestien ; & Tours qu'il auoit gouuerné en qualité d'Archeuesque, & remply de la grandeur de ses prodiges. Mais ceux de Tours gaignerent par finesse, & l'enleuerent de nuict tandis que les Poiteuins dormoient. Le chasteau de *Montsoreau* est ioignant Cande, où la Vienne se vient descharger dans le Loire de toutes les riuieres qu'elle a recueillies par les Prouinces, & particulierement de la *Vede*, qui est la derniere dont il se charge, & qui vient d'Aurigne, passe par Faye la Vineuse, & par Champigny sur Vede. *Vede, r.*

RICHELIEV Duché & Pairie, quoy que pour le Spirituel il responde à Poitiers, pour le Temporel est de l'Anjou, la terre est presque ronde, & peut auoir huit lieuës ou enuiron de diametre, hormis quelques bourgs vn peu plus esloignez. Les terres de S.

Vincent de Mons & la Motte, d'où dependent cinq ou six bourgs, en accompliront le rond. Les principaux lieux fermez sont l'Isle Bouchard & Mirebeau. Ce Duché aboutit à Montcontour, & est à deux lieuës de Lodun & de Chinon. Il n'y a point d'autre chasteau que celuy de Richelieu, qui est fort beau, & conforme à son nom, enrichy des plus rares pieces de l'Art. La ville s'auançoit pour estre vn iour bien agreable, par les soins & aux dépens du deffunt Cardinal Duc de Richelieu, quand la mort, qui rompit ses desseins, interrompit aussi l'ouurage des bastimens, & arracha la truelle & le marteau de la main des ouuriers, en luy arrachant l'ame du corps, & dressa des colomnes sur le tombeau de cet eminent personnage, pour seruir de bornes à l'estenduë de ses conquestes, & au progrez de l'ambition humaine, auec cette Deuise, *Non plus vltra*. La petite riuiere qui remplit les canaux de Richelieu, de la ville & du chasteau, s'appelle *Amable*, & tombe dans la Vede au dessous du chasteau de Champigny au bout des fossez. L'*Amable*

Amable, r. *Champigny.*

pourroit porter batteau en y faiſant quelque dépenſe, & la riuiere de Vede par conſequent. Mais les ſources d'argent eſtant eſpuiſées, il eſt fort probable que les veines de l'Amable ſont pour tarir bien toſt, & que ces hauts pauillons qui compoſoient le corps des maiſons de la ville ne ſeruiront qu'aux arondelles.

On void a Champigny ſur Vede la Sepulture des Ducs de Mont-penſier, dont le dernier fut Henry de Bourbon, qui mourut à Paris l'an 1608. Prince autant regreté apres ſa mort, qu'il auoit eſté chery durant ſa vie. Les ceremonies des obſeques furent belles au conuoy de ſon corps dans la Chapelle de ſes Anceſtres; plus belles en ſon Hoſtel à Paris & en la grande Egliſe de Noſtre-Dame. Incontinant qu'il fut mort, ſon effigie tirée en cire, fut expoſée dans vne ſale ſuberbement parée, auec des ſieges tout autour couuerts de drap d'or, ſemez de fleurs de Lys, pour aſſeoir les Prelats, Seignéurs & Caualiers accompagnans l'effigie, qui eſtoit ſur vn lict de parade, garny d'vne couuerture de drap d'or traisnant de tous costez en terre, & bordée d'hermines mouchetées. Son vestement estoit Ducal, la Couronne d'or en teste, le grand Collier de l'Ordre au col, & les mains iointes reuestües de gands blancs. Il fut seruy durant huit iours auec autant d'appareil, que s'il eust encore vescu; on luy dressoit sa table qu'vn Prelat benissoit, on presentoit les bassins à lauer à la chaire de son Excellence: les plats estoient portez par les Officiers de sa maison, sans oublier le vin, qu'on luy versoit dans vne coupe: on lauoit encore apres le repas, qui se finissoit par les graces qu'vn Prelat rendoit à Dieu, & par la distribution des viandes qu'on donnoit aux pauures. Ainsi ce grand Prince finit sa vie, ainsi la Vienne termine son cours

Entre Cande & Monsoreau
Où ne paist brebis ne veau.

SAVMVR. Nous nous trouuons encore sur le Loire, qui nous porte de Cande à SAVMVR, petite ville assise sur les confins de l'Anjou, mais vne des plus accomplies qui soit en France. Ses murailles auec leurs tours qui s'entresuiuent, arrestent les yeux des spectateurs par leur iuste proportion, & l'entreprise des ennemis par leurs deffenses. Son pont qui est d'vne longueur extraordinaire, car la riuiere y est fort large, & se partage en plusieus branches, a vne place au milieu fort diuertissante pour les promenades, auec des Isles habitées, & vne grande & grosse tour pour la seureté du passage. Ses fauxbourgs qui sont au deçà & au delà du Loire valent de bonnes villes; & mesme il y en a vn renfermé de murailles, & entouré de fossez. La ville est au pied de la montagne, & le chasteau est au sommet. Vous diriez que le Plaisir la choisi pour son lieu de passetemps, & la Force pour sa place d'armes. Son exaltation vous descouure les plus rares beautez de la Nature, & vous fait voir d'vn coup d'œil les riuieres, les prez, les vignobles, & la diuersité des païsages; & son assiete auec ses fortifications, qui commandent sur la ville, la tiennent entre la crainte & l'asseurance.

Les miracles de la Nature sont si communs en France, qu'on les foule aux pieds sans les considerer: commē il m'estoit presque arriué de passer ce ruisseau prodigieux, qui a les mesmes mouuemens que la mer, & son flux & reflux reglé comme celuy de l'Ocean, retirant deux fois le iour ses eaux a leur source, pour les faire couler apres auec profusion. On le void à vne petite lieuë de Saumur au village de Var.

Au dessous de Saumur sur la gauche, vous rencontrez le *Touay*, qui vient d'vn village nommé Vernon en Gastine, passe à Parthenay ville assez iolie de l'ancien domaine du Roy, S. Loup, Heruaux, deux autres petites villes portans titres de Barõnie, S. Generoux, qui fut ruiné par les guerres du dernier siecle, renommé pour ses vins. Il est par tout couuert de ponts de pierre; & en suite il reçoit le *Thoeret*, qui prend sa source à Chiché pres de Bressuire, & vient par Chastillon, où on le passe à gué, & par saint Varens, où il est chargé d'vn pont, se ioindre au Thouay au dessus de Thouars: où le *Thouay*, qu'on passe d'vn costé sur vn bac, & de l'autre sur vn pont, vient moüiller le pied des murailles de la ville & du chasteau.

Touay, r.

Thoeret, r

La Chapelle du chasteau de Thouars est vne des plus belles de France pour son Architecture, bastie & fondée en Chapitre par Gabrielle de Bourbon femme de Louys de la Tremoille, qui taschoit par ses liberalitez & par ses prieres de conseruer la gloire que son mary gaignoit par son courage. De cette illustre Vicôté faite Duché par Charles IX. & Pairie par Henry le Grand releuent plus de mille sept cens vassaux, & son destroit & sa iurisdiction vont iusques à la Bretagne. De Thouars la riuiere descend à Monstreüil Bellay, où le *Thon* vient la trouuer, qui sort de Mauleon, & tient son cours par Argenton-Chasteau; où il reçoit la petite riuiere d'*Olo*, qui vient de Bressuire. La *Diue*, qu'on deuroit plustost nommer la Viue pour la clarté de ses eaux, prend son origine à la Grimaudiere, d'vne fontaine si grosse, qu'à vingt pas de sa source elle fait moudre vn moulin, passe à *Moncontour*, où elle se partage en deux, reçoit le *Gron*, & laue les campagnes ensanglantées du sang des Huguenots tuez en la bataille de Montçontour l'an

Thon, r.

Olo, r.

Diue, r.

Gron, r.

1569. que Ronsard a descrite en ses vers :

Bataille de Mont-contour.

Entre l'vne & l'autre riue
Dessus la plaine de Gron,
De Thoé, & de la Diue,
Se rangent en escadron
Enflez desia de la gloire.
Mais las ! ils ne sçauoient pas
Que ce grand Dieu des combats
Porte en sa main la Victoire.

Les Catholiques n'y perdirent que six cens hommes, & les Religionnaires plus de quinze ou seize mille. Le feu de joye s'en fit non seulement par toutes les bonnes villes de France, mais aussi à Rome, à Venise, à Florence, en Espagne, & par tous les Estats Catholiques.

La *Diue* glorieuse d'auoir veu sur ses bords le party de l'Eglise victorieux de l'Heresie, & le Roy Charles IX. couuert des lauriers, que son frere le Duc d'Anjou luy auoit cueilly dans ses campagnes, continuë sa course tout le long du Lodunois, où elle reçoit le *Matreuil*, qui se forme des fontaines qui sont aux faux-bourgs de Lodun, & se rend au pont S. Iust, & la *Briaude*,

Matreuil r.

Briaude, r

qui vient d'Enguesne, & naist d'vne fontaine, dont la largeur est de plus de soixante pas, & toutes ensemble se iettent dans le Thouay au dessous de S. Iust, & le Thouay dans la Loire au dessous de S. Florent.

Il y a bien plus d'apparence de dire que le chasteau de LODVN a receu les premieres semẽces des palmes que Iules Cesar a raporté dans le Capitole, & que c'est là qu'il apprenoit à gaigner l'Empire de l'Vniuers, en conquestant les Gaules, que de s'imaginer par vne extrauagance insupportable, que Lodun a esté nommé d'vn os, que les ouuriers trouuerent en ses fondemens, comme le Capitole de Rome le fut de la teste d'vn homme. La fondation de ce Chasteau, qui est plus ancienne que celle du Christianisme; le mot Latin de *Iuliodunum*, qui signifie la colline, ou la forteresse de Iulius; les vieilles medailles marquées du coin & de l'image de l'Empereur trouuées dans les ruines du bastiment: le lieu conuenable au logement d'vne Majesté Romaine, la douceur du climat, la bonté du sol, &

LODVN.

plusieurs autres motifs, nous persuadent de croire, que c'est vn ouurage de Iules Cesar, qui luy communiqua son nom, apres y auoir employé ses soins & ses finances. Les Protestans ont eu long-temps cette place, & il sembloit que les elemens & les saisons fussent de leur party, quand le Duc d'Anjou, qui l'auoit assiegée pour le Roy son frere Charles IX. fut contraint de se retirer dés le quatriesme iour du siege, pour reschauffer ses troupes transies de froid, qui estoit bien si aspre, que depuis vingt ans on n'auoit point veu d'hyuer si crüel en France.

Le Loire prodigieusement grossi, pousse ses flots le long de la leuée iusques au *Pont de Cé*, & pour auoir plus de force & plus d'estenduë à l'abord de cette ville, qui porte le nom de Cesar, il prend au port de Sorgue l'*Aution*, qui ne porte aucun bateau, bien qu'il ait deux sources, l'vne de l'estang d'Hommes, & l'autre à Mazieres, & qu' il se fortifie des eaux de *Latan*, qui vient du grand estang de *Rille*, & du *Couesnon*, qui prend sa source à Broc des-

l'Authion, r.

Côuesnon r.

Latan, r.

ſous le Lude,& arrouſe Beaugey, petite ville, où eſtoit autrefois le ſiege Preſidial auant qu'il fuſt transferé à la Fleche, & moüille auſſi les murailles de Beaufort en Vallée. Vne lieuë au deſſous du Pont de Cé, le Loire reçoit toutes les plus claires eaux de l'Anjou qui s'aſſemblent au deſſous d'Angers dans le lict du Mayne, leſquelles luy ſont preſentées à la Bouche du Mayne.

LE MAYNE.

SI nous voulons croire les Angeuins, nous dirons que les Philoſophes ont jetté les premiers fondemens de la ville d'Angers, & que les Troyens l'ont acheuée : les vns luy ont donné les maximes de la Sageſſe, & les autres les ornemens auec les titres de la Nobleſſe. Sa ſituation eſt ſur les bords de la riuiere de Mayne, qui la diuiſe en deux, & ſe va deſcharger dans le Loire à vne lieuë de là. Le pont qui ioint les deux villes eſt fort long & bien baſty, chargé de maiſons des deux coſtez, comme vne grande ruë. Elle eſt la Capitale de la Prouince

LE MAINE.

d'Anjou, vn des meilleurs & des plus delicieux pays de la France, à cause de la grande quantité de riuieres qui l'arrosans de tous les costez, la rendent egalement fertile & agreable. D'où vient qu'elle est embellie de plusieurs chasteaux & maisons de plaisance, où la seule Nature fait voir plus d'agreement dans sa simplicité, que l'art n'en produit ailleurs auec toutes ses inuentions estudiées. Les fromens y croissent en abondance ; ses vins, particulierement les blancs, sont en reputation d'estre des plus delicieux : ce qui a formé les Traittes & les Fermes d'Anjou, pour le trafic qu'en font les marchands du pays ; les grandes & spatieuses forests n'y manquent point ; l'excellent marbre noir & blanc se tire pres de la ville ; l'ardoise y est si frequente qu'on la fait mesme entrer en ouurage de massonnerie, & qu'on foule aux pieds ce qui sert ailleurs pour couurir la teste des plus grands Princes. Elle est riche en pasturages, abondante en poissons, diuertissante pour la chasse, & pleine de gibier. Charles IX. creut faire vn beau present à son

ſon frere Henry III. de luy donner cette Prouince en appennage : & luy meſme eſtant Roy l'aſſigna pour Domaine à ſon frere François : & c'eſt vne couſtume eſtablie en France d'appeller Ducs d'Anjou les cadets de la Maiſon Royale, comme les aiſnez naiſſent & ſont nommez Daufins de Viennois. Les anciens Angeuins ſous le nom d'*Andes* ont eu leurs petits Roys ou Generaux : Le pays a eu depuis ſous les Roys de France ſes anciens Comtes, dont l'hiſtoire a eſté diuerſement recueillie, & la terre a paſſé en pluſieurs mains apres auoir eſté reunie à la Couronne de France, & erigée en Duché & Pairie, iuſques à Henry frere du Roy Charles IX. qui en ioüyſſoit pour ſon appennage, comme i'ay deſia dit.

Quant à l'origine du nom, l'Anjou le tire des peuples qui l'habitoient anciennement. Le nom *Ondecœoua*, qui ſe trouue dans les anciens Autheurs Grecs, parmy les peuples de la Gaule Lyonoiſe, eſt rendu *Andicaui* en la verſion Latine, *Andecaui* par Tacite, *Andegaui* chez Pline, & du vulgaire *An-*

degauenses, ou bien *Andes*, chez Cesar. Aucuns ont creu que l'Anjou a esté appellé Aiguade, à cause de l'abondance des eaux qu'il y a qui entrent dans le Loire, sçauoir *Vienne*, la *Diue*, le *Touay*, le *Layion*, l'*Eure*, la *Guynate*, *Mayne*, *Loir*, *Sarte*, qui portent de gros bateaux : Celle de *Laution*, *Vresee*, *Ondon*, *Irosne*, *Aubence*, *Huye*, *Toure*, sont moindres, auec plusieurs lacs, estangs, & sources d'eau, qui forment de beaux viuiers.

ANGERS. La ville d'ANGERS fut agrandie par le Roy d'Angleterre, & Duc de Normandie, Iean surnommé Sans Terre, tant du costé de l'Orient, où elle estoit premierement bastie, que du costé d'Occident, où il n'y auoit aucun edifice. Louys premier Duc d'Anjou, fils de Iean Roy de France fonda l'Vniuersité, qui estoit si celebre du temps des Conciles de Constãce & de Basle, que les deputez d'icelle ayans esté appellez à ces Conciles, les deputez de l'Vniuersité d'Auignon leur voulant contester la preseance, les Peres l'adiugerent à ceux de l'Vniuersité d'Angers, comme estant plus ancienne &

plus florissante que celle d'Auignon. Et qui considerera le grand nombre des hommes doctes qu'elle a produit pour l'Eglise, pout le Barreau, & pour le Parnasse, auoüera que c'est auec bonne raison que Charles V. dit le Sage, l'a nommée *Fontaine de Science*, preuoyant de ses heureux commancemens la gloire de ses progrez. Henry III. Roy de France n'estant encore que Duc d'Anjou y fit venir François Bauduoin, tres fameux Iurisconsulte, pour enseigner le Droit Ciuil, & restablir l'honneur des belles lettres, qui s'estoit vn peu flaistry par la longueur des temps, & par la nonchalance des peuples. La varieté des Sciences qu'on y enseigne, le sejour agreable de la ville, les beautez du pays, la douceur du climat, & sur tout ses bons fruits, & ses bons vins conuient les estrangers d'y venir estudier, où ils ont experimenté depuis plusieurs années qu'vn verre de la liqueur d'Anjou vaut mieux, & a beaucoup plus d'effet que toutes les eaux de la fontaine du Cheual, qui ne sont agreables qu'aux yeux, encore est-ce sur le papier des Poëtes.

Si Angers s'est acquis quelque re-reputation par les lettres, elle n'en merite pas moins par les exercices de la pieté; & i'ose dire, que si elle est la Maison des Sciences, elle est aussi le Siege de la Religion. On a remarqué qu'il y a vne Abbaye à chacune des portes de la ville, comme vn corps de garde de saintes Intelligences posé pour la seureté des Citoyens: Et de vray, comme les factionnaires en guerre partagent egalement les veilles de la nuict; le temps est si bien compassé en ces maisons d'Oraison, qu'il n'est point d'heure depuis le Soleil couché iusqu'au leuant, qu'on ne commence le Seruice diuin en quelque Eglise, & que les cloches ne sonnent, qui sont les trompetes du Seigneur des armées pour animer le peuple à combattre en priant. On donnoit il y a quelque tẽps pour trois merueilles, les Rogations de Poitiers, la Mairie de la Rochelle, & le Sacre d'Angers. A ne point mentir la Procession qu'on y fait le iour de la Feste-Dieu, est vne des plus augustes ceremonies de ce Royaume, où tous les Chanoines, Curez, Chapelains, Religieux & autres Ecclesiastiques, auec tous les Corps de ville, & tout le menu peuple font amande honnorable le cierge au poing, & taschent par leurs deuotes soumissions de reparer les outrages & les blasphemes, que Berengarius Archidiacre de leur Eglise prononça autrefois contre la verité du Testament du Fils de Dieu, & contre l'honneur de son Corps dans la venerable Eucharistie.

La Cathedrale de l'Eglise de S. Morice, remarquable pour son Architecture, qui n'a point de piliers, & particulierement par ses trois Clochers, dont celuy du milieu, portant sur vn arc sans autre fondement que celuy des autres deux, passe pour vne merueille dans la bouche des maistres, qui se vantent d'auoir veu vne tour suspenduë en l'air, sans estre appuyée sur la terre. Les Roys y sont Chanoines par le seul titre de leur Couronne. René Roy de Sicile & de Ierusalem, dont le sepulchre se void dans l'Eglise, son image peinte de sa main, auec sa couronne & son habit Royal, y mit plusieurs reliques, qui sont dans le Thresor, & qui ne se monstrent qu'aux bonnes festes, sçauoir l'espée de S. Maurice, General de la Legion des Thebeéns, & vne des Cruches, qui seruirent aux nopces de Cana de couleur rouge, & d'vne pierre semblable au jaspe. Il y a plusieurs autres Eglises Collegiales, Paroisses, Chapelles, & Conuents. En l'Eglise de S. Iulien se void vn petit tableau representant la glorieuse Vierge, auec vn inscription, qui porte que l'image est tirée sur le patron de celle qu'on garde à Rome dans l'Eglise de nostre Dame la Grande. On y void aussi la chemise de saint Licinie Euesque & Comte d'Anjou, & plusieurs autres pieces de deuotion.

Hors de la ville sur le bord de la riuiere est l'Eglise de S. Serge, où l'on void deux Autels d'vn merueilleux artifice : l'vn representant la Resurrection de nostre Seigneur, & l'autre la sepulture de l'Assomption de sa Mere. Le Conuent de la Baumete au dessous de la ville, ainsi nommé pour estre basty sur le plan de la sainte Beaume en Prouence, est ie m'asseure plus agreable aux paſſans, qu'à ceux qui l'habitent: & il y a plus de ſatisfaction de le voir & d'en ſortir, que d'y entrer & d'y loger. Son Egliſe, ſon Clocher, ſon Dortoir, tout eſt pratiqué dans le roc: Iugez ſi ce n'eſt pas vne priſon, puiſque les morts meſmes, & les Doctes y ſont aux fers dans vne vieille Bibliotheque, où les liures ſont enchaiſnez.

Quant au chaſteau, place forte & ancienne, les vns en attribuent la fondation aux Princes Angeuins, Roys d'Angleterre; les autres aux premiers Comtes & Gouuerneurs d'Angers. Il eſt poſé ſur vn haut, enuironné de bons foſſez taillez dans le roc, flanqué de dix-huit groſſes tours quarrées baſties d'vne pierre noire. L'entrée en eſt plus facile aux eſtrangers qu'à ceux du pays; encore eſt-ce auec tant de precaution, & aux vns & aux autres, que les ciuilitez des Gardes, qui vous y reçoiuent entre les ponts & les portes, qui ſe leuent & ſe ferment ſur vous, ſont auſſi ſuſpectes, que les complimens d'vn ſergent, qui vous ſaluë à la porte d'vne priſon. Du coſté qu'eſt le precipice ſur la riuiere qui passe au pied, on monstre vne machine, auec laquelle on tire fort aysement vn gros fardeau de bas en haut, se reposant quand on veut, sans craindre que la charge n'eschappe & ne retombe. Les ruines d'vn Amphitheatre qu'on void dans les faux-bourgs, au lieu nommé Grohan, où les Preteurs Romains rendoient leur gouuernement plus doux & supportable aux peuples par les jeux, & par les joustes, qu'ils representoient à l'honneur de leurs maistres, sont des marques certaines de l'antiquité de cette ville. On y trouue aussi par fois quelques vieilles medailles, qui confirment l'opinion de ceux qui pensent que les *Ponts de Cé* furent bastis par Iules Cesar: encore qu'il y en ait d'autres d'aduis contraire, qui soustiennent que Cée est vn mot Allemand, qui signifie estang, pource que la riuiere est fort large en cet endroit, & ressemble plustost à la fosse d'vn estang, qu'au canal d'vne riuiere: aussi les ponts qui la trauersent sont longs d'vn quart de lieuë.

Ie ne veux point icy representer la desroute du Pont de Cé, de peur de soüiller ma plume par le recit de la diuision, que les pernicieux conseils de quelques mauuais Demons auoient formez entre vn fils & vne mere, le plus juste des Roys, & la meilleure des Reynes. Ie me contenteray de dire que les Liguez perdirent cinq cens hommes & quantité de butin; les Royaux n'y perdirent que trente soldats, & nul Gentil-homme de commandement que la Prade Enseigne du Seigneur de Beaurepaire. La ville & le chasteau du Pont de Cé se rendirent au Roy, qui augmenta l'honneur de sa victoire par le traitement fauorable qu'il fit à la garnison en faueur de la Reyne sa mere; luy ayant renuoyé tous les Officiers de sa maison, & mis à part les drapeaux, où estoient les couleurs & les chifres de la mesme Reyne, dont il receut plus de gloire en les reuerant comme des monumens de pieté, que s'il les eust fait seruir à ses trophées. Il sçauoit mesme que la ville d'Angers estoit grandement incommodée de la necessité des viures: laquelle dans peu de iours contraindroit la garnison de se remettre à sa discretion : mais le respect qu'il auoit tousiours eu pour sa mere, luy fit esloigner son armée sans permettre que les fauxbourgs fussent assaillis, ny que le canon tirast contre la ville, qu'elle auoit choisie pour sa seureté, & qu'elle eust trouué entre les bras de son fils à la fin de ses iours, aussi bien que durant les prosperitez de sa vie, si quelque noire Intelligence n'eust point forcé les mouuemens de celuy qui estant Iuste à tout le monde par estude & par vertu, l'estoit à sa mere par inclination & par nature.

L'abord dés riuieres qui viennent se ioindre auec le Meyne au dessus d'Angers, m'a obligé de m'arrester plus long temps en cette ville que ie n'eusse fait, s'il ne m'eust fallu du temps pour cõtempler la beauté de ces eaux, & pour estudier leur origine, leur cours & leur cheute dans le Loire, au lieu dit Bouche-Mayene.

MAYNE, R. MAYNE, ou MAYENE, vient des montagnes d'Alençon, passe par Mayene, Laual, Chasteau-Gontier, Angers, & se iette dans le Loire, fait la separation de la Comté du Mans d'auec la Duché de Normandie, & commence à porter bateaux aupres de Laual. Elle reçoit plusieurs autres petites riuieres en son canal, dont la premiere est *Donfront* à la riue droite, qui luy vient de la forest Dandaine sur les frontieres du Mans & de la Normandie : l'autre est la *Grene*, qui se leue au dessus de S. Aubin fosse-Louuain, sur les Marches de trois Prouinces, du Mans, de la Normandie & de la Bretagne, & vient se ioindre à la riuiere de Mayne, vn peu au dessus de la ville de Mayene. *L'Oeste* & la *Louenne* s'allient ensemble à Maisoncelles, & se iettent en Mayne au dessus de S. Sulpice; *Oeste* qui vient de Brée, & *Louenne* de Chaillon. L'*Ioune* vient au dessous à la mesme riue gauche, & le *Beron* vn peu plus bas dessous Chasteau-Gontier, qui n'a pas plus de trois ou quatre lieuës de cours, & vient de Grez en Boyere. L'*Oudon* se presente à l'autre riue, chargé de plusieurs ruisseaux, qui rendent sa suite considerable & ses démarches majestueuses, comme de la Rincerie, qui a deux sources, l'vne en la forest de Guerche, & l'autre au des-

Domfrõt, r.

Grene, r.

Oestre, r.

Louënne, r.

Ioune, r.

Beron, r.

Oudon, r.

Rincerie, r.

Charrãs, r. sous de la mesme forest. *Charrans*, qui se leue sur les confins de la Bretagne, & se perd dans l'Oudon vis à vis de Chastellais. *Vrezée* se forme de quelques estangs par où elle passe, à Pouance, à la Preuiere, & à S. Michel du bois, & se ioint à l'*Argos*, & l'*Ormée* aussi au dessus du Pont de Segre. L'*Ormée* vient de la forest de Longuenée, & a son cours du Midy au Septentrion, contre le naturel des autres riuieres. L'*Oudon* a sa naissance dans l'estang de Meral, & se pousse sous les ponts de Craoü, de Segre, de Lion d'Angers, & de Grez & de Neufville, ces deux dernieres places estans basties sur les deux riues, & jointes par vn pont.

Vrezée, r

Argos, r.

Ormée, r.

MAYENNE.

La ville de MAYNE ou de MAYENNE, qu'on nomme communément la Iuhais ou Iuhel, d'vn ancien Seigneur du pays, qui viuoit sous le Roy Philippes Auguste, depuis faite Marquisat, & enfin Duché & Pairie, a cy-deuant appartenu à la maison de Guise du nom de Lorraine, & est entrée depuis dans celle de Neuers ou de Mantouë par le decez du dernier Duc de Mayēne, qui mourut sans enfans du coup qu'il receut à l'œil au siege de Montauban. La ville est bonne, assise sur les riues de la riuiere de Mayne, à la main droicte, & y a iustice pour le Roy & pour le Seigneur. LAVAL ancienne Comté possedée maintenant par la Maison de la Tremoüille. CHASTEAV-GONTIER ville Royale, ainsi nommée du nom de son Fondateur, despend de la Duché de Beaumont.

LA SARTE.

LA SARTE vient d'aupres de Molins en la Marche de Normandie, trois lieuës au delà de Mortagne au Perche, & demie lieuë au dessus de ladite Marche. Sa premiere source est vne fontaine nommée Somme-Sarte, entre Soligny & S. Estienne, & passant par Longpôt & la Mesle, separe la Normandie d'auec le Perche, en receuant les riuieres de *Pontpercé & d'Euines*. De Mesle elle passe à Beruille, & vn peu au dessous reçoit encore celle d'*Autreche*, & vient tomber dans les fossez d'Alençon.

SARTE, R.

R. de Pôtpercé, & d'Euines.

Autreche, r.

ALENÇON.

ALENÇON est dans la basse Normandie, ville assise au milieu d'vne campagne fertile & abondante en toutes sortes de grains & de bons fruicts, qui d'vn costé s'estend iusques à la forest d'Escoüis, & de l'autre costé iusques à celle de Perseigne dans le Mayne, estans ces deux forests egalement distantes de la ville vne lieuë & demie. Entre les deux passe la Sarte, qui moüille les murailles d'Alençon, bornée de l'autre costé des prez de Hambon. On y ioüit aussi des eaux de *Briante*, qui entre dans la Sarte sous le pont, & forme dans la ville vne petite Isle à l'entour du Conuent de S. Claire. Il n'y a qu'vne parroisse dediée à Nostre Dame, où sont les tombeaux des Ducs d'Alençon. C'est vn des plus beaux Bailliages de toute la Normandie, qui a le droict & la possession de tenir les Assises en chaque ressort, qui sont appellées Mercuriales. Il y a eu sous les Ducs vne Chambre de Conseil, qu'on nommoit Eschiquier, comme si les procedures de la Iustice humaine n'estoient qu'vn jeu, où les parties sont placées tantost sur le blanc,

Briante, r.

Põt d'Alençon.

& tantost sur le noir, comme il plaist aux Iuges de les rendre heureuses ou malheureuses par leurs Sentences. Cet Eschiquier fut supprimé par la reünion du Duché à la Couronne, & par l'erection d'vn Parlement de Roüen. La terre fut vendüe au Roy Philippes Auguste par l'heritier de Robert d'Alençon: le Roy S. Louis la donna pour appennage à Pierre son quatriesme fils, qui espousa Ieanne fille vnique de Iean de Chastillon, Cõte de Blois, & mourut sans enfans. Le Roy Philippes troisiesme l'assigna depuis à son deuxiesme fils Charles, Comte d'Anjou & de Valois, qui estant monté sur le Throsne la redonna en appennage à Charles son puisné, pour les enfans duquel le Roy Charles VII. l'erigea en Duché & Pairie, qui la possederent auec ce titre iusqu'en l'an 1525. que Charles le dernier Duc estant decedé sans enfans masles, la Duché reuint à la Couronne, dont elle fut encore détachée par Charles IX. en faueur de son frere François, qui mourut aussi sans enfans.

La Sarte portant ses eaux argentines, & semblables à du cristal fondu, hors du pays d'Alençon, se voûte en forme d'arc, & trace comme vn demy cercle pour entrer dans le Sonnois, qui confine à Alençon du costé du Couchant, du Leuant à Belesme, du Midy à Balon dans le Mayne, du Nord à Sées en Normandie, & a pour Capitale la ville de Memers. Elle coule doucement sous les ponts de Iaillé, le Pont-neuf, le Pont de Viuain, Beaumont, & S. Marceau, d'où s'auançant sur les frontieres du Duché de Beaumont, elle reçoit l'*Orne*, qui prēd son origine sur la terre de Soisay, passe à Suré, Origny, le Roux & Peray, où *Diue* la ioint, qui passe par Memers; elle descend à Balon, & toutes deux viennent prendre la Sarte, pour aller auec elle arrouser les murailles du Mans, & remplir ses fossez.

Orne, r.

Diue, r.

PERCHE. Puisque le PERCHE nous est si liberal, & qu'il produit tant de belles riuieres qui rendent les Prouinces fecondes, il est iuste que nous luy rendions quelque espece de reconnoissance par la description du pays, pour enseigner aux hommes la source de leurs

leurs biens. Le nom de ce pays est nouueau, & n'a point de raport aux peuples anciens, nommez *Vnelli*, ou *Aulerci*, compris dans l'estenduë de la Gaule Lyonnoise. Le pays Chartrain & le Vendosmois le bornent au Midy, le Mayne au Couchant, & la Normandie au Leuant & au Nort; d'où vient qu'aucuns rangent les Percherons parmy les Normans, vne partie du pays estant du Duché d'Alençon, qui ressortit à Roüen, & tout le reste estant tellement enclaué en diuers Diocesses, que les habitans de ses villes & paroisses reconnoissent iusques à quatre Euesques, sçauoir de Sées, de Chartres, du Mans, & d'Eureux. Les plus curieux de l'histoire & des Iurisdictions font quatre parties de l'entier pays, sçauoir la terre Françoise, le grand Perche, le Perche-Gouet, & les terres demembrées. La terre Françoise est vn petit ressort separé de la Normandie par la riuiere d'Aure, qui ne reconnoist que le Parlement de Paris. Le grand Perche comprend les villes & Chastellainies Royales de Belesme, Mortagne, la Perriere, & Nogent le Rotrou. Le Perche-Gouet est composé des Baronnies d'Auton, la Bazoches, Montmiral, Alluye & Brou. Les terres démembrées sont Chasteau-neuf en Timerais, Senonches, Bazoches, & Champront, distraites par vne transaction passée entre le Roy & les heritiers du dernier Duc d'Alençon, & erigées en Principauté portant titre de Mantoüe en faueur du Duc de Neuers.

Ce pays est arrousé de plusieurs riuieres, mais les principales qui ont quelque nom, & qui l'abbreuuent en ses deux extremitez sont la *Sarte* & l'*Huygne*, outre lesquelles le L*oir*, *Orne*, *Braye*, *Eure*, & *Aute* y ont leur naissance. Nous auons desia parlé de quelques vnes, & mesme nous auons laissé la Sarte, que nous deuons reprendre au Mans, auant que de suiure le cours des autres.

Le pays du Mayne.

Le pays du Mayne tire son nom des anciens peuples qui l'ont habité, nommez *Cenomani*. Et bien que l'antiquité semble les diuiser en deux, sçauoir *Auderci*, & *Orobÿ*, toutesfois la ville Capitale du pays, nommée le MANS,

& le pays mesme, se raportent si bien à l'appellation plus generale de *Cenomani*, qu'il ne nous faut pas mettre beaucoup en peine à rechercher quels ont esté les autres, pour prononcer s'ils ont esté des peuples differens, ou vne espece de Cenomans, contenus dans la Gaule Lyonnoise. Les doctes personnages qui sont sortis du Mayne, semblent vouloir entrer en contestation pour la gloire de leur patrie auec les anciens habitans de la Grece, qui se persuadoient, qu'estans nez au pays des Muses, ils succçoient la doctrine auec le laict de leurs nourrices, & deuoient estre sçauans sans estude par le seul bon-heur de leur naissance. Si nos Theatres retentissent du nom & des vers de Garnier; Si les Gerbans ont annobly nostre Parnasse; Si Belon nous a descouuert les plus agreables secrets de la Nature; Si les quatre freres du Bellay, Seigneurs de Langey, ont conduit en triomphe, comme sur vn chariot à quatre rouës, les belles lettres qui estoient negligées; Si les Peletiers ont appris aux François de mesler les curiositez de la Mathematique auec les ſpeculations de la Theologie : ſi Heret & Plancius ont taſché de chaſſer les maladies de la Frãce par la force de leurs remedes, nous en auons l'obligation toute entiere à la Prouince du Mayne, qui peut ſe vanter d'eſtre la mere des bons eſprits. Il eſt vray que les Manceaux ont le bruit d'eſtre vn peu trop accorts, & trop ſubtils en leurs affaires, & qu'on dit ordinairement qu'vn Manceau vaut vn Normand & demy; mais outre qu'il n'eſt point de vertu ſi parfaite, qui ne ſoit obcurcie par le voyſinage de quelque vice, comme la beauté du ſoleil a des taches ſur ſon viſage, nous blaſmons pour l'ordinaire ce que nous ne pouuons imiter, & trouuons des deffauts en ce qui eſt au delà de nos forces : Et le prouerbe dont on ſe ſert pour outrager cette nation, a pris ſon origine de certaines monnoyes du Mayne, qui par l'ambition des Comtes valoient vne moitié plus que celle de Normandie, de ſorte qu'on diſoit qu'vn Manceau valoit vn Normand & demy.

La ville Capitale du pays eſt le

MANS, l'vne des quatre Citez dites Rouges, à cause de ses murailles basties de pierres rousses, & de briques si bien iointes, qu'il est pres qu'impossible de les briser. L'assiette en est agreable sur la riuiere de Sarte, qui l'arrouse, & se iette dans ses fossez auec l'Huygne qui se ioint dessous la ville. MANS.

La *Huygne* vient d'aupres de Mortagne sur les confins du Perche, se grossit de deux ou trois ruisseaux entre Maison Maugis, & Boisse Maugis, passe à Condé sur Huygne, où elle a vn pont, descend à Nogent le Rotrou, Capitale du Perche-Gouet, qui fut prise d'assaut par le Comte de Salisbery, & tous les habitans pendus, & depuis reprise par Charles VII. l'an 1449. Ce n'est plus qu'vn grand bourg fort marchand & riche par la manufacture des serges, toiles, & cuirs: la petite riuiere de *Ronne* s'y vient ietter dans l'*Huygne*, pour aller à la Ferté Bernard bastie dans vne espece d'Isle que forme la riuiere, laquelle y reçoit le ruisseau de Belesme & les eaux de la fontaine nommée la Herse salubres & medecinales, coulant entre Belesme *Huygne, r.*

& Mortagne, que les Medecins estiment à l'esgal de celles de Pougues & de Forges. Ce ruisseau se nomme *Mesme*, qui passe en la Calabriere, vient à Bonnay, à Villiers, & à la prairie de Courbes; s'assemble auec vne autre petite riuiere dangereuse la *Nerine*, qui vient de la Chapelle, & passe par S. Germain de la Coudre, tombe dans l'Huygne entre l'Abbaye de la Palisse, & la Ferté Bernard. C'est ce fleuue dont on dit au Mayne, que les bourgeois de ce pays boiuent de bon vin & leurs seruiteurs de mesme. De là elle s'escoule sous les ponts de Pontagene, de Champagne, d'Iuray, & le Pont-Long, iusques à ce qu'elle s'allie auec la Sarte au sortir du Mans, ayans auparauant receu les riuieres de *Comeoches* & la *Iambée* en vn lieu nommé le Moulin Cheureuil. La Sarte ayant ainsi despoüillé la Huygne de son nom & de ses eaux, vient à Alone, la Suze, Noyen, Malicorne, & Pescheuil la plus belle maison du Mayne, accompagnée d'vn gros bourg; Elle prend à la droite la *Sergie*, l'*Erue*, la *Vegre* qui trauerse le pays de

Mesme, r. *Nerine, r.* *Sergie, r.* *Erue, r.* *Vegre, r.*

Charnie, & passe par S. Susanne qui en est le lieu le plus considerable, & se rend à Sablé dans la Sarte, & la *Vergete* au dessous de Sablé. A la gauche elle reçoit encore au dessous de Sablé l'*Enferne*, descẽd sous le pont de Chasteau-neuf, & s'vnit au Loire pour entrer dans le Mayne, au dessus de l'Isle de S. Aubin proche d'Angers.

Vergete, r.

Enferne, r.

Theodulphe Euesque d'Orleans raporte vn estrange prodige de la riuiere de Sarte, qu'il descrit en vers & que ie veux communiquer à mon Lecteur sur la deposition d'vn si grand Personnage. Il dit que de son temps sur le commencement de Feurier, au point du jour la Sarte qu'on passoit sur vn bac prez de la ville du Mans, comme elle est large & profonde, s'entr'ouurit de mesme qu'autrefois la mer rouge, quand elle ouurit le chemin aux Enfans d'Israël pour sortir de l'Egypte, & entrer dans les deserts. Ce spectacle parut si extraordinaire aux yeux de tout le peuple qui accourut au riuage qu'vn chacun ne croyant pas ce qu'il voyoit, pensoit estre charmé, & n'osoit s'exposer au peril passant entre deux murailles d'eau, qui s'esleuoient des deux costez, comme deux grandes digues de cristal pour arrester le cours de la riuiere: Iusques à ce que les plus sages ayans repris leurs esprits, qu'il sembloient auoir perdu par la nouueauté du prodige, & s'encourageans les vns les autres, n'ayans point neantmoins de Moyse en teste, ny de Pharaon en queuë, renouuellerent le fameux passage du peuple de Dieu, & marcherent à pied sec sur le fond des eaux. On voioit les brebis trauerser d'vn riuage à l'autre & tenir la place des poissons, qui auoient esté cõtraints de changer de logis: & les bateliers s'apprestoient desia de prendre la besche & le hoyau au lieu de l'auiron pour bécher la terre, où ils auoient coustume de couper l'eau, lors que tout d'vn coup ces deux grandes leuées d'eau suspenduës de part & d'autre, s'estant creuées comme deux nuées la riuiere reprit son cours, & se remit dans son ancien lict, & le peuple dans son premier estonnement. Cet autheur adjouste, que ce miracle est arriué deux autres fois à la Sarte & à l'Huygne, qu'il nomme *Idonea*.

LE LOIR

QVant au LOIR qui se ioint à la Sarte, & au Mayne, il naist en la parroisse des Cornées dās le Perche, & prend son nom de la fontaine & des estangs de l'Abbaye du Loir, va par les estangs de Cernay pres de Villebon à Illiers, où il prend le ruisseau de *Montigny*, qui sort des estangs de Tiron, descend a Bonneual, où il reçoit vn autre ruisseau nommé *Musuue*, passe à Chasteaudun, où il se preuaut de l'*Yere*, à Cloye, Vandosme, Lauardin, Montoire, la Chatre, Chasteau du Loir, le Lude, la Fleche, Durtal, & l'Isle S. Aubin pres d'Angers, où il se ioint auec la Sarte & le Mayne, & à Bouchemayne trouue le Loyre, en compagnie duquel il va dans l'Ocean Meridional de la Bretagne, ayant l'honneur d'arrouser le pays des Heros & des Poëtes, de ceux qui font les grandes actions, & des autres qui les escriuent, puisqu'outre le Perche où il prend sa naissance, & l'Anjou où il

Loir, R.

Montigny.

Musuue, r.

l'Yere, r.

se perd, il laue de ses eaux la Comté de Dunois & la Duché de Vendosme, l'vne qui a produit Ronsard le Prince des Poëtes François, & l'autre qui est du domaine de cet illustre Prince Henry d'Orleans Duc de Longueville, & d'Estouteville, Pair de France, Comte souuerain de Neufchastel & Valangin, de Dunois, Chaumont & Tancaruille, Prince de Chastel-aillon, Connestable hereditaire de Normandie, le Mars de nostre siecle, digne fils de ce grand Pere Iean d'Orleans Comte de Dunois & de Longueville, grand Chambelan de France, fils naturel de Louis Duc d'Orleans, frere du Roy Charles VI.

DVNOIS. La Comté de DVNOIS prend son nom de la ville capitale, qui est *Chasteau-dun*, assise sur le Loir en vn costau fort esleué, dont le chasteau est fortifié d'vne grosse tour, & les fauxbourgs plus grands & mieux bastis que la ville, auec douze Eglises & les places des marchez & des foires. Dans le chasteau est vne saincte Chapelle, où sont les tombeaux des Comtes. Le terroir est fertil: du costé du Perche il y a des forests, estangs & pasturages pleins de bestail : vers Orleans & Blois sont les bleds & les vignes, sans la forest de Marchenoir, dont les arbres marquent vne grande antiquité. Quatre riuieres arrousent le pays ; le *Loir*, dit *Aurula*, lequel passant pres de Chasteaudun, se diuise en deux bras, & fait vne Isle appellée le champ de Mars, où la jeunesse du pays s'exerçoit à plusieurs ieux de force. La *Coucye*, qui prenant sa source de la forest d'Orleans, a cela de merueilleux, que iamais elle ne se desborde, ny ne se trouble pour quelque pluye qui tombe; & s'il arriue qu'elle se grossisse plus que de coustume, les habitans en tirent des presages asseurez de peste pour l'Automne, & de famine pour l'année suiuãte. L'*Aigre*, qui naist vn peu au dessous de l'estang de Verde, & passe par le milieu de la Forest de la Ferté Villeneul, & se iette dans le Loir à la Bouche d'Accrule, ou d'Aigre. L'*Hiere* est comme le Tigris de la Mesopotamie, tantost elle se monstre & tantost elle se cache, & qui pour ne couler qu'à la violence des pluyes s'appelle communément la

Coucye, r.

Aigre, r.

Hiere, r.

L'estang de Verde. riuiere seiche. L'estang prodigieux de Verde est long de deux grandes lieuës & large de plus de deux cens cinquante pas, dont les Historiens de France racontent, qu'au mesme temps que le Roy Childebert & sa femme furent empoisonnez, son eau boüilloit de telle sorte, qu'elle ietta sur ses riues vne grande quantité de poissons tous cuits, comme si les Elemens se fussent esleuez pour condamner l'impieté des hommes, qui osent oster la vie aux Dieux visibles de la terre, les Tutelaires & les Conseruateurs des peuples.

VANDOSME. La capitale du Vandosmois est VANDOSME sur le Loir au pied d'vne montagne. Il y a vn chasteau fort ancien, auec quatre bastions, & vne Chapelle dite le Comte. L'Abbaye celebre de la Trinité y est, dont l'Abbé se peut titrer Cardinal de sainct Pixe, & dépend immediatement du Pape. Il y a *Estang de Vendosme.* aussi vn certain lac, qu'on dit estre plein durant sept ans, & sec autant de temps, pendant lequel les eaux y reuiennent à certains interualles, d'où les habitans par quelques obseruations qu'ils font, iugent de la fertilité & du rapport des sept années suiuantes. La terre a porté titre de Vicomté, Comté, & finalement de Duché sous le Roy François I. Catherine Dame de Vendosme fille de Iean, espousa le Comte de la Marche du nom de Bourbon, d'où a pris son commencement l'illustre maison & branche de Vendosme sous celle de Bourbon, qui a aussi formé celle de Montpensier, tous Princes du sang de France iusques à Antoine de Bourbon Roy de Nauarre, bisayeul de Louis XIV. regnant, dont les premieres fleurs nous font esperer de beaux fruicts de son courage & de ses vertus Royales. Ce pays, outre le Loire, est encore arrousé de la *Braye*, qui naist dans le chasteau de la Greue, descend sous Theligny, prēd en passant vn autre ruisseau, qui semble luy conester son titre, & tous deux coulēt ensemble à Viuraye, à Sauigny sur Braye, & se deschargent dans le Loir prez de Montoir. Ronsard chāte, *Braye, r.*

Terre à Dieu qui premiere
En tes bras m'as receu,
Quand la belle lumiere
Du monde i'apperceu,

Et toy Braye qui roules
En tes eaux fortement,
Et toy mon Loyr qui coules
Vn peu plus lentement.

Anisle. *L'Anisle* vient de S. Calais du ramas de plusieurs fontaines froides se décharger au dessous de la Braye; & le Ternant, r. *Ternant* qui se forme des estangs de Chasteaux & de Chouse, se presente au Loir, à l'autre riue dessus le Lude; Cartes, r. & les *Cartes*, qui se leuent à Vaulandry dessus la forest Douureau, entre le Lude & la Fleche, qui est vne petite ville, où il y a vn College des Peres Iesuites tres-magnifique, qui a trois basses cours, & trois corps de logis capables de loger vn Roy auec toute sa cour, & vne tres belle Eglise. Le cœur du Roy Henry IV. est gardé en vne Chapelle dans vn petit coffre d'or sur les degrez de l'Autel suiuant les volontez de ce bon Prince, qui auoit ordonné que la plus noble partie de son corps fût mise apres sa mort dans le chasteau où il auoit esté conçeu. Ie m'oubliois de dire, que comme le Mayne ne porte bateau qu'aupres de *Laual*, le Loir aupres de *Malicorne*, la Sarte à *Bonne esta-*

ble, la Huygne n'en porte point.

Il est temps de rentrer dans le canal du Loire, & de reprendre son cours à *Bouchemaine*, où se vont rendre les plus pures eaux d'Anjou; mais à peine auons nous vogué demie lieuë, sur ce Roy des fleuues, qu'il nous faut arrester pour receuoir les hommages d'*Aubance*, qui vient d'aupres de Chemeil, & passe par l'estang de Brissac, chasteau tres bien basty, accompagné d'vn fort beau parc, & d'vn estang long d'vne lieuë, où l'on peut voir les portraits de ces vaillans guerriers, qui ont versé leur sang pour l'honneur de leurs Princes, & pour la deffence de la Religion, qui donnent encore des sentimens de veneration pour les originaux à ceux qui les regardent representez à l'esguille & au pinceau sur des tapisseries & sur des tableaux, les plus accomplis chefs-d'œuures de l'art, comme autresfois ils ont esté les plus glorieux ouurages de la Nature: Mais la conuersation du maistre du logis est incomparablement plus diuertissante que tout l'artifice des ouuriers, c'est François de Cossé, Duc de Brissac,

Aubance, r.
BRISSAC.

Pair, Grand Panetier, & Cheualier des Ordres de France digne heritier & successeur du nom & de la vertu de ces genereux Heros, qui ont assez tesmoigné par leurs actions, qu'ils ne pouuoient estre sortis que d'vn Empereur Romain.

Layon, r. Le *Layon* vient aussi se presenter au Loyre sortant de l'estang d'Ysemay sur les frontieres de Poitou & d'Anjou, passant à *Beneuent* petite ville auec vn chasteau, où il se grossit d'vn estang qui est au pied des murailles, & de là gaignant bien auant dans l'Anjou, il fait gloire de receuoir le ruisseau de *Douay.* *Douay*, comme s'il deuoit luy communiquer quelque partie de cette magnificence Romaine, qui s'y void empreinte sur ce Theatre entier, dont le docte Lipse nous a representé le plan dans son Liure des Amphitheatres. Ie sçay bien que les curieux de l'antiquité ont bien de la peine à prononcer pour quels vsages ce bastiment fut entrepris, la place qui n'est que de quinze pieds de long n'estant point vne carriere assez vaste pour les glorieuses demarches d'vn lyon, pour

la

la vistesse d'vn tygre, & pour les fuites estudiées des chasseurs, qui ne pressoient pas tellement les animaux contre lesquels ils se battoient pour donner du plaisir au peuple, qu'ils ne regardassent quelques fois où ils pouuoient se retirer en cas de besoin pour prendre leurs auãtages & des pieds & des mains: Cette eminence aussi qui est esleuée au milieu de l'arene, ces ouuertures pratiquées dans le parterre, & ces boucles de fer attachées aux couuercles, n'estant pas fort cõmode pour le lieu d'vn duel, où il ne faut qu'vn achoppement pour former vn faux pas, & faire perdre la vie au plus grand maistre d'armes par la main d'vn poltron, apres qu'il aura tué luy mesme auec methode plusieurs hommes de cœur, prouuent assez que ce n'estoit pas vn lieu pour les Gladiateurs ; & la figure du bastiment auec la disposition de ses parties, n'estant pas plus propre pour ioüer vne Comedie, si ce n'est qu'vne partie des Auditeurs voulût se contenter de voir seulement le dos des Acteurs, sans considerer leur contenance & leur action, qui est l'ame de la parole, il n'y a point d'apparence, que ce fût vn Theatre. D'où vient que plusieurs se sont persuadé que ce n'estoit point vne entreprise des Romains, mais vn ouurage plus moderne. Quoy que c'en soit, son estenduë n'est que de soixante pas en rond, & neantmoins elle est si bien compassée, qu'elle peut facilement tenir plus de quinze mille personnes, sans que l'vne empesche l'autre de voir ce qui se fait au milieu de la place. On y compte vingt-vne ou vingt-deux marches depuis le bas iusques au haut, qui vont s'esleuans & s'eslargissans en rond les vnes dessus les autres auec vne esgale proportion. On y remarque de plus des voûtes & des grottes pratiquées dans le roc, aussi bien que tout le reste du bastiment, sans qu'il y ait ny chaux ny ciment pour la iointure des pierres, auec tant de regle & de iustesse, qu'on diroit plûtost que c'est vne production de la Nature, qu'vne inuention de l'Art.

Lis, r. Au dessus du pont de Montigny, le Layon reçoit le *Lys*, qui vient de Vezins, passe à S. Pol des Bois, se grossit à Vihers, & se perd dans le Layon. La *Ligne* vient aussi de Tourmentine, passe à Chemille, & Melay, & se iette dans le mesme Layon, au dessus du pont S. Lambert. Enfin le *Ieu* sort d'vn grand estang vn peu au delà de S. Catherine, & n'ayant pas coulé plus de trois lieuës se vient ioindre au Layon pres de Chaude-fons, & le Layon luy mesme s'escoulant sous le pont de Chalons se iette dans le Loire deuant l'Isle Deserte. La *Losse* petite riuiere aborde pareillement le Loire du costé droit, au dessous de Chantoce, & la *Leure* du costé gauche, au dessous de S. Fleurent, estant née au dessus de Beaupreau & ayant arrousé Monreueau le Petit, chargée du *Pintau*, qu'elle reçoit au pont de Geurise, où elle est nauigable. La *Guynete* s'y rend à la mesme riue deuant l'Isle Capouin: de façon qu'il ne faut pas s'estonner si le Loire est si large deuant la ville de Nantes, & si le pont, sur lequel on passe, est le plus long de tous ceux qui le chargent depuis sa source iusques à son emboucheure.

Ligne, r. *Ieu, r.* *Losse, r.* *Leure, r.* *Pintau, r* *Guinete, r*

NANTES est vne ville forte, & de

NANTES

grand trafic à cauſe de la commodité de ſon port ſur la riuiere du Loire, où la mer reflue iuſques à ſes murailles & à ſes ponts, qui ſont tres-beaux, quoy qu'ils ne ſoient faits que de bois. Les vaiſſeaux qui vont ſur la mer Oceane montent iuſques à Nantes, hormis les plus grands qui s'arreſtent à quatre ou cinq lieuës au deſſous. C'eſt vne Eueſché & ancien Comté, dont les fils aiſnez de Bretagne portoient le titre. Les derniers Ducs en ayant agrée le ſejour, y firent baſtir vn chaſteau. La

Ardre, r. riuiere d'*Ardre*, qui eſt limoneuſe, & iette tout plein de mauuaiſes vapeurs, arrouſe d'vn coſté ſes murailles, où elle ſe iette dans le Loire. Elle vient de Loroux en Anjou, & ſe rend à Cande, non pas celle qui eſt proche de Monſoreau, mais vne autre ſur les confins de l'Anjou, & ſur les Marches de la

Mandie, r Bretagne, où la *Mandie* qui ſort d'vn eſtang ſe vient ioindre à elle, pour marcher de compagnie vers la ville de

Seure, r Nantes. La *Seure* Nantoiſe, ainſi nommée pour la diſcerner de la Seure Niortoiſe, ſe rend auſſi dans le Loire vn peu au deſſous de la meſme ville, qui ne peut qu'estre tres-agreable & commode, estant assise dans vn terroir arrousé de tant de riuieres, qui luy communiquent les biens & les fruits de plusieurs belles Prouinces. La *Seure* naist au Cap de Tirul, passe à la Scie, à la Forest sur Seure, à la Pommeraye, puis à Mortagne, où elle reçoit l'*Oing*, de là descend à Tiffauges, & à Clisson, où se perd le *Mayne*, qui vient de Mauleurier, & vn peu au dessous elle reçoit encore la petite riuiere de Montaigu, auant que d'entrer dans le Loire. C'est vn vieux mot : *Oing, r.* *Mayne, r.*

Au lieu de Clisson
Mayne perd son nom.

Qui n'ayant pas esté bien entendu par Masson en son Liure des Fleuues de France, luy a fait prendre le Mayne de Bretagne, pour le Mayne d'Anjou, confondant ces deux riuieres en vn mesme canal, pource qu'elles ont le mesme nom.

A deux lieuës & demie de Nantes est la Duché de Raiz, l'vn des plus agreables passages de la Bretagne. C'estoit vne ancienne Baronnie du pays où l'on croit qu'estoit autrefois vne grande ville, nommée Herbouges qui fondit où est à present le lac de Grand-lieu. La ville & chasteau de Machecou sur le bord de la mer en est la Capitale. La mer d'vn costé, le Loire de l'autre, auec le lac de Grand-lieu, qui reçoit la petite riuiere de *Bologne* venant du bas Poitou, au dessus du bourg de Boulogne, d'où elle emprunte son nom, pour passer sous le pont de Roche-Ceruieres, & se rend à Luminy dans le grand estang; toutes ces eaux forment Raiz en Isle, où il nous faut arrester le cours de nostre nauigation, puisque le Loire y termine le sien. Si ie voulois maintenant parcourir toutes les Isles qu'il forme depuis Orleans iusques à Nantes, il me faudroit vser tous les auirons & toutes les ancres des bateliers pour les aborder. Les principales sont l'Isle de Roclin, qui est d'vn quart de lieuë deuant Meun, l'Isle aux Oyes qui a vne lieuë de tour vn peu plus bas; l'Isle de Baugency au dessus des ponts, qui a huit cens pas de long: celle qui est deuant Chaumont deux cens pas: l'Isle deuant le Pigeon vis à vis de nostre

Dame de bon Desir, longue d'vn quart de lieuë, & large de mille pas, l'Isle deuant le Bec de Cisse de demie lieuë; l'Isle en Bretenay deuant la Pille de S. Marc, de mille cinq cens pas; l'Isle au Bec du Cher; de Fremont vis à vis de Fromieres; de la Chapelle blanche; du port d'Ablenois, de Chosé; l'Isle de Manonay dessous Monsoreau, & Villebermier; de Lauquiquan; de Rosiers, du Parc au Blanc, vis à vis de Tournay, de S. Maur d'vne lieuë de long: Congue Isle vis à vis de la Chapelle Beauhalle d'vne lieuë & demie de long: l'Isle de Beuert auec l'Eglise de N. Dame, fort renommée par la deuotion de ceux du pays: les Isles de Taneray, de Montjan d'vne grande lieuë, d'Ingrande, la Bataillousse deuant S. Florens, du Poulas, l'Isle aux Moines, & l'Isle Saclieres au dessus d'Encenis, chacune de deux mille pas, l'Isle bruslée pres Chapoin, l'Isle aux Oyes vis à vis de Maulne, l'Isle de Redressé, auec vn grand nombre d'autres, la riuiere ayant trois ou quatre lieuës de large à son emboucheure. L'ouurage des Turcies & leuées de la

Isles du Loire.

riuiere du Loire & du Cher a esté renouuellé depuis cent ans en ça, apres plusieurs siecles, estant vne entreprise de Louys le Debonnaire, & mesme y ayant esté trauaillé sous Charlemagne, dont les Capitulaires font mention.

LES RIVIERES DES COSTES DE POITOV, D'AVLNIS ET DE SAINTONGE.

IV. V. VI.

IE ne sçay qu'admirer où tout est digne de nos admirations, & ie crois que les plus auisez sont bien en peine de faire vn choix, où tout est hors de prix. C'est ce que i'experimente sur les costes du Poitou, de l'Aulnis, & de la Saintonge, qui s'estendent depuis l'estang de Grand-lieu iusques à la bouche de la Garomne, où commence la Gascogne, qui se porte iusques aux Pyrenées, & n'a point d'autres bornes, que celles que les Elemens luy

Costes de Poitov, d'Avlnis, et de Saintonge.

ont prescrites, la mer, la riuiere, & les montagnes. Ie n'ay pas voulu separer les costes de ces trois Prouinces par ma plume, puis que la Nature semble en auoir lié les peuples dans vn mesme interest par la ressemblance de la parole, qui est tousiours l'interprete des cœurs, & le messager des volontez: & puis ce n'est que la mesme mer qui les arrouse, qu'on nomme de Guyenne; & que le mesme vent qui porte les vaisseaux à leurs ports.

Vn Philosophe se promenant sur ces costes, comme dans les allées d'vne ancienne Academie, remarquera de tous costez des sujets tres-illustres, qui formeront dans son esprit des pensées dignes d'vn homme sage: Il verra les monceaux de sel, qui sont autant de montagnes d'or aux Roys de France, produites par la Nature sur les riuages du Poitou, de l'Aulnis, & de la Saintonge: Il apprendra comme l'ardante chaleur du Soleil qui cuit & fait geler le sel, y opere vn miracle contraire à son action commune, qui est de dissoudre, de fondre, & de liquifier, Il sçaura de plus, que la chaleur qui deffaut aux peuples du Nort, les priue de ce bien, comme auſſi la chaleur trop ardante par delà le quarante-deuxieſme degré rend le ſel d'Eſpagne trop corroſif, qui nuiſt aux perſonnes, & gaſte les ſalures. D'où vient que l'Empereur Charles-Quint ayant ordonné à ſes ſujets du Pays-bas de ſe ſeruir des ſels d'Eſpagne, & deffendu d'acheter de ceux de France, le poiſſon qu'ils en auoient ſalé, ſe gaſta bien toſt, & la neceſſité dont les traits ſont plus preſſants que les Edits d'vn Prince ambitieux, qui ne veut dependre de perſonne, les obligea de recourir en France, & de reconnoiſtre que c'eſt cette auguſte Monarchie, qui doit donner les loix à toute l'Europe, puis qu'elle luy donne la vie. Et enfin il ſera conuaincu, que la France a ſes Indes Occidentales ſur les coſtes de la Prouence & du Languedoc, & ſes Indes Occidentales ſur les riuages de la mer de Guienne, où abordent ces grandes flotes de cinq à ſix cens vaiſſeaux, qui nous apportent l'or & l'argent, que les Eſpagnols vont chercher aux extremitez du monde nouueau, parmy les dangers & les naufrages, & s'en retournent chargez de nostre sel, que le Ciel & l'eau nous donnent sans aucune peine, & auec profusion.

Le mesme Philosophe connoistra par sa propre experience ce grand miracle, qu'il a peu lire dans l'Escriuain de la Nature, que les animaux, & particulierement les hommes, ne peuuent mourir de mort naturelle le long des costes de la Guyenne, tandis que la mer a son reflux, comme si l'influence des Astres, ou le mouuement des Intelligences, qui donnent cette forte impression à l'eau, poussoit la vie auec les flots sur les riuages: & que l'Ocean, qui est nommé par les Poëtes le pere des Dieux & des hommes, pour estre vne des plus fecondes sources de la production des choses, auoit dans son sein vne vertu cachée semblable à l'ame qui donne la vie par sa presence & l'oste par son esloignement. I'ay fait cette obseruation durant plusieurs années estudiant à Bordeaux, où les personnes agonizantes ne pouuoient rendre l'esprit que la mer ne se fust retirée, la mort n'ayant pas assez de courage pour entrer dans la maiſon, ny aſſez de force pour ſeparer l'ame du corps d'vn citoyen, lors que les ondes viennent moüiller le pied des murailles de cette belle ville, & que le montant de la riuiere garde les portes. Les doctes & les ignorans conſiderent tous les iours ces merueilles deuant leurs yeux, & neantmoins ils n'en recherchent pas les raiſons, ſe contentans d'admirer vn effet ſi prodigieux, ſans ſe ſoucier d'en penetrer les cauſes, quoy que d'ailleurs ils employent beaucoup de temps à la meditation d'vne quantité de queſtions inutiles, dont la connoiſſance ne les peut rendre ny plus ſçauans, ny plus vertueux.

Apres la veuë d'vn ſi rare ſujet, on pourra recueillir encore ſur les meſmes riuages des pieces d'ambre gris, les reſtes d'vn precieux naufrage, que la mer iette ſur ſes bords quand elle eſt courroucée, comme ſi cet Element capricieux & inconſtant ne communiquoit ſes liberalitez que par deſpit, & ne faiſoit du bien qu'à ceux auſquels il fait du mal. Et là deſſus vn eſprit curieux profitant doublement u'vne occasion si riche, s'estudiera de sçauoir si ce present que les tempestes nous font, est vne gomme d'arbres plantez sur le bord des eaux dãs quelque Isle deserte, dont les Balenes sont fort friandes, & qu'elles mangent auec beaucoup d'auidité pour la vomir par apres sur nos costes : ou bien si ce n'est point la semence de la Balene mesme, comme quelques-vns se sont imaginé; ou plustost si ce n'est point quelque espece de mineral dans vn rocher, qui s'estant detaché de sa carriere, par l'effort des vents & des flots, se vient donner aux François, comme aux anciens & legitimes Seigneurs de l'Ocean. Quoy que c'en soit, il en pourra remarquer les qualitez prodigieuses, s'il ne peut pas en connoistre l'essence, & iugera facilement du silence des Anciens, qui n'en ont iamais parlé, que ces grands hommes à qui nous sommes redeuables de la meilleure partie de nos sciences, & qui semblent auoir eu des amitiez toutes particulieres auec la Nature, pour entrer bien auant dans la communication de ses secrets, n'auoient iamais veu ce que les matelots ramaſſent ſur nos coſtes.

Il verra pareillement en la ſaiſon la peſche des ſardines qui ſe fait aux ſables d'Ollonne & à Royan, laquelle on peut nommer auec iuſte raiſon la manne de l'Europe, puiſque la Prouidence diuine en pouruoit tous les peuples par l'induſtrie de nos peſcheurs auec la meſme abondance, & pareille facilité, qu'elle fourniſſoit tous les iours leur nourriture aux Iſraëlites par le miniſtere des Anges. Il apprendra que ce poiſſon a ſes voyages reglez, ſes logemens marquez, ſes routes aſſeurées, qu'il marche par fourriers, & qu'il a ſes maiſons d'hyuer & d'eſté auſſi bien que nos Princes. Il eſtudiera le lieu de ſa naiſſance dans la mer du Nort, & remarquera facilement que dés auſſi-toſt que le Printemps commence à paroiſtre, ce poiſſon ſort de ſes cachots, & ſe met en chemin pour aller chercher vne habitatiõ plus commode pour paſſer ſon eſté. Il prendra plaiſir à voir comme on l'arreſte ſur les paſſages, où les peſcheurs ſe tiennent chacun en ſon cartier comme des compagnies de ſoldats en leurs postes, & en prennent vne si grande quantité qu'il y en a pour tout le monde. Il conclura que ces costes sont les greniers de Caresme, & que la mer & la terre font à l'enuy pour donner aux hommes, l'vne des bleds, & l'autre des sardines.

Que si vn Philosophe peut profiter en la connoissance des belles choses, s'arrestant sur ces riuages, il est hors de doute qu'vn homme de guerre s'y peut aussi perfectionner auec autant ou plus d'auantage & de facilité, qu'il y void vn abregé de tout l'art militaire, & tous ses preceptes reduits à la pratique. Faut-il attaquer vne ville ? le siege de la Rochelle vaut mieux que toutes les instructions des maistres du mestier. Faut-il la defendre ? l'exemple du Mareschal de Toiras assiegé dans l'isle de Ré par l'Anglois, nous en fait la demonstration. Faut-il repousser les ennemis estrangers & domestiques ? vn Roy à la teste de son armée qu'il anime par la majesté de sa presence, & dans l'eau iusques aux reins, qu'il eschauae par l'ardeur de son courage, fait ressentir à ses subjets rebelles

les la peſanteur de ſon Eſpée, qui ne peuuent ſouffrir la douceur de ſon Sceptre, & noyer dans les flots de la mer des coulpables qui refuſent de lauer leurs fautes auec l'eau de leurs larmes. S'il eſt queſtion de ſecourir vne place reduite aux extremitez, il ne faut que ſe ranger ſous la conduite du Mareſchal de Schomberg : la vertu ſe fait chemin par tout, les vents & les tempeſtes obeiſſent à la Iuſtice, & vne ſimple barque abyſme des flotes entieres quand elle a Dieu pour ſon Pilote. Le Fort d'Oleron, & les murailles de Brotiage comprennent tout ce qu'il y a de recherché dans les fortifications modernes : Enfin on peut nommer à iuſte titre ces coſtes, vne eſchole de guerre, où LOVIS LE IVSTE a ſi ſouuent combatu & triomphé. Cueillons vne partie de ſes lauriers pour en faire vne couronne, que nous porterons ſur ſon tombeau, apres que nous aurons parcouru nos riuieres, qui ſont *la Vie, le Lay, & la Seure* en Poitou, la *Charente & le Seudre* en Saintonge.

LA VIE.

LA VIE, R.

SI la VIE auoit autant d'effet qu'elle a de nom, elle pourroit estre la plus glorieuse de toutes les riuieres: elle chasseroit la mort de ses riuages, & conserueroit en santé ses voisins, qui boiroient de son eau ; sa source qui est en la paroisse du Peré sur la Roche, seroit vne fontaine de vie preferable aux fruits du Paradis terrestre, & le superbe chasteau d'Aspremont autant esleué sur son rocher, que la vertu de son Maistre, le Marquis de Royan, se porte glorieusement au dessus du commun, seroit le sejour des veritables Heros, que la Vie qui passe au pied des murailles, & arrouse le bourg, rendroit immortels sur la terre, comme leurs belles actions leur ont acquis l'immortalité dans le Ciel, & dans les Liures: Le port de S. Gilles, où elle va receuoir & rendre les bateaux à la mer, seroit vn abord de toutes les nations du monde, qui viendroient puiser la Vie auec ses eaux: La mer où elle se iette vn peu au dessous aprés auoir costoyé l'Isle de Rié, perdroit son amertume, & les plus puissans yurognes aymeroient mieux se creuer de son eau, que s'enyurer de vin: & l'Isle de Rié iointe auec celles de Perier & de Mons, qui ne sont separées entre elles, que par certains canaux appellez Achenaux par ceux du pays, ne seroit plus qu'vne de ces Isles fortunées, où les ames deliurées des soucis & des dangers de nostre terre, meinent vne vie contente & heureuse.

Ces Isles sont de tres difficile accez de tous les costez du Continent, à cause de ces canaux, & des marais limonneux qui les enuironnent & de la riuiere de Vie laquelle y ioint son lict s'allant descharger dans l'Ocean. Il n'y a que deux voyes pour entrer dedans; l'vne par vn lieu que ceux du pays appellent le Grand-Pont, qui est fait de planches, qu'on leue facilement pour empescher le passage: l'autre par vne Digue sinueuse formée en angles saillans & entrans, comme on parle en termes de l'art, qui s'estend depuis le Continent en trauersant les marais, iusques aux Isles, de la lõgueur *Isle de Rié.*

de deux lieuës, mais si estroite, qu'elle n'a pas plus de six pieds en plusieurs endroits. L'estẽduë de toutes les trois est de trois lieuës de longueur au plus, & d'vne ou deux de largeur. On se sert de petits bateaux, qu'on appelle *Najoles*, à porter seulement deux personnes, lesquels voguent auec vne vitesse incroyable sur ces achenaux, qui sont profonds & pleins au flux & montant de la mer, & la plus part vuides & gueables au reflux. C'est là que l'an 1622. le deffunt Roy s'estant presenté auec son armée, pour reprimer l'insolence des rebelles conduits par le Duc de Soubize, la mer, à ce qu'on tient, respecta sa Majesté, comme vn Dieu de la terre, & retarda son cours de plusieurs heures, aymant mieux violer les loix de la nature, & forcer son inclination, que d'incommoder le passage d'vn si iuste Prince, qui ne marchoit en bataille que pour les interests de la Religion, & sous les ordres du Ciel. On adjouste qu'il fut à cheual durant vingt-quatre heures, ses troupes passans l'eau, qu'elles auoient iusqu'a la ceinture, & qu'à sa seule preſence les ennemis prirent la fuite, comme les oyſeaux de nuict ſe cachent au leuer du Soleil, ne pouuans pas ſupporter l'eſclat de ſes lumieres, qui luy offenſent la veuë, & font voir leur laideur. Cet ambitieux Romain ne merita iamais auec tant de iuſtice la Deuiſe qu'il portoit grauée ſur ſes monnoyes, & dépeinte ſur ſes eſtandars, *Ie ſuis venu, I'ay veu, I'ay vaincu*, que noſtre illuſtre Monarque, qui deffit plus par ſes regards, que par les armes de ſes ſoldats, vne armée capable de l'arreſter auec toutes ſes forces, ſi ſes propres crimes & ſes ſacrileges ne luy euſſent lié les mains auant que d'entrer au combat. Ie m'oubliois de dire qu'à l'emboucheure de la Vie, vis à vis des Iſles de Rié, s'eſleue en mer l'Iſle d'Oeuf, qu'on nomme mal à propos l'Iſle Dieu, qui au temps que les oyſeaux font leurs nids eſt toute couuerte d'œufs des oyes ſauuages qui s'y viennent rendre de tous les endroits pour y faire leur couuées.

LE LAY.

LAY, R. LA petite riuiere de LAY qu'on nomme aussi la riuiere de *S. Benoist*, à cause du lieu de son emboucheure, sourd pres de S. Pierre du Chemin, passe aupres de Pouzauges, reçoit la *Semoyne* à Chetif, & *Lyon* au dessous, qui viët de la Roche dite sur Yon, ancienne Principauté de la Royale famille des Bourbons, descend à S. Benoist, où elle porte bateaux, & apres vn cours de quinze lieuës tombe en la mer, à costé de l'Abbaye du Iar, au havre de S. Benoist, laissant le port des Sables d'Olonne à la main droite, auec la Principauté de Talmont, qui est de l'illustre Maison de la Tremoille.

Semoine, r.

Lyon, r.

LA SEVRE.

SEVRE, R. LA SEVRE, qu'on nomme Niortoise, pour la distinguer de la Nantoise, qui va se perdre dans le Loire pres de Nantes, vient de *Surete* petit bourg de Poitou, duquel elle prend ſon nom auec ſes eaux entre Melle, & Luſignan, s'eſtant vn peu groſſie des ruiſſeaux du Prieuré de Pamprou, & du magnifique chaſteau de la Motte ſainte Heraye, qui appartient au Comte de Parabere Gouuerneur de la Prouince, elle paſſe à *S. Maixant*, ville marchande, qui doit tout ce qu'elle eſt aux vertus de ce venerable Solitaire, qui luy a donné ſon nom. Nous liſons qu'au temps de Clouis le premier de nos Roys Chreſtiens ce n'eſtoit qu'vn ſimple Monaſtere, où preſidoit cet illuſtre operateur de miracles, le Moyſe de ſon temps, qui tira l'eau des rochers, & en fit ſaillir des fontaines les frappant de ſa verge; & arreſta la fureur des ſoldats, & chaſtia leur inſolence par la force de ſes prieres. On raconte, que ce grand Prince marchant contre Alaric Roy des Goths, pour le ioindre, & l'engager dans vne bataille, ſes ſoldats qui ne ſuiuoiẽt pas ſes exemples, & ne pratiquoient pas touſiours ſes reglemens, comme il n'eſt que trop ordinaire de voir vne armée aſſez mal diſciplinée ſous vn bon Chef, ſe ietterent dans l'Abbaye à dessein de la piller : S. Maixant alla au deuant de ces impies, & se mit comme vn rempart pour la deffence de la Maison de Dieu. Alors vn des plus audacieux fasché de la resistance que leur faisoit ce saint Prelat, haussa l'espée pour le tuer. Mais la main, qui s'estoit leuée contre l'Arche du Sanctuaire, demeura suspenduë sans aucun mouuement, & le bras qui s'estoit estendu pour frapper l'Oingt de Dieu, deuint sec & aride. Ce miracle espouuenta les autres gensd'armes, qui auoient reçeu depuis peu le S. Baptesme auec leur Roy, & la vertu du Saint, qui sçauoit pratiquer les leçons de son Maistre, obligeant par ses bienfaits vn ingrat, & rendant la santé à celuy qui auoit voulu luy oster la vie, les confirma plus fortement en la creance du Christianisme, que toutes les instructions de S. Remy. Depuis, soit pour la commodité du lieu, soit pour la deuotion particuliere que le peuple portoit à la memoire d'vn si grand Saint, vn chacun souhaittant de se loger pres de son sepulcre, que les miserables consideroient comme

S. MAIXANT.

vn Autel de refuge, & tous reueroient comme vne fontaine de benedictions. L'Abbaye s'est accreuë en vne bonne ville, où il y a vn Siege Royal auec vne Election. C'est ainsi que la maison des Saints se va multipliant, & que la pluspart des Abbayes consacrées à la solitude & au silence, se sont changées en grosses villes, remplies de Chrestiens, au lieu que les Disciples de Platon, auec tout le credit qu'ils ont possedé dans la Cour des Empereurs, & l'authorité qu'ils se sont donnée dans l'esprit des peuples par les charmes de leurs paroles estudiées, n'ont iamais pû faire bastir vn seul village qui embrassast la police & les loix de leur Maistre.

La Seure sortant de S. Maixant, s'escoule sous le *Pont de Vaux*, & reçoit la *Ligeure* au dessous, qui passe aux ponts de Maunay & de Ceure, ayant pris son origine d'vn estang assez proche de l'Abbaye des Chasteliers. Elle reçoit encore le ruisseau de Chandenier auant que de se rendre à Niort, ville assez renommée parmy les Marchands pour ses foires, & qui a donné

Ligeure, r.

autant de matiere à la plume de nos Historiens, pour descrire ses auantures, suiuant les passions des Princes, que d'exercice aux Anglois & aux François, pour s'en rendre les maistres chacun à son tour, suiuant les diuers changemens de la Fortune. Elle a toûjours neantmoins mieux aymé cultiuer les Lys de France, que les Roses d'Angleterre : celles-cy ne luy ont produit que des espines ; & ceux-là, comme ils ont esté les symboles de l'innocence de ses citoyens pour leur blancheur, aussi leur ont-ils seruy de couronne pour recompense de leur fidelité par leur Noblesse ; en ce que nos Rois voulans témoigner combien leur estoient agreables les seruices de cette ville, luy ont donné le priuilege de semer les Lys dãs le champ de ses Armes, & en suitte de rendre nobles ses Escheuins auec toute leur posterité.

NIORT. De Niort, où la riuiere commence à porter batteau, elle se iette dans vn grand marests, & gaigne le pont de Maillé, où elle est accueillie des eaux de la riuiere d'*Antise*, qui pour la serrer plus estroittement, l'embrasse à

Antise, r.

deux bras. Car cette riuiere nommée Antise, qui prēd sa source entre Coulonges & Chandenier, se partage en deux ruisseaux au Pont de l'Isle, dont l'vn va se rendre dans la Seure à Maillé, & l'autre à Doignon : de sorte que Maillezay, qui n'estant qu'vn gros bourg, est toutefois le Siege d'vn Euesché, se trouue renfermé dans vne Isle de difficile accez, à cause des marests & des riuieres qui l'enuironnēt. L'Abbaye fut fondée par Guillaume petit fils d'vn autre Guillaume surnommé Teste d Estoupe Duc d'Aquitaine, & Comte de Poitou, & depuis erigée en Euesché par le Pape Iean XXII. natif de Quercy, qui apres auoir esté Archeuesque d'Auignon, Cardinal, & Chancelier de France, monta par ses vertus sur le Siege de S. Pierre, & illumina l'obscurité de sa maison par l'esclat de sa pourpre & de ses dignitez.

On ne sçauroit croire le grand amas d'eau, qui se fait depuis Maillezay iusques à Marans, à cause des marests de la Neuoire & de Nouaille plus longs & plus larges que de grandes riuieres, MAILLEZAY.

qui viennent s'y descharger, & de la Vendée, qui vient aussi s'y rendre au dessus de Marans. Ces marests se passent sur des bacs. Et comme les Poëtes, quand ils veulent nous descrire la confusion du Deluge, nous representent les animaux & les poissons dans vn mesme Element, & font nager dans leurs vers les Taureaux & les Lyons auec les Dauphins & les Balenes; aussi pour connoistre quels sont ces grands marests qui s'escoulent dans la mer auec la Seure au dessous de Marans, & qui noyent tant de pays par leurs debordemens, il ne faut que considerer les trouppes innombrables de bœufs & de cheuaux qui broutent l'herbe & le jonc au mesme endroit où les pescheurs prennent vne si grande quantité d'anguilles, qu'on croiroit que le tronc & les racines des roseaux qui s'esleuent de tous costez comme vne espaisse forest, & couurent mesme la face de l'eau, se fussent changées en ces Serpens sans venin, si l'on ne remarquoit autant de pasturages apres la pesche, que deuant.

MARAIS

Vandée, r.

La Vandée sort du Prieuré du Busseau

pres de Vouuent, arrouse Fontenay le Comte, où elle commence à porter bateau iusques à la Seure Niortoise, à laquelle elle se va ioindre pres de Marans. FONTENAY, le chef du bas Poitou, est vne petite ville bien peuplée, assise en bon pays, & frequentée par le trafic de ses longues & riches foires. Il en est des bons esprits, comme des bons arbres, qui ne viennent qu'en bonne terre. Cette ville a obligé les Sciences, les Parlemens, & l'Estat par les grands hommes, qu'elle a produits, comme vn Brisson, vn Tiraqueau, & quantité d'autres, qui ont auancé les belles lettres par leur estude, paru dans les Cours Souueraines comme des Astres fauorables à l'innocence opprimée par l'iniustice, & soustenu les droits de la Couronne aux despens de leur vie. Il ne faut que voir les histoires du dernier siecle, pour connoistre la difference qu'il y a entre des Iuges incorruptibles & des mercenaires; entre ceux qui consultent Dieu & la vertu auant que de prononcer leurs Arrests, & les autres qui n'ont point d'autre loy, que l'interest & la faueur.

FONTENAY.

Marans. *Marans* n'est qu'vn gros bourg deffendu d'vn chasteau, qui n'a point de meilleur rempart, que les marais, dont il est ceint de tous costez, & qui le rendent inaccessible en hyuer, quand les eaux sont débordées, & que la mer, laquelle y forme vn port assez considerable, y pousse ses grands flots. Elle a esté le ioüet des armes sous Henry III. changeant presque aussi souuent de maistre que de marées ; Toutefois ses habitans eurent assez de courage pour resister au Mareschal de Biron, & le faire condescēdre qu'il retirast son armée, & luy fist passer la Charente, sans attaquer Tonne-Charente, tenuë par ceux de la nouuelle opinion. C'est icy que la Seure fait la separation de deux Prouinces, du Poitou & de l'Aulnis, auant que d'entrer en la mer, au lieu qu'on appelle Beraude.

PAYS D'AVLNIS. Il est vray que l'Aulnis estoit autrefois vne des dependances du Poitou, mais comme les terres changent de bornes, aussi bien que de Seigneurs, on en a fait vn Gouuernement à part. Il a esté ainsi nommé pour la response qu'vn Roy de France, qui conquesta ce pays sur l'Anglois, fit a ceux qui taschoient de détourner ses desseins, & diuertir ses armes ailleurs, sur la difficulté d'vne si longue & fascheuse entreprise; Qu'il se contenteroit d'en gaigner vne aulne chasque jour. Aussi n'est-il pas de grande estēduë, n'ayant que six ou sept lieües de long, autant de large, estant limité du Poitou au Nort & au Leuant, de la Saintonge au Midy, & de la mer Oceane au Couchant.

La ROCHELLE est la ville Capitale du pays assise sur vn Golphe de mer, faisant vne forme de Cap, qui a esté la cause que plusieurs l'ont prise pour la place, que Ptolomée appelle le *Port des Saintongeois*, parce qu'elle est presque le seul port abordable de la Saintonge, la forteresse de tout le pays, si bien pratiquée qu'il estoit presque impossible d'en approcher pour la battre, & d'ailleurs si regulierement fortifiée, qu'elle n'auoit point sa pareille en France, auant qu'elle eust attiré les foudres du Ciel & de la terre sur ses murailles, & l'indignation de Dieu & de son Prince sur la teste de ses

LA ROCHELLE.

Citoyens. Quoy qu'a dire le vray cette superbe ville autant diffamée pour ses reuoltes contre ses Princes naturels & legitimes, que celebre par l'auantage de son assiette, & par les fortifications de l'Art n'est point si ancienne. Durant les derniers Ducs d'Aquitaine ce n'estoit qu'vne bourgade habitée pour la pluspart de pescheurs, sans autre commerce auec les estrangers ny auec ses voisins, que de sa pesche. Son nom marque assez le lieu de son assiette sur des roches & falaises, qui paroissans de loin du costé de la mer à cause de leur blancheur, l'ont fait nommer la Ville Blanche, bien que ses crimes l'ayent renduë depuis la ville la plus noire du monde. Ainsi n'arriue-il que trop souuent que les mœurs d'vn homme dementent son nom, & qu'vn beau corps cache vne ame fort laide.

Guillaume dernier Duc d'Aquitaine considerant l'auantageuse assiette de ce bourg, la beauté de son port, la seureté de l'abordage, la commodité d'y bastir, la fertilité du pays circonuoisin, le voisinage des Isles de Ré, d'Oleron, d'Oleron, de Marenes, & d'Aluert, & tout ce qu'on peut desirer pour l'accroissement d'vne grande ville, permit aux habitans de fermer leur bourg de murailles, & pour en faciliter l'ouurage, les deschargea de toute imposition. Eleonor fille & heritiere du mesme Duc, ayant esté mariée en premieres nopces au Roy Louis VII. surnommé le Ieune, non d'aage, mais de prudence, embrassant les affections de son pere, leur en fit obtenir la confirmation du Roy son premier espoux, & depuis encore du second, Henry Roy d'Angleterre, qui fut Duc de Guyenne du chef de sa femme; & elle mesme leur accorda droict de communauté, de Iustice haute, moyenne & basse, cens, rentes & domaines.

Ces bienfaits l'attacherent plus fortement au party des Anglois, que les loix & les coustumes, & l'amour de ses Princes eut plus de force pour l'engager à leur seruice, que les citadelles & garnisons. D'où vint que le Roy Philippes Auguste ayant remis sous sa main la Guyenne par la felonnie de Iean Sans-Terre, la Rochelle fut vne des dernieres places conquiſes & qui euſt encore reſiſté plus longuement ſans vne fourbe Angloiſe. Car ayant enuoyé demander ſecours d'argent en Angleterre pour le payement de ſes ſoldats, les Anglois furent ſi outrageux, qu'ils luy enuoyerent des caiſſes pleines de cailloux, dont ces hommes valeureux, qui expoſoient ſi franchement leurs fortunes & leur perſonnes pour vne nation ingrate, ſe ſentirent ſi viuement picquez, qu'ils rendirent la ville au Dauphin Louys, & luy iurerent obeïſſance & fidelité à titre de ſes humbles Subjets. Et cette raillerie injurieuſe demeura ſi auant grauée dans les cœurs des Rochelois, que leur ville eſtant obligée de retourner ſous la puiſſance des Anglois auec le reſte de l'Aquitaine par le traité de Bretigny, pour retirer le Roy Iean priſonnier de ſa captiuité, ils refuſerent d'obeir, & reſiſterent meſme au Dauphin qui les preſſoit d'agreer ce changement de maiſtre, offrans de donner pluſtoſt la moitié de leurs biens, que de retourner ſous la domination Angloiſe. Il en eſt des paroles piequantes, comme des aiguillons des abeilles, qui demeurent bien auant dans la playe, mais qui causent souuent la mort à ceux qui les ont lancées.

Ce sage Prince estant paruenu à la Couronne sous le nom de Charles V. augmenta les priuileges des Rochelois en reconnoissance de leur grand zele & fidelité enuers la France. Ce fut iustement pour lors qu'ils establirent le Conseil & le Corps de ville, composé de cent Bourgeois, à sçauoir de cinquante Escheuins, & autant de Pairs: desquels ils ont tousiours esleu leur Maire, le Chef des Magistrats populaires, & le Gouuerneur particulier de la ville. On peut dire que depuis ce temps là les Rochelois se sont maintenus longuement dans le deuoir de bons sujets, & que Louys XI. y faisant son entrée en leur ville*, iura solemnellement de les conseruer en la possession & iouïssance de leurs priuileges. Mais leur orgueil croissant auec l'opulence, ils furent si insolens que de s'opposer seditieusemēt à l'execution d'vn Edict de François I. lequel fut obligé de se transporter luy mesme à la Rochelle pour chaſtier les ſeditieux, & ſe faire reconnoiſtre Roy par ſa preſence, puis qu'on refuſoit de le connoiſtre par ſes eſcrits. Apres le chaſtiment de cette faute, s'eſtans laiſſé emporter aux predications des premiers Miniſtres de Caluin, ils ſuccerent le venin de la rebellion auec celuy de l'hereſie, & peu apres commencerent à ſe porter pour les Chefs des Egliſes pretenduës, maſſacrerent & bannirent les Eccleſiaſtiques, s'emparerent de leurs biens, démolirent les Egliſes & en baſtirent leurs fortifications, chaſſerent les Catholiques, & commirent toutes ſortes d'excez contre leur Prince.

Charles IX. ayant fait aſſieger la Rochelle ſous la conduite de ſon frere Henry Duc d'Anjou, elle euſt eſté emportée ſans les trahiſons de ceux qui fauoriſoient les Religiõnaires, ou qui deſiroient la continuation des guerres ciuiles. Auſſi fuſt-ce vn ſiege des plus memorables, qui euſt eſté depuis pluſieurs ſiecles, où quantité de vaillans Capitaines, qui s'eſtoient fait remarquer en toutes les rencontres des premieres guerres vinrent trouuer leur ſepulchre, ne pouuant pas mourir d'vne mort plus glorieuſe, qu'en attaquans les ennemis de l'Eſtat & de la Religion. Ce ſiege eſtant leué par l'election que firent les Polonois du Duc d'Anjou pour leur Roy, & la paix accordée aux Religionnaires à des conditions honteuſes au Royaume, & dommageables à l'Egliſe, l'orgueil des Rochelois monta à vn ſi haut point d'inſolence, que s'imaginans de pouuoir faire de leur ville, la Capitale d'vne floriſſante Republique, ils eſleuerent les plus belles & les plus regulieres fortifications de place de l'Europe, tranchans deſia de Souuerains ſur la terre & ſur la mer, & traittans de pair auec leur Prince.

Ayans eſté protegez du feu Roy Henry le Grand, comme il n'eſtoit encore que Roy de Nauarre, ils ne le receurent pas pourtant le plus fort en leur ville, quand il fut monté ſur le Throſne des Lys, au contraire ils ne laiſſerent paſſer aucune occaſion de conſpirer contre ſon Eſtat, ce qu'ils ont continué ſous le Roy Louys le Iuste, se ioignans aux Princes mal contens, fauorisans tous ceux qui conspiroient contre le repos & l'hōneur de la France, conuoquans des Assemblées generales contre les expresses deffenses de sa Majesté, & faisans tous leurs efforts de former vn Estat dans l'Estat. Ce detestable attentat auec tant d'infractions de paix, de seditions, de complots, de monopoles auec les ennemis estrangers, obligerent enfin le Roy de mettre le siege deuant la Rochelle, pour ranger au deuoir vn peuple mutin & desobeïssant. La circonuallation fut faite, les Forts construits sur les tranchées & lignes de communication, & le siege formé l'an mil six cens vingt-sept. Le Roy voulut s'y trouuer en personne, auec sa Noblesse qui accouroit de tous les endroits de la France, pour voir vn miracle qui ne pouuoit estre operé que par vn Roy Iuste, que Dieu auoit choisi pour seruir de modele aux bons Rois, pour leur faire entendre, que rien n'est impossible aux Princes qui preferent les interests du Ciel à ceux de la terre, & qui ne cherchent que la gloire de Dieu dans la conseruation de leur propre authorité ; pour leur faire voir, que les Elemens se soumettent à leurs volontez ; qu'ils ont l'ordre des saisons & le mouuement des temps en leur disposition ; qu'ils peuuent rendre l'Ocean captif pour se mettre eux-mesmes en liberté ; & qu'ils sont enfin tous puissans pour executer leurs glorieux desseins.

Ce miracle est la Digue, descrite dans nos Histoires, & qui donnera de l'estonnement à la posterité, bastie sur le fond de la mer, fermant vn canal de mille pas, qui rendoit la Rochelle imprenable à toutes les forces humaines tãdis que les vaisseaux pouuoient passer, & porter du secours aux assiegez. Ie ne veux point icy renouueller le souuenir des miseres que souffrirent ces pauures miserables auant que de reconnoistre la Majesté de leur Prince, & se sousmettre à son authorité ; Ie me contenteray de dire qu'il mourut plus de trente mille personnes durant le siege, & que le iour de l'entrée victorieuse du Roy, qui fut le iour de la Toussaincts de l'an 1628. comme si ce Prince eust resolu dans son conseil de faire vne reparation publique à tous les Saincts des outrages que les Ministres auoient vomy dans leurs chaires contre l'honneur qui leur est deu, il n'y auoit pas cent hommes qui eussent la force de porter les armes & de monter sur les bastions : il ne s'y trouua que sept ou huict maisons qui eussent encore vn peu de pain : vne mere auoit renouuellé les horribles cruautez du siege de Hierusalem s'estant repeuë de la chair de sa propre fille morte de faim. Plusieurs preuoyãs leur mort prochaine se traisnoient aux cimetieres pour y rendre l'ame, ayans fait creuser leurs fosses en leur presence, & se iettans dedans prioient leurs parens & amis de les couurir d'vn peu de terre apres leur mort ; & comme il ne se trouuoit presque plus de fossoyeurs, la pluspart demeuroient sans sepulture. Telles ont esté les heureuses & les tristes auantures de la Rochelle.

Ses fortifications anciennes consistoient aux vieilles murailles, où l'on voyoit quelques angles saillans & rentrans, accompagnez de forces tours

& des baſtions de l'Euangile, de la Porte-neufue, & des Vaſes. Les nouuelles eſtoient de ſept baſtions reueſtus auec leurs courtines & defenſes, deux rauelins, & quatre des baſtions accompagnez de foſſez, de rampars, & corridors reueſtus au dehors de la contreſcarpe. Mais tous ces ouurages ont eſté demolis, comme ayant ſeruy de refuge aux Rebelles de l'Eſtat, & de retraitte aux ennemis de la Couronne : Il ne reſte plus rien que les deux tours, de la Chaiſne & du Garot, baſties par le Roy Charles V. à l'entrée du port, auec quelques murailles du coſté de la mer. Le Temple a eſté conuerty comme vn autre Pantheon, à des ceremonies plus loüables & à vn culte plus ſainct. Il eſt de figure ouale, baſty de bois ſur des murailles de pierre auec vn merueilleux artifice, & par vne extraordinaire liaiſon des ſoliueaux les vns auec les autres ſans aucun ſouſtien au milieu du baſtiment. Le tour de la ville eſt de trois mille pas en forme quadrangulaire : les murailles pour la pluſpart eſtoient fondées ſur le roc, ſi hautes, & les foſſez ſi profonds, qu'on ne la pouuoit prendre par escalade. Mais tout s'ouure ou fléchit deuant la Iustice, & la vertu d'vn Prince plante ses estandars où le feu de Ciel ne peut lancer ses foudres.

L'Isle de Ré.

L'Isle de Ré s'esleue en mer à trois lieuës de la Rochelle, comme vn Theatre, qui a sept lieuës de circuit, où les Anglois & les Holandois se font voir tous les ans en grand nombre pour trafiquer en sel & en vin, que la terre & la mer y produisent en si grande abondance, qu'on y recueille dix fois plus de vin qu'il n'en faut pour la prouision, & assez de sel pour fournir vn Royaume. Sur la fin de l'année 1624. le sieur de Soubize s'oubliant de la noblesse de sa maison, & des hauts faits de ses ancestres, pour faire le mestier d'vn infame Pirate, comme les grandes Eclypses ne s'apperçoiuent que dans les grandes Planettes, aussi les grands defauts n'estans bien remarquables que dans les hommes illustres, s'empara de deux vaisseaux que le Duc de Neuers tenoit à l'ancre au Port-Louis. Auec ces deux nauires, poussez plus fortement par l'ambition de leur

Pilote, que par le souffle des vents, il escume les costes, il arreste les marchands de Diepe, de Bordeaux & de Bretagne; il s'enrichit de leurs despoüilles, & se persuadant desia d'auoir osté le Trident à Neptune, & d'estre le maistre de l'Ocean, il se bande contre son Prince, & leue vne armée nauale composée de trente-neuf voiles, à dessein de luy faire la guerre.

Pour reprimer ces desordres, & empescher que les brigandages qui s'exerçoient sur la mer, ne ruinassent mesme la terre par la cessation du commerce, le Roy fit commandement à Monsieur de Montmorancy, Admiral de France, de s'opposer aux courses de ces Pirates, & de faire connoistre à vn Subjet insolent & felon, que son Prince a vn pied sur la terre & l'autre sur la mer, & les mains en tout lieu pour luy faire souffrir la peine que meritent ses crimes. La flotte du Roy, composée de trente grands vaisseaux, tant François, qu'Hollandois & Anglois, s'auança iusques aux costes de Poitou, où elle deuoit encore ioindre vingt-deux vaisseaux Olonnois conduits par le Marquis de Royan, pour aller resserrer les courses du sieur de Soubize, qui faisoit sa retraitte en l'Isle de Ré, laquelle ne fut iamais mieux nommée par les Latins, *Insula Reorum*, l'Isle des criminels, que lors qu'elle ouurit son port, & rendit son abord fauorable aux plus criminels hommes du monde. Mais comme le crime ne se croid iamais en seureté, & que l'injustice gardée dans vn fort imprenable, redoute mesme les Iuges desarmez qui se presentent aux portes, Soubize préuoyant que la leuée d'vne si grosse flotte minutoit sa perte, ramasse tous ses vaisseaux, & vogue le long des Sables d'Olonne.

L'Admiral aduerty de sa routte se resolut de l'inuestir & de le chasser de la mer. Pour cet effet il ordonna, que les vaisseaux estrangers s'auanceroiét le douziesme Septembre à la faueur du vent, & luy sortit du port où il auoit moüillé l'ancre; & tira droit vers l'ennemy, qui costoyoit les riuages & fuyoit la haute mer, craignant d'estre attrappé. Le quatorziesme du mois, l'Admiral se logea aux enuirons de l'Isle de Ré, où Soubize faisoit aiguade. La veuë de l'Aigle n'est pas plus redoutable aux butors & aux oyseaux niais, que la presence de cet incomparable Heros, qui portoit les foudres de son Maistre en main, & la prudence & le courage de ses Majeurs en la teste & au cœur, espouuanta celuy qui n'auoit d'addresse que pour prendre le vent, ny d'experience que pour commander à des matelots. On le mit donc en alarme, & la necessité le fit resoudre de prendre les armes au combat, luy ostant le chemin à la fuitte. Le iour suiuant, l'armée ennemie fut recõnuë par vn Capitaine Hollandois & par vñ vaisseau Breton, & le rapport estant fait à l'Admiral qu'elle se preparoit au combat, il fit auancer ses vaisseaux auec cette sage conduite, qui luy estoit naturelle en toutes ses entreprises. La recõtre des vaisseaux de part & d'autre se fit sur les onze heures du matin, où l'ardeur de nos Chefs croissant auec celle du Soleil, meritoit aussi d'estre esclairée des plus belles lumieres de ce bel Astre, qui ne contempla iamais de combat plus iustement liuré, ny de victoire plus saintement gaignée sur les ennemis de Dieu & du Prince, qui le represente au gouuernement des peuples.

Le Comte de Vauuert, puisné de la maison de Vantadour, menoit l'auantgarde, l'Admiral tenoit le milieu dans vn grand vaisseau, assisté d'vne belle Noblesse, & d'vn grand nombre de gens de bien, fort entendus au fait de la marine : Aucun ne manquoit de courage, tous estoient resolus de vaincre ou de mourir. Le premier assaut fut sanglant, & le canon faisant de terribles effets de part & d'autre, rendoit le succez douteux, & mettoit la victoire en balance. Ce combat furieux dura iusques au soir, que la nuit, qui couure assez souuent les deffauts & la honte des moins heureux & des plus lasches, seruit aux ennemis, conduits par l'Esprit des tenebres, pour se retirer doucement de la meslée. Le lendemain matin les deux armées s'entreuirent pour la deuxiesme fois: Soubize estoit dans vn vaisseau nommé la Vierge, faisant contenance de vouloir renoüer la partie: mais connoissant assez à l'abord & à la resolution des nostres, qu'il faisoit mauuais pour luy, il s'élança de son grand nauire dans vne petite chalouppe pour attrapper plus aisément le bord, & sauuer sa liberté à force de rames, qu'il craignoit de perdre par la disgrace des vents. Ses soldats plus courageux que luy, combattirent sans Chef assez long-temps, & rudement : mais comme des membres sans teste tombent aisément en desordre, ils furent mis en desroute ; trois mille prisonniers & douze grãds vaisseaux nous demeurerent, & le principal fruict de la victoire fut l'Isle de Ré remise en l'obeissance du Roy.

L'importance de cette Isle fit resoudre sa Majesté de la garder : à ce sujet il y fit construire deux Forts, l'vn sur le bord de la mer pres du bourg de S. Martin, & l'autre nommé le Fort de la Prée, & fit donner au sieur de Toiras tout ce qu'il demanda pour mettre ces places en defense, & empescher que l'Anglois ne s'en rendist le maistre. Ces bons Insulaires, qui sçauent par la tradition de leurs ayeulx, que le climat de la Guyenne est beaucoup plus doux & son air plus temperé que celuy de l'Angleterre, & que le jus des raisins qui viennent sur nos grauiers est bien plus delicieux que le suc des pommes de leurs vergiers, l'ont souuent muguetée, & se persuadent que le feu du bois de nos vignes est bien plus chaud pour appaiser le froid du Septentrion, que celuy de leurs forests. Auec ce dessein l'armée nauale Angloise conduite par le Duc de Bouquinkam, composée de 90 grands vaisseaux & de 120 petits bateaux, où il y auoit enuiron quatre mille matelots, plus de deux mille canons, & huict mille soldats, outre trois mille François rebelles fournis par les Rochelois, se vint ranger entre l'Isle de Ré & la Grande-terre, pour parler le langage de ceux du pays. Ils arriuerent le 21. iour de Iuillet l'an 1627. & s'en retournerent le 17. de Nouembre de la mesme année auec autant de honte & de perte, qu'ils estoient venus pleins d'esperance de rentrer dans leurs anciennes maisons. Vous eussiez dit, qu'ils s'estoient embarquez à dessein d'estre plustost les spectateurs de la

gloire

gloire & des triomphes de LOVYS LE IVSTE, que les ennemis de ſon Eſtat; qu'ils n'auoient apporté que des yeux & des langues pour eſtre les teſmoins & les orateurs de ſa felicité, & qu'ils auoient quitté leurs mains & leurs bras au port de Douure, de peur de le combattre, & d'arreſter le cours de ſes proſperitez: en vn mot, qu'ils eſtoient venus expres en France, pour voir prendre la Rochelle, ruiner l'hereſie, eſtouffer la rebellion, & mettre l'Ocean aux fers comme complice de la deſobeïſſance des Rochelois, auſquels il auoit preſté ſes ports & ſes marées. Ie ne veux point icy m'eſtendre à raconter vn ſiege, qui a laſſé la plume des Poëtes & des Hiſtoriens. Il ſuffit aux Anglois de dire que Toiras eſtoit dans la place aſſiegée, pour trouuer vn pretexte ſpecieux à leur foibleſſe, & vne eſpece d'addouciſſement à leur perte: luy ſeul valoit autant qu'vne armée, & ſa cõduite eſtoit capable de rendre vn hameau de Paſteur imprenable: ſon deſtin eſtoit de tout prendre, & de ne rien laiſſer perdre des intereſts du Roy ſon maiſtre. Neantmoins il perdit en Piedmond la vie, ſi glorieuſe à l'Eſtat, ſi auantageuſe aux alliez de la Couronne, & ſi chere aux peuples de Saintonge & de Poitou, qui le recõnoiſſent encore pour leur liberateur, qu'il eſt preſent en l'eſprit de tous, & s'eſt acquis vn Empire immortel en leurs cœurs. Il eſtoit beſoin pour le faire mourir de l'enuoyer dans vne terre eſtrangere, eſtant impoſſible qu'il mourût en France, ſans oſter le cœur & l'ame à tous les bons François, qui luy conſeruent vne belle vie dans leur memoire, & dans celle de leur neueux. I'eſtois redeuable de cette digreſſion aux armes du deffunct Roy, & à la valeur d'vn ſi grand Capitaine.

L'Iſle d'Oleron. L'Iſle d'Oleron eſt au deſſous de Ré, beaucoup plus grande, plus agreable & plus fertile. Elle a plus de dix lieuës de circuit, & tout ce qui eſt neceſſaire à la vie de l'homme y croiſt en abondance; les moiſſons dorent les plaines, les vignes s'eſtendent ſur les côtaux, le ſel ſe cuit ſur ſes coſtes, les foreſts s'eſleuent aupres de ſes belles maiſons, le beſtail ſe nourriſt graſſement dans ses pasturages, les lievres renommez mesme parmy les anciens gistent dans ses sables, & les oyseaux de mer nichent iusques dans ses bois. D'Oleron à l'Isle d'Aluert il y a vne lieuë de traject par le Pertuis de Maumusson, & à trois lieuës de Ré par le Pertuis d'Antioche. Elle est esloignée de la Rochelle de sept lieuës de mer, qui se va rendre à la Palisse, & au Pertuis Breton, & de Broüage trois lieuës de mer à l'Est. Du Sud à l'Oüest, elle a la mer Oceane, qui la separe de l'Espagne par quatre-vingt lieuës d'eau; du costé de l'Oüest on va plus de mille lieuës sans trouuer de terre ferme, ce qui fait qu'on appelle cette extremité le Bout du monde.

L'Ocean, qui fait l'Isle l'Oleron, se distingue en mer de grande & de petite coste, & en mer du Coureau d'Oleron du Nord-Est au Sud. Le long de la grande coste du Sud à l'Oüest, iusqu'au Pertuis d'Antioche, il n'y a point de canaux pour aborder en l'Isle, & le long de la petite coste l'abord des vaisseaux commence au port de S. Denys, dont l'entrée & le sejour ont quelque danger comme fort proche du Pertuits & de roches d'Antioche. Les Canaux sont celuy de la Perrotine, d'Arceau, de l'Abrande, & au bout le port du Chasteau, où commencent les rochers. Tout le long de la petite coste la mer iusqu'à vne lieuë auant y est bonne pour les grands vaisseaux de huict cens tonneaux. Depuis le port du Chasteau iusqu'à Manson proche de Maumusson du Nord-Est au Sud, où commence la riuiere de *Cendre*, au profond de ce destroit qu'on nomme ordinairement le Coureau d'Oleron, il y a fort bon ancrage pour les nauires de deux à trois cens tonneaux, comme aussi dans la Cendre, où le vaisseau qu'on appelle la Couronne a demeuré long temps à l'ancre auec seureté. Le principal lieu de l'isle est le Bourg appellé du Chasteau, où depuis la reddition de la Rochelle on a basty vn Fort Royal auec cinq bastions.

Cendre, r.

A l'opposite de l'Isle d'Oleron paroist Broüage, vne des plus importantes clefs de la France, & des mieux fortifiées, depuis que le feu Cardinal de Richelieu la trouua digne de ses ſoins, & propre pour l'auancement de ſes deſſeins. Autrefois ce n'eſtoit qu'vn chaſteau nommé BROÜE, mais de telle importance, qu'il arreſta les forces de l'Angleterre, & mit des bornes à leurs conqueſtes : ce que les gens du pays ont retenu dans vn prouerbe:

Fronſac, Cropignac, & Broüe
Ont fait aux Anglois la moüe.

Si quelqu'vn veut apprendre la façon de faire du ſel, il n'a qu'a voir les marais ſalans, & s'inſtruire des ſaulniers de Broüage. Mais c'eſt aſſez vogué ſur la mer, il faut reprendre nos riuieres, dont la plus proche eſt :

LA CHARENTE.

IL ne ſe peut rien voir de plus clair, ny de plus agreable que le cours de la CHARENTE: Et Ronſard a grand tort de la deriuer de l'Acheron, & de penſer que ce ſoit vne branche de ce funeſte lac, dont les eaux nous ſont repreſentées ſi noires, & ſi boüeuſes. C'eſt pluſtoſt vne fontaine continuée depuis ſa naiſſance, iuſques à la mer, où elle entre auſſi fraiſche & auſſi pure, apres auoir couru quatre-vingt lieuës, à suiure ses destours, que si elle ne faisoit que sortir de son origine. Elle cultiue generalement tout ce qu'elle arrouse : elle laisse l'abondance par tout où elle passe, & si le mesme pays est extremément maigre & extrémement fertile, ce sont des effets de son esloignement & de sa presence. Ses bords sont couuerts de plusieurs collines, vertes de haut en bas d'vne forest qu'elles portent; ou chargées de tres excellens vins, qui se transportent fort aysement dans les Prouinces; la mesme eau profitant à ses voisins par la diffusion de son humeur qui engraisse leurs terres, & seruant aux estrangers par le moyen des commerces, qui soulagent leur pauureté. En certains endroits elle est assez large; ailleurs son canal se resserre tellement, que les peupliers qui la bordent de part & d'autre, semblent se baiser, & ioignent leurs branches auec vne si belle iustesse, que le berceau ne seroit pas mieux fait, si l'art & la contrainte les auoient pliées. Ceux qui ont le plaisir de regarder au fonds de la riuiere les choses qui se passent dedans l'air, & de voir nager tout ce qui vole, la prennent pour vne espece de cristal liquide, ou de quelque beau miroir, que la Nature a formé pour y contempler les Astres hors de leurs globes, & y considerer à son aise cette riche effusion de couleurs que le Soleil verse sur la face de l'eau, & dans laquelle il semble qu'il tempere ses rayons pour les rendre supportables, & qu'il adoucit sa lumiere pour espargner nostre veuë. Les autres riuieres ne sortent iamais hors de leurs licts, qu'à la façon des barbares, pour porter la desolation dans les pays circonuoisins; & iamais elle ne se retirent, qu'elles ne soient accreuës de plusieurs larmes; & si elles font quelque bien, c'est comme les sorciers, pour faire plus de mal: les crimes de celles-cy sont innocens; la crainte, qu'elle se plaist de donner vne fois tous les ans, est profitable; ses débordemens sont fructueux, & quand elle se iette en hyuer bien auant sur les terres, c'est pour arrouser vn pré de trente lieuës, qui paroist au Printemps tapissé d'vne agreable verdure, & en esté tout couuert de troupeaux, qui portent sur leur dos la Toison d'or.

LA CHARENTE, R. La *Charente* prend sa naissance en Limosin, elle se renforce dans le Poitou, & apres auoir couru l'Engoumois & la Saintonge, elle va se rendre dans la mer Oceane, au dessous de Soubize, à deux lieuës de Broüage. Dans vne si longue estenduë de pays, soit que vous abordiez aux Isles qu'elle forme au milieu de son sein, pleines de bois ou d'herbes; soit que vous vouliez prendre vostre diuertissement à la pesche des carpes, des brochets, des truites, & de quantité d'autres poissons, qui se lancent de tous costez dans ses eaux, comme des fléches animées; soit que vous suiuiez les bateaux qui montent depuis son emboucheure iusqu'à Coignac portez en partie par le reflux de la mer qui les pousse, en partie aussi par la force des bras qui les tirent, & qui descendent chargez de bleds & de vins pour la prouision des estrangers qui ne font iamais moisson ny vandange en leurs terres; soit que vous consideriez les lieux où elle passe, & les villes qu'elle a sur ses bords, vous auoüerez qu'elle peut iustement porter le titre d'vne des belles riuieres de France, & que l'Ocean reçoit fort peu de fleuues dans son sein auec plus d'auantage & d'appareil.

Cheronac est vne parroisse sur les Marches du Limosin & de l'Angoumois, c'est là que la Charente prend son origine du ruisseau d'vne fontaine, d'où elle se porte doucement vers le Septentrion, iusques à ce qu'elle soit arriuée à Giuray en Poitou, & qu'accreuë de quelques veines d'eau, qui luy fournissent d'autres fontaines, elle se lance vers le Midy, & gaigne Sigolan, Rochemeau, Ciuray, Thesé, & Condac, où elle a par tout des ponts de pierre, pour n'estre plus guéable. Au dessous de Condac elle reçoit le *Lyon*, qui vient se descharger dans son canal, apres auoir entouré le chasteau de Ruffec, & arrousé les arbres de la forest, où se rend aussi la riuiere de *Peruse*, qui fait tous les ans vn miracle en la Nature.

Lyon, r.

Peruse, r.

La *Peruse* sort de Creux Gilbert, & se porte à Mon-Ian, & de là continuë son cours à Londigny & à Genoüillé,

& se perd à S. Martin du Clocher. Les Iuifs tenoient pour vn miracle la fontaine du Sabath, qui couloit six iours entiers de la semaine, & tarissoit le Samedy, comme si elle eust eu les mesmes sentimens d'obeissance & de Religion en cessant de couler, que le peuple de Dieu qui sanctifioit ce iour en cessant de trauailler. Mais la Peruse a de coustume tous les ans de couler aux mois d'Auril & de May, & quelques fois de Iuin durant quatorze iours, au bout desquels elle s'arreste sans iamais passer outre. Et ce qui est de plus estrãge, c'est que comme les Egyptiens preuoyoient le desbordement du Nil, & connoissoient iusques où il deuoit se porter, des eaux d'vn puys, qui estoit dans vne Isle : aussi la Peruse ne paroist point, qu'elle n'ait donné des signes de sa venuë dans le puys d'vn village, dont l'eau s'esleuant auec effort iusques à la bouche sert d'auertissement aux villageois de se tenir prests à receuoir leur riuiere. Ie crois qu'il seroit bien difficile de donner vne raison solide de ces changemens prodigieux, puisque ny les grandes marées de l'Ogean, ny les neiges fonduës sur les montagnes, ny les torrens débordez, ny l'humidité extraordinaire de la terre ou des rochers, n'en sont point la veritable cause en cette saison la plus temperée de tout le cours de l'année.

Deux autres petites riuieres, qui sont les plus riches du monde, si les noms ne trompent point, car l'vne est *Or*, & l'autre *Argent*, viennent de Champagne Mouton, se ioignent à Nantueil en Vallée, où elles n'ont plus qu'vn mesme lict, & qu'vn mesme nom, qui est *Agrentor*, formé des deux, & enfin se donnent à la Charente en vn lieu nommé Porsac. Il n'en eust pas fallu dauantage aux Poëtes & aux Historiens de Rome & de l'ancienne Grece, pour vanter la grandeur de leur Empire, & pour former vn illustre mensonge dans l'esprit de la posterité, que d'auoir eu ces deux ruisseaux dans quelqu'vne de leurs Prouinces. Ils auroient si bien desguisé leurs inuentions, que les plus sçauans feroient aujourd'huy des remarques estudiées sur l'or & sur l'argent liquide; les plus subtils Philoso-

Or, et Argent, r.

Argentor, r.

phes tascheroiēt d'authoriser vne specieuse fable par l'authorité du Prince de leurs Escholes, & par la force de leur raisonnement; & les plus grands Princes de l'Vniuers à la lecture de ces narrations se plaindroient de leur pauureté, qui ne peut estre soulagée que par la sueur & par les larmes de leurs peuples, au lieu que ces vieux Conquerans puisoient l'or & l'argent dans les riuieres.

Son, Sonnette, r.

La Charente continuë ainsi son cours par l'Engoumois, & ayant coulé sous le pont de Vernueil, & sous celuy de Maule, qui a huit arcades; elle se grossit des eaux de *Son* & de *Sonnette*, dont l'vn vient de l'Abbaye de Celle Fruyn, & l'autre du village de Beaulieu, & tous deux se lient à Valence, chargez de truites & de brochets, & bordez d'escreuisses.

Bonuire, r

La *Bonuyre* est vn autre petit ruisseau, qui se vient perdre au dessous de Puyreau.

Tardouere, r.

La *Tardouere* prend sa source dans le Limosin, & passe au pied des murailles de Monberon & de la Rochefoucaud, & se va rendre auec les autres dans la Charente proche de Maule.

Ma plume ne court pas si viste que les riuieres, & ie ferois tort à mon Lecteur de ne point m'arrester icy pour considerer les caues de Rancogne, qui sont entre Monberon & la Rochefoucaud. Vous diriez que la nature a voulu faire comme ces Princes, qui s'estudient de ramasser les plus rares pieces du monde; & qu'elle a dressé vn cabinet dans ces grandes caues, qui ressemblent plustost aux sales d'vn Palais superbe, qu'aux grottes d'vn rocher champestre, où les esprits curieux se plaisent d'aller voir des statuës d'hommes au naturel, des figures de bestes, des colomnes hardies, des Autels esleuez, des meubles bien rangez, des habits proprement taillez, & dix mille curiositez, où l'art n'a iamais mis la main. L'entrée en est fort estroite, & il n'y a point d'autre iour que celuy des flambeaux qu'on y porte, pour se conduire. Ceux qui ont veu la cauerne de Miramont, qu'on nomme le Cluseau, en Perigord, tesmoignent qu'elle est fort semblable à celle de Rancogne, sinon qu'elle est plus grande & par artifice. Car elle a plus de cinq ou six lieuës d'estenduë sous terre, elle a aussi des sales & des chambres pauées de petites pierres mouchetées de diuerses couleurs, des Autels, des peintures, des vestiges de bestes, des fontaines, & des ruisseaux, dont il y en a vn large de six-vingts pieds. Ce qui me fait penser, que c'estoient des Temples, où les Payens sacrifioient à leurs Dieux infernaux, & où ils celebroient les mysteres des Venus; puis qu'il s'est trouué d'autres voûtes en quelques endroits de France, où l'Idole de cette Deesse estoit posée sur vn Autel, auec des figures de Priape honteuses & lasciues.

Du chasteau de la Rochefoucaud, qui est assis sur les bords de la Tardoüere, l'Empereur Charles-Quint passant par la France en dit vn mot qui luy est plus glorieux que tous les tesmoignages des Escriuains, & qui nous donne vne representation plus veritable de ce beau lieu, que toutes les descriptions qu'en peuuent faire les plus diligens Cosmographes : Il auoit veu, dit-il, cinq merueilles en ce Royaume, vn Monde, vne Ville, vn Village, vn

Iardin, & vne Maiſon ; à ſçauoir Paris, qui renferme vn monde de peuple en ſes murailles ; Orleans qui eſt vne ville compaſſée en toutes ſes parties aux regles des plus celebres Architectes, & aux projets des plus fameux Politiques ; Poitiers qui eſt vn deſert ſans horreur, & vn village ciuiliſé. Tours le ſejour des innocens plaiſirs, & le jardin des Princes, & la Maiſon de la Rochefoucaud.

La Charente pourſuiuant ſa courſe, deſcend à Goé, & de là trauerſe S. Gros, Chaſteau-Regnaud, Eſchoiſy, la Terne, Amberac, Marcillac, & Montignac, où elle a vn pont de pierre, qui eſt le huictieſme de ceux qu'elle porte depuis ſa ſource. Le neufuieſme n'en eſt pas beaucoup eſloigné, que l'on paſſe à Vars, qui eſt vn chaſteau de l'Eueſque d'Angouleſme. Elle ſe rend à Vindelle, & de là à Balſac, où elle a l'honneur de contribuer la fraiſcheur de ſes eaux, & les promenades de ſon riuage pour les honneſtes diuertiſſemens du maiſtre de la place, apres qu'il s'eſt laſſé l'eſprit à nous former l'original d'vn Prince, qui n'a point de copie, & à nous rendre l'vsa-sage de la plus forte eloquence aussi familiere, que les lettres d'amys. C'est

Churet, r. là que le ruisseau de *Churet* se vient

Bãdiat, r. ietter dans la riuiere, & où le *Baudiat*, qui descend de la Vauguyon, & arrouse les frõtieres de Perigord se perd aux Vmbrais dans vne terre spongieuse & creuassée, à vn quart de lieüe de la forest de Branconne, où il s'engouffre auec la Tardouëre, pour renaistre à deux lieües delà, contre le chasteau de Touure, & former la riuiere de Touure pres d'Angoulesme.

LA TOVVRE.

IE ne sçay comment nommer la TOVVRE, qui se vient descharger dans la Charente deux lieües au dessus d'Angoulesme, & ceux qui la voyent tous les iours, ne sçauent si c'est vne riuiere, vne fontaine, vne abysme, ou vn vivier, car elle à deux lieües de long, & se tient dans son canal auec autant de majesté que les plus grosses riuieres; elle est aussi enflée à son origine qu'à son embouR-cheure,

& ne se preuaut iamais des eaux de la pluye estant esgale en toutes les saisons de l'année, comme les fontaines viues qui iamais ne changent leur bassin : elle n'a point de fonds en sa source, & si les bateliers ne sont experimentez, & fort adroits pour esquiuer les dangers, la charge & le batteau sont engloutis par vne espece de moulinet, semblable à ces Syrtes ou tournoyemens d'eau, que les nautonniers rencontrent sur les costes d'Afrique. Elle est enfin comme vn reseruoir, où il est deffendu à tous les particuliers de pescher sans le congé du Prince, & on disoit autrefois qu'elle estoit pauée de truites, lardée d'anguilles, bordée d'escreuisses, & couuerte de cygnes. Pour mieux dire, elle n'est ny viuier, ny gouffre, ny fontaine, ny riuiere, mais elle est tout cela. On la passe sur trois ponts dressez en diuers endroits, le premier est le pont de la Ruelle, le deuxiesme le pont de Touure, & le dernier celuy de Gondy, où elle se va rendre en la Charente au port de l'Vmeau pres d'Angoulesme, où elle commence à porter batteaux, & fauoriser les trafics de la Prouince, par la communication des estrangers, qui viennent acheter les vins, les bleds, le bois, & le safran du pays.

Ie ne veux pas obmettre vne chose tres remarquable, que la Touure ne peut porter vn bateau fait de diuerses pieces, qu'il ne soit bien tost rongé des vers, qui s'y engendrent: & il faut necessairement qu'il soit d'vne seule piece de bois, bien petit à la verité, mais aussi fort asseuré.

ANGOV-LESME.

ANGOVLESME, Capitale de l'Angoumois, est bastie sur le sommet d'vne montagne, qui fait comme vn coing d'vne longue plaine esleuée & estenduë entre les riuieres d'Anguienne & de Charente, qui se rencontrent à vn des bouts de la ville. Elle n'est accessible que d'vn costé, qui est bien fortifié & remparé de tours, fossez & bastions. Son chasteau n'est point à mespriser. Il y auoit autresfois vne citadelle, qui est presque démolie, les restes seruent de prisons. Dieu voulant fonder cette grande Monarchie pour la protection de son Eglise, liura la ville d'Angoulesme entre les mains de

Clouis, & voulut reconnoistre par vn insigne miracle le seruice que ce Prince Tres-Chrestien luy auoit rendu, quand il tua de sa propre main Alaric Roy des Visigoths, ennemy iuré de la gloire & de l'Estat de IESVS-CHRIST son Fils, en faisant tomber les murailles à sa presence sans aucune machine, comme il fit celles de Iericho, pour Iosué le Conducteur de ses armées en la conqueste de la Terre promise. C'est le plus beau tesmoignage que ie trouue de l'antiquité de cette ville depuis les premiers desseins de nos Roys sur ce florissant Royaume. L'Abbaye de S. Cibard hors des murailles, auantagée d'vn beau pont sur la Charente, estoit la solitude de ce S. Personnage durant le regne des enfans de Clouis, que le Roy Aribert fonda & enrichit de grands reuenus; où Theodebert l'vn des fils de Chilperic Roy de Soissons ayant esté tué à quatre lieuës de la ville, entre la riuiere & la forest, fut inhumé; & où les Comtes d'Angoulesme, auant que la Prouince fust reünie à la Couronne par François I. auoient esleu leur sepulture, nous eſt encore vn teſmoignage de ſa nobleſſe.

I'apprehenderois de ſoüiller mon eſprit & ma main, ſi ie raportois les execrables cruautez qu'exercerent ceux de la nouuelle Religion en cette deplorable ville durant les dernieres guerres ciuiles; & ie craindrois de donner plus d'horreur, que de diuertiſſement à mon Lecteur, ſi ie ramaſſois le ſang reſpandu pour les intereſts de la Foy de nos Peres, & ſi ie voulois deſcrire les Preſtres maſſacrez, les Autels renuerſez, les victimes de noſtre redemption foulées aux pieds, les plus venerables myſteres du Teſtament de IESVS-CHRIST prophanez par des chiens: les Vierges deflorées, les honneſtes Dames euentrées, les enfans deſchirez; & ce que iamais les Amphitheatres de Rome n'ont repreſenté, ce que meſme les plus barbares nations n'ont iamais inuenté contre leurs ennemis, fut pratiqué par ceux qui font profeſſion de reformer l'Euãgile, auec le fer & le feu. On apprend à deuenir cruel en liſant les cruautez, & on s'accouſtume peu à peu à ſe deſpoüiller de la honte de commettre les crimes, qu'on void estre authorisez par l'exemple & par l'impunité.

I'abandonne donc la ville d'Angoulesme, où les Eglises conseruent encore à present les marques de la fureur des Religionnaires, pour suiure le cours de la claire Charente, qui ayant reçeu vn nouuel accroissement d'eau de deux petites riuieres, la *Boeme* & la *Noere*, s'en vient à Chasteau-neuf, où elle a vn pont de pierre, & de là gaigne Iarnac. Il semble qu'elle coule auec plus d'agreement entre ces deux places, & qu'elle va plus lentement pour auoir le loisir de contempler le lieu où fut donnée cette sanglante bataille entre les Catholiques, & les Caluinistes, qui fut remarquable par la deffaite de l'armée ennemie, & par la mort de son Chef, le Prince de Condé. On composa sur ce sujet vn quatrain en ces termes:

Boeme, r. *Noere, r.*

Bataille de Iarnac.

L'an mil cinq cens soixante-neuf,
Entre Iarnac & Chasteau-neuf,
Fut porté mort sur vne Asnesse
Le grand ennemy de la Messe.

Le chasteau de IARNAC est vne des

IARNAC.

plus agreables maisons du pays ; & ceux qui sçauent quel a esté l'Admiral Chabot, les grands biens qu'il a possedez, les illustres seruices qu'il a rendus au Roy François I. son maistre, les emplois qu'il a eus dans la guerre ; les charges qu'il a exercées sur la mer & sur la terre, en qualité d'Admiral, de Gouuerneur, & de Lieutenant General des armées de France ; les victoires qu'il a remportées sur les ennemis de l'Estat par son courage, & sur les enuieux de sa gloire par son innocence ; & la reputation qu'il s'est acquise parmy les domestiques & chez les estrangers, & qui aura consideré son tombeau auec son effigie, ses chiffres, ses armes, & ses deuises en la Chapelle d'Orleans dans l'Eglise des Celestins de Paris, confessera que la Noblesse & la Valeur sont nées à Iarnac en la personne de ce grand personnage & de ses successeurs.

COIGNAC.

COIGNAC n'est esloignée que de deux lieuës de Iarnac, assise sur la mesme riuiere de Charente. Il y a vn fort chasteau, où nasquit & fut nourry le Roy François I. du viuant de son pere, qui estoit Comte d'Angoumois, & premier Prince du sang. De Coignac à Saintes, la Charente a son canal plus large qu'ailleurs, pour estre accreuë de trois riuieres, l'vne vient du Breüil de Chine sur les extremitez de la Saintonge & du Poitou, & passe aux pieds de Richemont, d'où elle emprunte son nom, & se va ietter dans la Charente vn peu au dessous de Coignac. L'autre est le *Né*, qui prend son origine à Maints-fonts en Angoumois, & arrouse toute cette grande plaine, que ceux du pays nomment la Champagne de Coignac. La troisiesme est la *Seugne*, qui coule d'Archac, trauerse la ville de Pons, & se vient perdre au dessus du port Chauueau.

Né, r.

Seügne, r.

PONS est vne ville bastie comme en arcade, parce qu'elle est posée sur vne mõtagne, & couure son panchant. On la diuise en haute & basse ville: celle qu'on nomme de S. Viuien est presque toute deserte, depuis que les Iuifs qui l'habitoient en furent chassez par le Seigneur de Pons, & leurs maisons abbatuës, pour auoir cruellement pendu vn Religieux Croisé en hayne

PONS.

de IESVS-CHRIST, que leurs peres ont crucifié. La partie de la ville qui est vers le Septentrion s'appelle les Haires, & la riuiere y fait quatre ponts, qui ont donné le nom à la ville, & les Armoiries aux Seigneurs, qui portent de gueules à trois ponts d'or, comme on les voit grauées sur vne tour. Ces Seigneurs sont appellez Sires de Pons, qui ont sous leur iurisdiction cinquante-deux parroisses, & deux cens cinquante fiefs nobles, ne deuants l'hômage de leur terre qu'au Roy qu'ils luy rendent en cette sorte.

Le Sire des Pons armé de toutes pieces, ayant la visiere baissée se presente au Roy, & debout luy dit, Sire ie viens à vous pour vous faire l'hommage de ma terre de Pons, & vous supplie de me maintenir en la iouïssance de mes priuileges. Le Roy le reçoit, & luy doit donner comme par gratification, l'espée qu'il porte à son costé.

La riuiere se déborde en hyuer sur les prez qui paroissent au printemps tous chargez d'herbes; comme si la terre & l'eau faisoient à l'enuy pour enrichir la Prouince de leurs liberalitez,

Car la mer luy produit le sel sur ses costes, les riuieres luy nourrissent le bestail dans les prez sur leurs riuages; les collines se chargent de bois & de vins, & les campagnes se couurent de moissons. De sorte que ce n'est pas sans raison que Froissart dit en son Histoire,

Si la France estoit vn œuf,
Xaintonge en seroit le moyeuf.

comme il est veritable que la France est la plus esclatante Couronne de l'Europe, dont la Xaintonge est la perle, à cause de la fertilité qui luy produit toute sorte de bons fruits en abondance. Car elle recueille plus de bleds & de vins qu'il ne luy en faut pour sa prouision; elle a force foins à cause de la Charente, qui va serpentant & coule doucement par le milieu du pays, où elle fait vne prairie, qui a vne lieüe de large en certains endroits, & trente de long. On parle de certain oyseau nommé Gouland, qui se void sur la mer de Saintonge, & voltige sans cesse sur les eaux pour y surprendre les poissons dont il se nourrit, & estant saoul iusques à l'extremité se tourne droict au vent, qui luy cause & parfait sa digestion. Les anciens ont parlé de l'absinthe Romain, ou Pontique-marin, ou Aluyne qui a de belles proprietez. La matiere du verre qui se tire de quelques pierres & herbes y est en abondãce. La Noblesse & le peuple se trouuent si bien chez eux, qu'ils n'ont pas besoin de leurs voisins, ou de courir ailleurs. Sa longueur est de vint-cinq lieües au plus, & sa largeur de douze, & confine vers le Leuant à l'Engoumois, & au Perigord: elle a du costé du Nord le Poitou & le pays d'Aulnis; du Couchant l'Ocean, du Midy la Garomne & le Bourdelois.

XAINTES Ceux donc qui ont visité XAINTES, *Mediolauum Santonum*, la ville capitale du pays, assise sur la Charente, dont vne partie est sur le bord de la riuiere, l'autre sur le penchant d'vne montagne, & qui ont gousté la bonté de la terre, la douceur du climat, & l'humeur des habitans, confessent que c'est le sejour des delices de la Nature, & vne de ses plus agreables maisons de plaisance. Les autres considerans tant de restes de la somptuosité Romaine, à ſçauoir les maſures d'vn Amphiteatre, auec des acqueducts & des caues, où l'on tenoit les beſtes pour les ſpectacles, & vn Arc fort ancien eſleué ſur le pont de la Charente, où eſt graué le nom de Ceſar, auec la Tour qu'on appelle de Mantrible, baſtie de pierres ſemblables aux arenes de Niſmes, & quelques lettres que les temps ont effacées, reconnoiſtront en quelle eſtime eſtoit cette ville durant les Romains, qui l'auoient trouuée digne de leurs magnificences. D'autres contemplans l'Egliſe Cathedrale dediée à S. Pierre, & fondée par Charlemagne, de qui on void la teſte grauée ſur les murailles auec vn Y au dehors de l'Egliſe, pour marque que ce pieux & vaillant Prince auoit fait baſtir autant d'Egliſes en France, auant celle-cy, qu'il y a de lettres dans l'Alphabet auant l'Y, iugeront bien que les ſentimens des ſaincts Empereurs, qui fondoient des Temples, & ſacrifioient des Autels pour le bonheur de leurs armes, & pour la proſperité de leurs Eſtats, eſtoient bien differents des procedures de nos nouueaux Croyans, qui ne demandent que la ruine de la Maison de Dieu, & la desolation de sa Famille. Car cette Eglise fut demolie par ceux de la Religion pretendüe en l'an 1562. excepté la grosse tour du clocher, & ce qui depuis a esté rebasty n'est pas la moitié du premier edifice.

TAILLEBOVRG.

La riuiere descend de Xaintes à TAILLEBOVRG, où elle a vn pont de pierre, accompagné d'vne grande chaussée qui la trauerse. C'est là comme sur vn theatre d'honneur & de vaillance, que ie me represente de voir l'incomparable S. Louis à la teste de son armée, la pique en main, qui ne pouuant souffrir que les siens reculassent en sa presence deuãt les Anglois, qu'ils auoient si souuent battus, & qui deuoient estre vn iour chassez par vne Fille, assaillit si courageusement ce Pont, que les François suiuans l'exemple de leur Heros, enfoncerent les ennemis, leur passerent sur le ventre, gaignerent le pont, & ouurirent le passage à la victoire. C'est au bout de ce mesme pont, qui estoit fort estroit, & où peu d'hommes pouuoient passer de front, que le Roy qui n'auoit point de coustume de dire à ses soldats, marchez, mais suiuez moy, ayant passé des premiers, se trouua enuelopé des ennemis; & ce fut merueille qu'il eût assez de force & d'haleine pour resister auec le petit nombre qui l'auoit suiui, iusqu'à ce que le reste de son armée eût passé la riuiere, partie sur le pont, partie sur des bateaux, ou à la nage. Outre que les François ayans à combattre par petites troupes & en confusion, à mesure qu'ils passoient, ne pouuoient garder aucun bon ordre de bataille : Mais qui ne sçait que l'amour est inuincible, & que les interests d'vn bon Prince, le bien-aymé de son peuple, anime plus fortement les soldats au combat, & leur donne plus d'auantage en la bataille, que tous les preceptes de l'Art militaire? Le Roy fut dégagé, les ennemis rompus, le nombre des prisonniers fut de quatre mille; & si le Roy par vn excez de bonté n'eust commandé qu'on sauuast ceux qui mettoient les armes bas, il eût esté à craindre que Henry Roy d'Angleterre, qui estoit venu au secours du Comte de la

Marche son beau pere, desobeïssant & rebelle à son Seigneur Alphonse, crée Duc de Poitou, par le Roy Louys son frere, ne s'en fust retourné sans autre suite, que celle de sa disgrace, & sans autre compagnie, que celle des ombres de tant de miserables soldats, qu'il auoit fait immoler à l'ambition desreglée d'vne Princesse, Isabeau sa mere, Comtesse de la Marche, qui auoit le cœur plus grand que sa Couronne, & les desirs plus estendus que le pouuoir de son mary.

La Charente sortant de Taillebourg s'auance vers le Midy, & reçoit la Boutonne à trois lieues de là.

LA BOVTONNE.

BOVTONNE, R.

LA BOVTONNE prend sa naissance dans le Poitou, & sort d'vn bourg qui s'appelle pour ce sujet, *Chef-boutonne* : elle se courbe en son cours, & fait comme vn arc voûté depuis sa source iusqu'à S. Iean d'Angely, receuant par les chemins la *Belle*, qui vient d'aupres de Mesle au haut Poitou, passe à N. Dame de Celle, &

Belle, r.

s'assemble auec la *Brune*, qui vient de Payset le tort, & passe à Chesay, & à Saligny. Deuant que cette ville fust bastie ce n'estoit qu'vne Abbaye, qui fut fondée par le Roy Pepin dans son propre Palais d'Angery, à l'honneur de S. Iean Baptiste, pour la victoire qu'il gaigna contre Gaifer Roy d'Aquitaine par la vertu du precieux Chef de ce grand Precurseur, qui luy fut apporté de la Terre Sainte par quelques Religieux. Ainsi lisons nous que Clouis quitta son Logis Royal à sainte Geneuiéue : Hugues Capet changea sa Maison à l'Eglise de S. Barthelemy en reconnoissance des grandes liberalitez qu'il auoit receuës de Dieu, l'vnique appuy de sa fortune, & le Protecteur de sa Couronne : son fils Robert poussé du mesme esprit se deslogea pour loger S. Nicolas : Henry I. ayma mieux voir des Moynes que des Courtisans en son Palais, & le donna pour bastir le Prieuré de S. Martin des Champs. Le peuple attiré par les miracles qui se faisoient à la presence de ces Reliques, & par la bonne vie des Religieux, y bastit vne ville, qui s'e- *Brune, r.*

estant accreüe & enrichie par le trauail des habitans, & par la commodité de sa situation, à veu trois sieges dressez contre ses murailles. Le premier y fut mis par le Comte de la Rochefoucaud commandant l'armée des Religionnaires bandez contre leur Prince & contre Dieu: le deuxiesme par le Roy Charles IX. qui l'ayant receüe à composition luy conserua tous ses priuileges, à la charge de demeurer dans l'obeïssance de fideles subjets: ce que n'ayant point fait, la Iustice s'est seruie du bras & de l'espée de LOVYS LE IVSTE pour luy faire porter la peine de ses frequentes reuoltes. Ce fut le propre iour de la naissance de S. Iean Baptiste l'an 1621. que la ville de S. Iean d'Angery, qu'on nomme par corruption de termes, Angely, fut rendüe à sa Majesté apres vn siege de six sepmaines, qui cousta beaucoup de sang à nostre Noblesse, & où quantité de Seigneurs & Gentils-hommes perdit la vie. Le Roy voulant que la rebellion de cette ville seruit d'exemple aux autres pour les contenir, ou pour les ramener au deuoir, luy osta

toutes

toutes les marques d'vne ville, & luy changea mesme son nom de S. Iean d'Angely, dont elle estoit indigne, en celuy de Bourg Louys, qui luy faisoit voir la grandeur de ses crimes sur les ruines de ses murailles.

Pour la ville de Melle, qui n'est plus aujourd'huy qu'vn monceau de ruines, les effets de nos guerres ciuiles, & les fruits de nos diuisions, elle a esté autrefois considerable pour son assiete, pour son trafic, & pour ses foires. Le Seigneur de la Tremoille Duc de Thouars Chef de la Ligue du Poitou l'assiegea & la batit sous le regne de Henry III. laquelle fut renduë par composition, le mesme iour qu'il rendit luy mesme son esprit à Dieu, par les ardeurs d'vne fievre continuë; de sorte que son ame entrant glorieuse dans le Ciel portée par la main des Anges, son corps porté sur les espaules des Capitaines de son armée fit son entrée triomphante dans cette place. La riche Abbaye de Celle, dediée à l'honneur de Nostre Dame, par le Roy Louys XI. tesmoigne assez par ses vestiges la pieté & la magnificence de ſon fondateur, & l'eſprit des Huguenots, qui ont changé les Temples materiels de Dieu en Amphiteatres, & des Temples viuans en ont fait des victimes à leur fureur.

Mais reprenons le cours de l'eau, & ſuiuons la Boutõne qui commence icy à porter bateaux : Elle a deſia gaigné Toune-boutonne, deux lieuës au deſſous d'Angely, & ſe haſte pour attraper la Charente. TOVNE-BOVTONNE eſt vne petite ville ainſi nommée du lieu de ſon aſſiete, ſur le panchant d'vn côteau, aux bords de la riuiere. On y void vn chaſteau composé d'vne tour quarrée, baſtie ſur vne eminence à vn coing de la ville. Les Seigneurs n'en doiuent point d'hommage au Roy, ſinon lors qu'il en eſt proche de trois lieuës : Alors le Seigneur va au deuant de ſa Majeſté, & luy preſente les clefs de la ville & du chaſteau, en ces termes : Sire, voicy les clefs que ie vous apporte de voſtre Tour de Toune-boutonne : & le Roy luy reſpond, Faites en bonne garde pour mon ſeruice, en luy donnant vne paire d'eſperons dorez pour recompence de ſa fidelité. Ces deux riuieres marchent de compagnie iusqu'à Soubize, & se iettent dans la mer au port de Lupin, gastant ainsi la pureté de leur cristal dans cet element trouble & confus, & perdant la douceur de leurs eaux parmy le sel, qui se fait dans les marais salans, qui sont à l'embouscheure.

LE SVDRE.

LE Sudre n'est pas fort long, & ne porte point de bateaux, qu'à la faueur des flots de la mer, qui regorgeans dans son canal, quand elle est pleine, le font grossir à merueilles, & le chargent des plus grands vaisseaux de l'Ocean. Les mariniers qui ont consideré toutes les dimensions, les estages, les chambres, & les offices de ce superbe nauire, qu'on nomme la Couronne, pource qu'effectiuement il est comme vne riche Couronne, qui sert d'ornemét à nos costes; & ressemble plustost à vn chasteau flotant, ou à quelque forteresse ambulatoire, qu'à vn vaisseau, n'ont rien veu de pareil sur les mers du Ponant. Il fut construit SVDRE R.

il y a quelques années sur le riuage du Sudre entre Arduert & Broüage, où cette riuiere se vient descharger, apres auoir parcouru quelque douze lieuës de pays, depuis Plassac chasteau de plaisance, qui appartient au Duc d'Espernon, d'où elle tire son origine. Vous ne sçauez que plus admirer sur ses bords, ou le profit, ou le plaisir. Les prez qu'il arrouse, & qu'il couure tous les ans d'vne belle verdure donnent autant de satisfaction aux yeux des voyageurs, que d'vtilité à ceux qui les cultiuent. Les marais de Broüage, ne sont pas si perilleux que les escueils de l'Ocean, ou que les forests du nouueau monde, mais le sel qui s'y recueille est plus profitable à l'Europe, que les mines de Potozzy, & que les arbres des Moluques au Roy d'Espagne.

ARDVERT. L'Isle D'ARDVERT, qui n'est à dire le le vray, qu'vne Peninsule renfermée entre le Sudre & la Gironde, est toute chargée de pins sauuages, qui produisent la poix & la resine de leur escorce; & dautant que cette sorte de bois reçoit facilement, & conserue long-temps le feu, bien qu'il ſoit touſiours verd, les habitans ont pris de là occaſion de nommer cette terre à demy détachée, Arduerd, comme qui diroit le verd ardent.

LES RIVIERES DES COSTES DE GASCOGNE.

VII.

Les Costes de Gascogne.

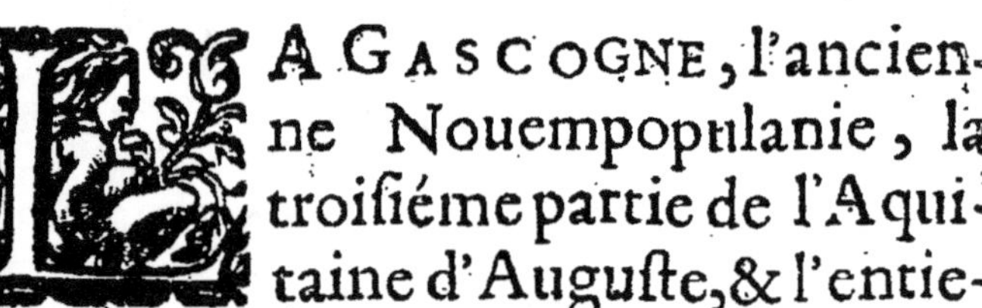

LA GASCOGNE, l'ancienne Nouempopulanie, la troisiéme partie de l'Aquitaine d'Auguste, & l'entiere Aquitaine de Iules Cesar, selon les bornes qu'il luy prescrit, a pris son nom des Vascons peuples d'Espagne, ou plustost ces mesmes peuples sont originaires des Gaulois ; & leur courage fier & rodomont tesmoigne assez qu'ils sont les enfans de ces peres, qui ont trauersé les mers & les montagnes, & faussé toutes les bornes de la

Nature, pour trouuer des Prouinces à conquester proportionnées à la grandeur de leur ambition. Elle est renfermée de la Garomne, des Mons Pyrenées, & de la mer. Ses costes s'estendent depuis la pointe du Medoc iusques à Fontarabie: les principales riuieres qu'elle porte dans l'Ocean sont la Garomne & l'Adour, aux deux extremitez.

LA GAROMNE.

LA GAROMNE.

LES Poëtes font triompher leurs esprits & leurs plumes par les riches inuentions, & par les mots estudiez, dont ils se seruent pour nous descrire les Fleuues & les Riuieres couronnées de joncs & de falaizes, & portées sur vn char de triomphe par tous les coins de leur Empire, à la façon de ces vieux Empereurs, qui se presentoient en public auec cet appareil de majesté, pour exiger de leurs subjets la veneration dont ils se fussent aysément dispensez, s'ils n'eussent iamais veu sur leur personne aucune marque de leur grandeur. Mais le Poëte Latin, qui a donné le nom de Grande à la Garomne, luy a fait vn Eloge, qui vaut incomparablement plus que toutes les guirlandes de joncs & d'herbes, dont les autres luy couurent le front, & iamais il ne pouuoit la mieux representer, bien qu'il eust employé les pinceaux des meilleurs Peintres, & les ciseaux des plus hardis Statuaires, pour en faire vne image. Car disant qu'elle est Grande, il veut dire qu'elle est Grande en toutes ses dimensions, que son cours va presque d'vne extremité du Royaume à l'autre dans l'estenduë de cent soixante lieües Françoises: son canal est si large qu'il ressemble à vne mer depuis Bordeaux iusqu'à Royan; ses eaux sont si profondes, qu'elles ne sont guéables qu'en fort peu d'endroits, encore est-ce aux plus grandes chaleurs de l'Esté, & bien loin de son emboucheure. Grande en commoditez, qu'elle apporte à tous les pays où elle passe, par le trafic des bleds, des vins, du bois & des autres marchandises qui se transportent tous les iours à ses ports, ou qui se recueillent tous les ans sur ses riuages. Grande en ſes débordemens, que ceux du pays nomment *Suberne*, quand elle ſort de ſes bornes, & s'eſpand fort au large, enflée en hyuer par les pluyes, & en eſté par les neiges fondues, portant par tout la deſolation, ou la terreur, à la façon des ennemis qui rauageans vne Prouince ſur les frontieres, mettent la conſternation iuſques au cœur de l'Eſtat. Grande en ſes proſperitez, pour auoir ſur ſes bords deux Parlemens ſouuerains qui rendent la iuſtice au peuple, deux Archeueſchez, & trois ou quatre Eueſchez, qui ſont comme les membres de l'Empire de IESVS-CHRIST, auec deux Vniuerſitez, où l'on apprend à bien dire & à bien faire, & quantité de belles villes, qui la conſiderent comme leur protectrice, ou comme leur nourriciere. Grande en ſes aduerſitez, ayant veu ſi ſouuent les Anglois & les François ſe battre ſur ſes riuages, & empourprer de leur ſang le criſtal de ſes flots, ayant ouy retentir dans ſes rochers le ſon des trompettes & des canons excitez par les guerres ciuiles; & de nos iours ayant eſté forcée de ſeruir aux mauuais deſſeins des rebelles, qui abusoient des auantages qu'elle donnoit à leurs villes, pour s'opposer à leur Prince, & dresser vn Estat dans son propre Estat, contraire à son authorité. Grande encore, puis qu'elle reçoit les eaux de plus de quarante riuieres, & s'enrichit de leurs despouïlles, qu'elle arrouse plus de neuf ou dix Prouinces, & qu'elle fut autrefois choisie par le Conquerant des Gaules, pour borner la troisiesme partie de ses triomphes, & seruir de trophée à ses armes victorieuses.

Elle n'est petite qu'en son origine, qu'elle va prendre dans les montagnes des Pyrenées d'vne fontaine proche de l'Arragon, qui coule par la vallée de S. Beat, où elle se grossit de quelques ruisseaux & de quelques torrens qui descendent auec impetuosité de ces Mons sourcilleux; elle va mouïller les murailles de la ville de S. Beat, passe à S. Bertrand où est l'Euesché de Cominges, auec vne Eglise enrichie de plusieurs belles reliques, & entre autres d'vne licorne de fort grand prix. Au dessus de S. Bertrand elle reçoit la petite riuiere de *Creste*, qui se haste de venir la premiere la reconnoistre, & se donner à elle, pour marcher en sa compagnie, auec la *Nesle*, qui se presente à l'autre riue, venant de la montagne d'Asperges, la suiure par *Monregeau*, *Valentin*, & *S. Gaudens*, ou le *Salat*, qui est vne petite riuiere, qui vient de l'Euesché de Coserans, la vient aussi ioindre. La riuiere de *Salat* naist en la montagne de Salant passage d'Espagne. La riuiere & la montagne prennnt leur nom des puits salez, & de l'eau mesme dont on fait du sel. *Coserans*, par où elle passe, Vicomté ancienne, est composée de la cité & de la ville, separées par vn corps de garde. On y passe la riuiere sur vn pont de pierre, au milieu duquel est vne forte tour, qui est gardée. Le pont se ferme la nuict, & au bout est vne Chapelle appellée par les François, Nostre-Dame du bout du Pont, & par les Espagnols, *Nostre Seignore del Cap del Pon.* Toutes ces eaux vont à Cazeres, & costoyent, l'Euesché de Rieux en la Comté de Foix, & enfin se rendent auec la *Rheze* à Muret, où fut donnée

Creste, r. *Nesle, r.* *Salat, r.* *Rheze, r.*

cette signalée bataille, en laquelle les Comtes de Tholose, de Foix, & de Cominge furent mis en route, & le Roy d'Arragon tué, par Simon de Montfort. Victoire prodigieuse, eu esgard au petit nombre des vainqueurs, qui n'estoient pas quinze cens hommes, & qui neantmoins en tuerent vingt mille sur le Champ de bataille; mais tout à fait miraculeuse, en ce que cent mille heretiques ne peurent tuer qu'vn seul homme d'armes, & huit soldats du petit nombre des Catholiques. Mais Dieu estoit de la partie, & deffendoit les interests & le Royaume de son Fils. On dit mesme, que S. Dominique marchoit à la teste de l'armée, le Crucifix entre les mains, qu'il esleuoit au Ciel, tandis que le Comte de Montfort combattoit contre les Albigeois. Et l'on monstre encore à Tholose le Crucifix, que ce Moyse du nouueau Testament esleuoit comme vn estendart dans les combats, dont l'arbre est percé de plusieurs fleſches, que décocherent ces barbares, sans qu'aucune portast, ny sur le Crucifix, ny sur le Saint. La *Rheze* qui se rend à Carbone, vient des Pyrenées, passe à Durban, coule à trauers vne montagne, se presente au Mas-d'Azil, à Rieux petite ville erigée en Euesché par le Pape Iean XXII. Son territoire & la ville mesme se nommoient autrefois Voluestre, c'est peut estre de la riuiere de *Volp* qui arrouse vne partie du Diocese, & se iette dans la Garomne à Tersac. *Volp, r.*

A peine la Garomne est hors de Muret, qu'elle est accueillie d'vn costé par la *Loigne*, qui vient du Val d'Aure, & de l'autre de l'Auriege à deux lieuës de Tholose. *L'Auriege*, prend son nom des sables d'or, qui dorent son fond & couurent ses riuages, aussi bien que ceux du Tage & du Pactole; & son origine des montagnes de Foix, d'où elle descend, & va moüiller les murailles de la Capitale, qui donne le nom & le titre à la Comté; & continuãt son cours visite en passant la ville Episcopale de Pamiers, arrouse Sauerdun, S. Gauelle, & Hauteriue; & pour estre mieux receuë de la Garomne, elle s'allie sur les chemins à la riuiere du *Lers*, qui découle aussi des monta- *Loigne, r.* *l'Auriege, r.* *Lers, r.*

gnes de Foix, passe au pied de Mirepoix, ville Episcopale, & de Mazeres, & se vient rendre dans l'Auriege, pour de là se ietter dans la Garomne entre Muret & le Portet.

Proche de la ville de Foix, se voit l'Eglise de Mont-gaucy, qui fut bastie & fondée par Charlemagne, & qui depuis a esté enrichie des precieuses reliques de S. Volusien Apostre de Gascogne. Duquel on raconte que Roger II. Comte de Foix ayant rencontré ce venerable corps massacré par les Ariens, le fit charger sur son chariot, traisné par deux vaches suiuant la coustume de nos premiers Princes, & le conduisit à pied iusqu'au lieu de sa sepulture, & voulut que son escu fust escartelé de vaches pour la memoire de ce S. Personnage. De-sorte que Foix, qui portoit autrefois d'Arragon, porte aujourd'huy escartelé d'or à deux Vaches passantes de gueulés, accornées & clarinées d'azur: & il est fort probable que la principauté de Bearn a reçeu de la Comté de Foix ses mesmes Armes.

Cette Comté est bornée du Languedoc au Leuant, du Cominge au Couchant, du pays de la riuiere au Nord, & des Monts Pyrenées qui le separent de l'Espagne au Midy. On y void des fontaines salubres & medicinales, comme celles d'Acqs, de Tarascon, & de Saurat : Des mines de fer & d'argent, comme celle du village de S. Pol à vne lieuë de Foix, où certains Espagnols, qui les venoient tirer, furent surpris par les habitans du lieu il y a quelque temps : Des montagnes fort hautes, couuertes de pasturages, riches en marbre & en jaspe, & chargées de poix, de resine, & d'encens : Des lacs merueilleux, des precipices effroyables, des vallées fertiles, plusieurs fontaines qui ont leur source au plus haut, diuerses herbes, des simples rares, auec des dains & des chamois, que ceux du pays nomment Isars. La montagne de Thabor est remarquable sur toutes les autres, où est vne plaine, & en la plaine vn lac couuert de truites : l'eau en est extremément froide & claire, là où si on jette quelque chose, comme i'en ay remarqué d'autres semblables ailleurs, les tonnerres & les foudres sont oüys gronder en l'air, suiuis de gresle, de pluye & de tempeste.

Catherine sœur de François Phœbus, Comte de Foix, Prince de Bearn, Comte de Bigorre & d'Armagnac, & Roy de Nauarre luy succeda, comme estant mort sans enfans à Pau, apres auoir esté couronnée à Pampelune l'an 1481, & fut mariée auec Iean d'Albret, qui fut pere de Henry Roy de Nauarre, duquel fut fille vnique & heritiere Ieanne d'Albret ayeule paternelle du Roy defunt; de sorte que la reünion du Comté de Foix à la Couronne fut faite auec les autres terres, apres vne longue suitte de Comtes de Foix, Seigneurs tres-puissans, qui ont ioüy du Royaume de Nauarre, iusques à Iean d'Albret, sur qui Ferdinand Roy d'Arragon, se seruant de l'authorité presomptiue, ou plustost presomptueuse du Pape, en vsurpa la meilleure partie.

Les Philosophes, qui ont employé leurs maximes, & leurs plus belles veritez en la recherche des choses naturelles, sont fort empeschez à rendre raison d'vn miracle continuel, qui se void

void tous les jours dans la *Fontaine de Bellestat*, d'où le *Lers* tire son origine, & les Astrologues, qui se persuadent qu'il n'est rien sur la terre capable d'occuper leur esprit, & qui n'ont des yeux que pour considerer les Astres, y peuuent remarquer vne horologe plus reglée & plus iuste que tous les cadrans du soleil. Car cette viue source coule douze fois, & tarist douze fois en vingt quatre heures, par des interuales si esgaux, & si bien accordez, que vous prendrez le ruisseau de cette Fontaine, pour vne espece de Clepsidre ou d'horologe d'eau, que la Nature a fabriquée pour mesurer le temps de ses plus importantes occupations. La description qu'en fait du Bartas merite d'estre raportée en ce lieu:

Fontaine de Bellestat.

Mais tout ce que i'ay dit en merueilles n'approche
Aux merueilles du Lers, quand il sort de sa roche.
------contemplant la fontaine,
Qui laue de ses flots de Mazeres la plaine,
Et née à Bellestat non loing des mons de Foix
Le peuple Tolosain certe pouruoit de bois

Châque iour que Phœbus parfaisant sa carriere
Sur les deux Horizons recõduit la lumiere:
Son eau porte radeaux durant quatre ou cinq mois,
Vingt & quatre fois naist, meurt vingt & quatre fois.
A sec on peut passer demie-heure sa source,
Et demy-heure apres on ne peut de sa course
Soustenir la roideur. Car son flot escumeux
Naissant, tasche esgaller les fleuues plus fameux:
Flot docte à bien compter, qui garde par nature
Le temps si seurement sans horloge mesure.

Le mesme se iettant sur les loüanges de l'Auriege, adjouste:

François, arreste-toy, ne passe la campagne
Que nature mura de rochers d'vn costé,
Que l'Auriege entre-fend d'vn cours precipité,
Campagne qui n'a point en beauté de compagne,
Fleuue d'or, & de flot, & de nom, & de sable,
Riche en grains, en pastel, en fruits, en vins, en bois,

Auriege au viste cours, clair ornement de Foix,
Qui rend par son Tribut Garomne nauigable.

Dans l'Auriege entrent l'*Arget* pres de Foix apres auoir passé par la Vergesere. Le Lers dit de Foix, dont i'ay parlé, ainsi nommé pour le discerner de l'autre *Lers, dit le petit.* Et la *Leze* qui passe à S. Ibars, Lezat, & S. Sulpice, L'Auriège est nommée des Latins *Aurigera*, & Larget *Argentigera*, l'vne porte l'or, & l'autre l'argent. *l'Arget, r.* *Lers le petit.* *Leze, r.*

La Garomne accompagnée d'vne si grosse suite se presente aux portes de THOLOSE Capitale du Languedoc où elle fait son entrée sous vn des superbes ponts de France, auec autant de pompe & d'appareil qu'en pourroit auoir vn Prince, quand il est reçeu de ses subjets dans la ville Royale de ses Estats, chargé des despoüilles ennemies, & couuert de lauriers. Toutes choses sont rares & merueilleuses à Tholose. L'antiquité de la ville, & les proüesses de ces vieux Tectosages, qui porterent leurs armes victorieuses iusqu'en Asie, & eurent bien le courage THOLOSE.

de combatre contre les Dieux de la Grece, d'attaquer leurs Temples, & d'enleuer l'or de leurs coffres, font vne partie de l'histoire des Gaules. Cet or Tholosain qui estoit pernicieux à quiconque le possedoit, & qui donnoit la mort à ceux qui vouloient s'en seruir à des vsages prophanes, iustifie les vangeances du Ciel sur les impies, & autorise la Religion & le culte des Autels. Ces superbes & glorieuses marques de la somptuosité Romaine, tesmoignent en quelle reputation estoit Tholose parmy ces Conquerans, qui non seulement l'embellirent d'vn Amphiteatre, mais encore d'vn Capitole, priuilege si peu commun dans les Prouinces, qu'il ne s'en trouue point qu'ils en ayent fait bastir qu'en trois villes, à Tholose, Narbonne, & Carthage la neufue. Ce nom de Languedoc, comme qui diroit langue de Goth, est vn reste de la Monarchie des Visigots, qui ayant chassé les Romains de la plus agreable partie des Gaules, formerent vn Royaume, & choisirent Tholose pour estre le sejour de leurs Princes. Si on ne veut dire que

Languedoc vient du terme Oc, qui est l'Oüy des autres Prouinces de France. Ie ne diray point que cette ville porte auec beaucoup de merite le nom de Sainte, parce qu'elle conserue dans ses Eglises les reliques de tant de corps, qui ont seruy de logis à tant de saintes ames, & d'instrumens pour l'operation de tant de vertus, & de miracles; entre autres elle possede les corps de six Apostres, qui sont en l'Eglise de S. Sernin, où l'on tient mesme apres plusieurs experiences, que la terre ne reçoit que des corps de Saints, & reiette de la fosse ceux qui ont esté soüillez de quelque impureté, & qui n'ont pas esté lauez des larmes de Penitence, comme si c'estoit vn prejugé pour les ames qu'elles doiuent estre logées dans le sein de Dieu, quand leurs corps sont reçeus dans le sein de cette auguste Eglise. Ie pourrois adjouster qu'elle ne merite pas moins le titre glorieux de Iuste, pour estre le siege d'vn des plus incorruptibles Parlemens de la France, dont les Officiers se sont rendus iusqu'à cette heure recommandables par l'integrité de leurs

Arrests, & deuant qui Dieu mesme a euoqué sa propre cause, pour la conseruation de ses droits, & pour la deffence de son honneur & de sa vie contre la violence des Athées, qui s'estoient bandez pour le deposseder de ses Estats, & esleuer sur son Trosne vne Nature aueugle & impuissante. Et s'il falloit poursuiure ses Eloges, i'encherirois encore par dessus toutes ces qualitez, & la nommerois la Docte, puis qu'elle a vne des plus celebres Vniuersitez de l'Europe, establie il y a plus de quatre cens ans, qui a produit vn grand nombre d'excellens personnages. Mais pource que nostre dessein ne nous permet pas d'arrester beaucoup, de peur que l'eau de la Garomne, qui iamais ne s'arreste, ne nous eschappe; ie me contente de voir le pont, qui est partie de bois, & partie de pierre, auec le moulin du Bazacle, qui n'a point son pareil, soit pour le nombre des meules, soit pour l'artifice de leur mouuement.

Si faut-il neantmoins que ie die vn mot en passant d'vne espece de prodige, qui se void tous les iours dans l'Eglise des Cordeliers, où les corps morts, qui sont dans vne de ses caues ne se corrompent iamais. On les void tous debout appuyez contre la muraille, aussi entiers, & en la mesme posture, que s'ils estoient encores viuans. Ie laisse aux Philosophes à disputer des causes d'vn effet si estrange, & me contente d'auoir veu auec estonnement ce que ie ne pouuois croire, & d'auoir plus deferé à l'experiēce de mes yeux, qu'à la deposition de tous les Sages.

Telle est à plus pres la description de cette grande ville, qui donne les loix & les ordres à tout le Languedoc, vne des plus heureuses contrées de l'Europe, bornée du Rhosne au Leuant, de la mer Mediterranée, & des Monts Pyrenées au Midy; de la Garomne au Couchant; des riuieres du Tarn, de Tescou, de l'Aueyrou, & de Biaur auec les montagnes de Rouergue & d'Auuergne au Septentrion. Les bleds s'y recueillent en abondance, qu'on transporte en Italie & en Espagne. Les vins excellens sont à Galhiac, à Rabasteins, à Nismes, & à Beaucaire: les blancs à Limoux, & les muscats à Frontignan. Les huiles viennent au bas Languedoc; les sels se font aux salines de Pequais; les Beuarris & Ortolans, qui se portent iusques à Paris pour la table du Roy, se prennent dans les plaines de Tholose; les fruits, figues, abricots, pauies, & grenades croissent mesmes dans les buissons, les chastaignes abondent dans les Ceuennes. Le Lauraguez est le pays du Pastel pour les teintures, & l'Albigeois du safran. Le salicor, qui sert à composer le verre, se trouue dans les marais, & sur les bords de la mer, & le verre s'y fait auec vn merueilleux artifice par des ouuriers, Gentils-hommes. Les sables de plusieurs riuieres s'y treuuent meslez d'or & d'argent; & les bains de Baigneux en Geuodan, & de Balaruc au Diocese de Montpellier, sont fort renommez pour la santé. Ne peut-on pas donc dire que le Languedoc est le Paradis terrestre de la France, puisque c'est dans cette mesme Prouince que tant de mauuais esprits ont formé des coniurations contre le bien de l'Estat, & contre l'authorité du Souuerain?

On descend de Tholose à Grenade, en la Comté de Gaure, située sur la Garomne ; entre l'emboucheure que fait la *Saue* Comingeoise dans cette grosse riuiere, la mere des plus grands fleuues de la Guyenne, & *Lers*, surnommé le petit, ou Hiers. La Saue vient pres de l'isle Dodon, & prend sa source ez Lanes de Bouc au pied des Pyrenées, se presente à la ville de Lombez, erigée en Euesché par le Pape Iean XXII. & confond ses eaux auec les autres pres de Grenade, pour aller iusqu'à Moyssac en Quercy receuoir celles du Tarn. Pour Lers, ou Hiers le petit, il naist pres le Mas Saintes Puelles en Lauraguais, passe à Montgiscard, & pres de Castelnau, & se iette en la Garomne apres auoir receu *Giron*, qui passe à Loubens, Verfued, & Garidech.

Saue, r.

Hiers, r.

Giron, r.

LE TARN.

LE TARN, que Cesar met comme vne borne, qui separe le Languedoc des anciens Perigordins, encore qu'il y ait entre deux tout le Quercy, & qu'Ausone a nommé le fleuue d'or,

TARN, R.

descend des montagnes des Ceuenes parmy les rochers & les precipices du Geuodan, auec tant de bruit & de violence, qu'il ressemble plustost à vn torrent débordé qu'à vne riuiere, & porte plus de dommage que de profit. Du Geuodan il entre dans le pays de Rouergue, il commence à se grossir du

Tarnou, r. *Tarnou*, au dessous de Rosier, & s'enfle pres de Millau par la ionction de la

Dourbie, r. *Dourbie*, qui sort d'entre le Geuodan & les Ceuennes. Millau est vne ville assez grande & bien assise, auec vn pont de grand passage. Elle auoit esté fortifiée pendant les dernieres guerres: mais les bastions en ont esté démolis, & les fossez comblez dés l'an mil six cens vingt-neuf. Il se renforce au dessus & au dessous de Brougnie

Sernou, r *Sorge*, r. ALBY. par les recreuës de *Sernou*, & *Sorgue*, & paroist assez raisonnable sous le beau pont D'ALBY, ville tres-ancienne, & Euesché tres-opulente, comme s'il auoit besoin de toutes ses eaux pour lauer les impuretez des anciens heretiques Albigeois, qui ont infecté tout le Languedoc, & furent enfin chassez par Simon de Montfort; mais il semble que le pays a tousiours retenu quelque espece de contagion, qui a besoin d'estre purgée. Le Tarn passe d'Alby à Gaillac, & à Rabasteins, où croissent les excellens vins, qui se portent à Bordeaux, & s'y debitent incontinant apres la feste de S. André par vn priuilege particulier, les autres vins estrangers n'estans en vente qu'apres Noël. Au dessous de Rabasteins l'*Agoust*, qui vient aussi des Ceuennes, des montagnes de la Chaume, trauerse Castres, passe à Fraissé, Brassac, Roquecourbe, Castres, la Vaur, & Damiate, receuant en son chemin *Caudet*, *Toret*, *Durenque*, & *Dadou*, petits ruisseaux, s'allie auec le Tarn, & tous deux ensemble vont à Montauban, où le Tescon qui separe le Quercy du Languedoc se ioint à eux vne lieuë au dessus de la ville. *Sernou*, sort de S. Eulalie en Lodeues, passe à S. Rome de Sernou, & se iette dans le Tarn pres de la Sorgue. La *Sorgue* vient de pres du chasteau de Sorgue, & passe à Cornus.

Agoust, r. *Caudet, r.* *Toret, r.* *Durenque, r.* *Dadou, r.*

MONTAVBAN n'est pas ville ancienne, ayant pris son origine, & le

MONTAVBAN.

titre de ville auec la fondation de l'Abbaye de S. Theodat, qui fut erigée en Euesché par le Pape Iean XXII. en l'an 1317. par le retranchement de celuy de Cahors; elle a neantmoins donné de la ialousie, ou de la peine à tous les partis qui se sont formez en France depuis sa naissance. Son assiette est sur vne colline eminente, dont le bas est arrousé de la riuiere du Tarn, qui reçoit l'Aueyrou deux lieuës au delà, & se descharge à cinq lieuës au dessous dans la Garomne. Elle est diuisée en trois villes, sçauoir la vieille, qui est sur le bord de la riuiere: la nouuelle du costé de Cahors: & Ville-Bourbon, qui se ioint à la vieille ville par vn beau pont: s'estant ainsi agrandie & peuplée en fort peu de temps, soit pour la commodité de sa situation, qui est sur le grand chemin de Tholose à Limoge, & à Paris: soit pour la commodité du commerce par le moyen du Tarn, qui prenant sa source des Ceuennes, comme i'ay desia dit, & receuant l'Aueyrou, trauerse le Rouergue, costoye le Perigord, arrouse le Quercy, & porte les richesses de plusieurs grandes

Prouinces en la Garomne. Les Montalbanois ont esté de tout temps si orgueilleux, que ne pouuans pas mesme souffrir la Iurisdiction de leurs Prelats, Seigneurs temporels de leur ville, ils demolirent leurs maisons pour les porter hors des confins de sa Seigneurie: mais leur orgueil s'accreut auec leur opulence, quand ils se furent enrichis du sac des villes voisines, & qu'ils eurent soûstenu trois diuers sieges sans estre pris; ce fut pour lors qu'ils se promirent auec l'ayde de tout le party des Religionnaires, qui s'en saisirent il y a plus de quatre-vingt ans, de ruiner de fond en cõble l'ancienne & florissante Cité de Tholose, comme estant fort mal saine, & d'en transporter tous les ornemens à Montauban, où l'air est plus salubre, & le climat plus temperé. Enfin celle qui n'auoit pû estre vaincuë par les armes, se soûmit à la raison, & se rendit par la paix aux volontez du Roy l'an 1629. dont elle auoit soustenu la presence & le siege huict ans auparauant.

MOISSAC est vne des quatre principales & plus anciennes villes de MOISSAC.

Quercy, que les Goths conquirent sur les Romains, Clouis l'emporta sur les Goths, & Gaifer Roy d'Aquitaine s'en estant rendu le maistre, Pepin la regaigna, & son fils Charlemagne y fonda vne riche Abbaye, où est le corps de S. Cyprien Euesque de Carthage. Il y a neantmoins des Auteurs qui rapportẽt cette fondation au grand Clouis reuenant de Thoulouse chargé des despoüilles de l'infidelité, dans laquelle estoient autrefois mille Moynes. Les Comtes de Tholose, fauteurs de l'heresie des Albigeois, la prirent l'an 1212. mais Simon de Montfort leur osta apres vn fascheux siege, qui fut suiuy du carnage de la pluspart des habitans. Enfin les Anglois qui l'auoient long-temps tenuë estans contraints de l'abandonner, y mirent le feu : les marques y paroissent encore, & iamais elle n'a pû se releuer de ses ruines.

Aueyrou, r. *L'Aueyrou* prend sa source dans vne fontaine de la terre de Souerac au dessus de Rodez, où il passe, capitale de Rouergue, & s'estant accreu des eaux *Biaur, r.* du *Biaur*, qui est vn gros ruisseau pres de la Guepie, frontiere d'Albigeois, qui vient de Rouergue & le separe de l'Albigeois, auec le *Lezert* qui separe le Rouergue du Languedoc, il pousse ses flots contre les murailles de S. Antonin, qui est assis sur le conflans de deux riuieres, l'Aueyrou nauigable, & la *Bonnette* beaucoup moindre, & non nauigable, qui se descharge dans l'autre. Les habitans ne pouuans pas s'imaginer qu'on pût iamais monter le canon sur les montagnes inaccessibles, & entourées de précipices, qui sont comme vne espece de ceinture à leur ville, la croyoient imprenable. Mais ils furent bien estonnez quand ils virent le canon monté iusqu'aux nuës, qui les foudroyoit de tous costez, la nature du lieu & l'industrie humaine cedant à la puissance d'vn si grand Monarque, ils furẽt aussi contraints de ceder à sa iustice. Ie deuois parler de Rodez puis qu'elle est la maistresse du pays, auant que de rien dire de S. Antonin, mais la riuiere de l'Aueyrou m'a entraisné insensiblement par la rapidité de ses flots. C'est vne ville ancienne, le theatre de la fureur des guerres, prise & reprise

Lezert, r.

S. ANTONIN.

Bonnette, r.

RODEZ.

par les Goths, François & Sarrazins; assise sur vne colline, & entourée de montagnes entre les riuieres d'Aueyrou & vn ruisseau assez grand, qui entre dans Aueyrou pres de la ville. On la distingue en Cité, dont l'Euesque est Seigneur, & en Bourg, qui estoit aux Comtes. L'Eglise Cathedrale de Nostre Dame est belle, & le clocher fort haut, basty de briques, de figure octogone, plat au dessus, d'où vient le commun dire des habitans du pays, Clocher de Rodez, Cloche de Mende, & Eglise d'Alby. Ce pays est plein des merueilles de la Nature. La montagne de Cransac brusle quand il pleut, à cause de ses veines sulphurées qui s'enflamment par l'eau du Ciel, comme les fournaises des forgerons. Les mines de cuiure & d'arsenic y sont frequentes: il y en a mesme d'azur & d'argent. A deux lieuës de Rodez est vn goufre, que ceux du pays nomment Tindoul, ayant soixante pas d'ouuerture, & deux cens de profond, à costé duquel est vn autre trou, dont la profondeur ne se peut point trouuer: ce goufre est taillé en roche. La Cauer-

ne,

ne, dite Bouche-Roland, est à vne lieuë de Marsillac, & presente vne ouuerture plus grande que la porte d'vne ville. On y a basty vne muraille auec vne petite porte pour y entrer, & la cauerne est si creuse qu'elle va sous terre iusques à Rodez, qui en est distant sept lieuës de là.

BOVRNIQVET, ou Bourniquel, est vne autre petite ville assise sur le mesme Aueyrou, deux lieües au dessous de S. Antonin, auec vn chasteau posé sur vn rocher, qui semble non seulement inexpugnable, mais inaccessible. Ayant esté bloqué par les Religionnaires durant nos dernieres guerres, & la garnison manquant de viures, il se trouua des hōmes si hardis, qu'ils se firent guinder par des cordes iusques aux fenestres, & portant auec eux des corbeilles pleines de pain, donnerent moyen aux assiegez d'attendre le secours du Duc d'Engoulesme, qui assisté du Mareschal de Themines, vint assieger les ennemis dans la ville, & les obligea de quitter vne maison qui n'estoit point à eux. On le nomme en Latin *Brunichildum*, & quelques vns veu- BOVRNIQVET.

lent que Brunehaut, qui ioüissoit du Quercy, l'ait fait bastir.

NEGRE-PELISSE.

NEGREPELISSE est en egale distance de Bourniquet, qu'est Bourniquet de S. Antonin, vne des plus gentilles villes, des mieux basties, & où les ruës sont les mieux allignées de la Prouince. La cruauté qu'elle auoit exercée contre sa garnison, attira les armes du Roy, pour luy faire souffrir la peine de son execrable forfait. La ville fut prise par assaut, & donnée au pillage des soldats, qui nonobstant le bon ordre des Chefs, n'espargnerent ny l'aage ny le sexe, rauissant l'honneur aux filles & aux femmes dont ils auoient tué les maris, & saccagé les maisons; & tandis que le feu de l'impudicité s'attachoit aux corps, le feu materiel se prit à vn coin de la ville, auec tant de violence, qu'en vne seule nuict elle fut toute reduite en cendres, & n'y eut que le chasteau qui pûst estre garanty de ce furieux & horrible embrasement.

Lere, r. *Cande, r.*

L'Aueyrou ayant enfin receu le *Lere* & la *Cande*, deux petites riuieres iointes ensemble, il se va ietter dans le Tarn en vn lieu qu'on appelle la pointe d'Aueyrou. Ceux du pays voulans exprimer les dangers qu'il y a de nauiger sur ces riuieres, disent en leur langage,

Qui passa lo Lot, lo Tar, & l'Aueyrou,
Nes pas segur de torna en sa meison.

C'est à dire, que ceux qui s'embarquent sur le Lot, sur le Tarn, & sur l'Aueyrou, ne sont pas asseurez de retourner chez eux. I'auois oublié le *Serou*, qui venant de Rouergue passe à Rosieres, Monestiers & Cordes, se iette en Aueyrou au dessous de Milhars en Albigeois. *Serou, r.*

Le Tarn enflé de tant de conquestes, continuë son cours, & deuant qu'arriuer à Moissac il recueille encore sur son chemin les eaux de *Lemboulas* & de la *Lute*, & se va ioindre au dessous de Castel-Sarrazin, à la Garomne, qui ne le reçoit dans son canal qu'auec regret & indignation, pour estre d'humeurs bien dissemblables: celuy-cy trouble & jaunastre comme de l'argille détrempée, celle là claire & transparente comme cristal. De sorte que ne pouuans pas s'accorder, ils ressemblent à ces pauures mariez, qui *Lemboulas, r.* *Lute, r.*

ne pouuans point se separer de lict à cause des loix inuiolables du mariage, font neantmoins vne triste separation de biens, & vne espece de diuorce par ordonnance de la Iustice, à cause de leur mauuais mesnage; ainsi ces deux riuieres coulent ensemble plus d'vne lieüe sans se mesler; le Tarn tenant vn costé du riuage, & la Garomne l'autre, qui fuit tout autant que le Tarn la recherche, & comme vne maistresse desdaigneuse, ne se rend à ses poursuites que par necessité. Mais enfin la Garomne s'estant vn peu accommodée ne laisse pas de poursuiure sa route vers Valence, & au dessous elle ramasse la *Bargelone* & la *Seuue*, & de là se porte à Layrac, où elle reçoit du costé de la Gascogne le *Rat* vn peu au dessus, & le Giers au dessous de la ville.

Bargelone, r. *Seuue, r.* *Rat, r.*

Giers, r. Cette riuiere de *Giers* a seruy de sujet aux Muses sacrées du docte Fortunat Euesque de Poitiers, qui en a fait l'Eloge en vers. Elle sort des Pyrenées au Val d'Estein, comme rapporte Papyrius Masson, ou plustost de la Comté d'Estrac, qui fait vne partie de l'Armagnac, & ne porte aucun bateau, moüille les murailles d'Ausch, passe au pied de Lectoure, & se va ietter dans la Garomne, chargée d'excellentes carpes.

AVSCH est vne des anciennes colomnes de l'Empire Romain, & vne des plus opulentes Archeueschez du Royaume de France, dont l'Euesque de Lectoure est Suffragant. Et l'vne & l'autre est assise sur vn rocher, mais Lectoure est si bien fossoyée, retranchée, & flanquée de bouleuars, qu'on la iugeoit imprenable auant que le Roy Louys XI. l'eust gaignée sur le Comte d'Armagnac, qui perdit la vie à sa deffence. Elle est assez esloignée de la riuiere, mais il y a vne fontaine dans la place auec quatre-vingt puits. AVSCH.

L'ARMAGNAC est de grande estenduë. Sa longueur depuis Leyrac iusqu'au port d'Espagne en la vallée d'Aure, est de vingt-cinq lieuës ou enuiron: Sa largeur depuis Auuiller & autres lieux assis plus haut sur la riuiere de Garomne, iusqu'aux confins de Bearn, de dix-huict. La vallée d'*Aure* estoit de l'ancien domaine de Nauarre, & a deux petites villes, Sarancolin, L'ARMAGNAC

& Arra, & plusieurs bourgs bien peuplez. La riuiere de *Neste* passe au long de la vallée, & la trauerse pour se rendre dans la Garomne à Mont-real. Elle est enuironnée de hautes & rudes montagnes, & on n'y peut entrer que du costé d'Occident, si ce n'est qu'on vueille trauerser les destroits des montagnes, que les habitans appellent Ports. La montagne d'Agella du costé d'Espagne, est au fond de la vallée, grande & spatieuse, ayant enuiron trois lieuës de tour, & deux lieuës de hauteur, esloignée de plus d'vne grande lieuë de toute habitation. Du sommet on void l'Espagne, qui n'en est qu'à vne lieuë & demie, en laquelle on peut entrer par vn destroit de la montagne, nommé le Port d'Agella. Les Planetes se plaisent d'y trauailler aux mines de fer, de plomb, d'argent, de cuiure, & d'azur de roche, qui se trouuent dans les montagnes auec vn feu mineral si violent, que les rochers en sont brisez par son impression. Le Luxe y forme des cristaux approchans de la nature des diamans, auec plusieurs pierres precieuses, de la nature

Neste, r.

des topazes & des saphirs, ausquels celles-cy ne cedent point en beauté ny en perfection. Le plaisir y a dressé ses parterres, les montagnes estant couuertes de lys, qui fleurissent au printemps, differens en couleur des nostres, auec plusieurs autres belles fleurs qui ne sont pas connuës. La santé prepare ses remedes & ses preseruatifs dans les fontaines qui naissent de ses rochers. Les eaux medicinales de Bagnieres & de Luchon viennent de la montagne du Lys, où l'on void aussi la fontaine, qu'on nomme le Goueil d'Argent, dont l'eau a des vertus si rares, qu'elle fait cesser la fiévre en mangeant du pain trempé dedans. La Nature en a fait le theatre de ses merueilles, pour opposer à l'art ces trois estangs que ceux du pays nomment *Boms*, qui sont glacez la plus part du temps, & enuironnez de grands marbres & rochers faits en forme de tours, clochers & pyramides, d'vne hauteur prodigieuse, auec vne telle proportion & symmetrie, qu'il semble que tout l'art du monde y a esté employé. La riuiere de Neste sort de ces trois estangs. La Fortune d'Estat en auoit fait le thresor des Romains, & les coffres de leurs finances, comme on le peut voir aysément par les traces des fontes anciennes, & des voyages faits pour tirer les mines, des souspiraux necessaires, larges & profonds, des esgouts pour destourner & receuoir les eaux, auec grande quantité de meules à moudre les mines, & quelques lingots d'argent.

AGEN. A vne lieüe de Leyrac on trouue AGEN sur vn des bords de la Garomne, bastie dans la plaine au pied d'vne montagne, qui la couure du vent de Nort. Si quelqu'vn veut voir le plan, & contempler les bastimens de cette Capitale de la Comté d'Agenois, le siege d'vn Euesché, & l'appennage de la Reyne Marguerite de Valois, il n'a qu'à monter au haut de la montagne, & de la grotte de S. Vincent, où l'on tient que S. Caprais Euesque du lieu se cacha fuyant la persecution des Idolatres, & où il fit sortir vne fontaine en frapant le rocher à l'exemple de Moyse, dont il imitoit la foy; considerer l'enceinte, les Eglises, les ruës, & les autres particularitez de la ville, Il verra d'vn costé le plus riche pays du monde, le lieu des innocens plaisirs, & le veritable Paradis de la terre: Il considerera de l'autre, le canal de la riuiere, qui est destachée des murailles de la ville par vne belle place couuerte d'herbes, qu'on nomme le Grauier. Il y a des restes d'vn ancien pont, qui prouuent que la Garomne s'est retirée vers le Couchant, & a gaigné dans le Condomois: & on remarque encore des boucles de fer aux tours & aux murailles, où l'on attachoit les bateaux, lors que la riuiere luy seruoit de fossé.

D'Agen on descend au port de S. Marie, durant deux lieues, & de là on vient à Esguillon, trouuer le Lot, qui se deschargeant dans la Garomne, forme vne pointe de terre, sur laquelle est assise cette Duché, tousiours glorieuse; dont les habitans eurent assez de courage & de force pour soustenir vn siege de quatorze mois, & resister à Iean Duc de Normandie, & depuis Roy de France, qui fit tous ses efforts pour s'en rendre le maistre.

LE LOT.

Le Lot, R.

LE LOT estant né dans les montagnes du Geuodan, passe dans la Rouergue, trauerse le Quercy, & s'il faut ainsi parler, vient mourir dans l'Agenois & s'enseuelir dans la Garomne. Les rochers & les escueils dont il est plain empeschent le cours de sa nauigation, & le rendent incapable de porter aucuns bateaux, si ce n'est depuis Ville-neufue iusqu'à son emboucheure ; ce qui nuit grandement au commerce, & fait que le pays ne pouuant pas se preualoir des auantages qu'il a receu de la Nature, & de la bonté de ses terres, est pauure d'argent dans l'abondance de toutes choses. Il ne nourrit que fort peu de poisson, & on tient pour vne verité tres-constante, qu'il est impossible qu'il souffre aucun brochet dans ses eaux depuis que S. Ambroise Euesque de Cahors luy fit porter la peine de la desobeïssance de ses sujets, qui contre sa deffense peschoient les brochets de sa riuiere. On raconte aussi pour vne estrange merueille, qu'vn gros rocher tomba dans son canal proche de Puymerol, l'an 1566. qui arresta son cours durant vingt-quatre heures, & fit mourir tout le poisson, iusqu'à ce que prenant vn détour il changea de lict, & gaigna d'autres terres. Il reçoit la *Tricure* en Rouergue, chargée de l'*Adie*, & d'*Aubene*, & la *Sale* en Quercy, au dessous de S. Cirq, qui luy vient de Figeac, auec quelques autres ruisseaux, qui les font digne de porter la qualité de grosse riuiere, auant mesme que d'arriuer aux portes de Cahors.

Trieure, r.
l'Adie, r.
l'Aubence, r.
Sale, r.

Sa source est au village d'Oller, trois lieuës au dessus de l'Euesché de Mãde, Capitale du Geuodan, où les Huguenots bruslerent vne Image de N. Dame fort renommée, & firent vn butin de Reliquaires, de vases d'or & d'argent, & d'autres ornemens sacrez, qui montoit à plus de deux cens quatre-vingt marcs d'argent. On cotte cette action en l'an 1563. Ayant costoyé Mande, il parcourt vn grand nombre de bourgs & de places, où il y a des ponts en plusieurs endroits, aux autres il se passe sur vn bac.

CADENAC. Il vient à CADENAT, qu'on croid estre *Vxellodunum*, duquel parle Cesar en ses Commentaires; & il en est quelque apparẽce, puis qu'on y void encore la fontaine que ce vaillant & sage Prince coupa aux assiegez, pour les obliger de se rendre à la soif, ne pouuant les vaincre par les armes qu'ils manioient aussi bien que ses soldats; d'où vint, que pour punir leurs fautes passées, & pour empescher leurs reuoltes à l'auenir, il leur fit à tous couper les mains. D'autres pensent mieux rencontrer, disans que cette ville estoit sur la montagne pres de Martel, qu'on nomme le puy d'Yssodun, où l'on peut voir de vieilles masures, & vne porte qu'on appelle, Porte de Rome.

De Cadenat le Lot se rend à Cahors, & passe sous trois ponts, nommez le pont de Valendre, le pont Nouueau, & le pont Viel. CAHORS. CAHORS est la Capitale du Quercy, dont l'Euesque est Seigneur spirituel & temporel, & qui celebrant la Messe a sur l'Autel son casque auec la mitre, l'espée & les gantelets auec la croix & la crosse pour marque de son double pouuoir

C'est vne Escole de Droit fort ancienne en France, & l'Eglise Romaine est obligée à cette ville & à son Vniuersité du Pape Iean XXII. pour y auoir receu la vie, & l'education dans l'estude des bonnes lettres, qui le porterent auec ses vertus sur le Throsne de S. Pierre. Les mazures qu'on y void d'vn Amphitheatre, d'vne forme de Thermes, & de quelques Aqueducs, sont des tesmoignages du cas qu'en faisoient les Romains. Hors de la ville est vne grande source d'eau qu'on nomme la Fontaine des Chartreux, que plusieurs doctes estiment estre le Diuone d'Ausone, qui dés sa source fait moudre quatre moulins.

Le Quercy garde le nom de ces anciens peuples, *Cadurci* : L'Auuergne & le Rouergue luy sont au Leuant, le haut Languedoc au Midy, l'Agenois au Couchant, le Perigord au Septentrion. Sa longueur du Leuant au Ponant est de dix-huict ou vingt lieuës, & sa largeur d'autant, de sorte que le pays est quarré, presque aussi long que large. La Nature a pris plaisir de s'y rendre aymable par la beauté de ses ouurages. La montagne d'Angely a des tulipes jaunes, qu'on appelle tulipes de Quercy, pour estre differentes des autres. Pres de Marsillac est vne grote, qu'on nomme la Crose de Rouby, où l'eau s'appierrit & se forme en cristal de diuerses figures. La Fon-Polemie, ou fontaine de Polemius, engendre vne crouste de pierre au bois, qui a trempé quelque temps en son eau. Dans la terre de Ciniuieres se voyent des pierres de grandeur prodigieuse en forme d'Autels, que cent paires de boeufs auroient peine de remuer. I'obmets plusieurs autres curiositez, pource que le Lot me presse de sortir du Quercy.

C'est aux issuës de cette Prouince, que le Lot entrant dans l'Agenois, se resserre dans son canal, comme s'il vouloit redoubler ses forces, pour rompre les rochers & les cailloux qui luy disputent le passage. Il passe neantmoins par dessus, & nonobstant toutes les oppositions que luy forme la Nature du lieu il aborde Luzers, où il reçoit le *Vert* auec la *Masse*, qui le ioignent au dessus de Castel-franc: de là il gai-

Vert, r.
Masse, r.

gne la ville & le chasteau de Fumel, ayant receu pres de Condat le ruisseau de S. Crapazy, & sans s'arrester il va droict à *Pennes*, place qu'on croyoit imprenable sans la valeur & l'addresse du braue Mareschal de Monluc, qui durant les premieres guerres ciuiles de la Religion, la prit & la rasa. Puis cherchant des détours, il passe par Villeneufue, & par *Casseneuil*, Palais Royal de Charlemagne, où ce grand Prince allant en Espagne pour deliurer ses peuples de l'oppression des Sarrasins, laissa la Reine Hildegarde sa femme pour y faire ses couches, qui furent tres-heureuses par la naissance de Louis le Debonnaire. De là le Lot ayant franchy S. Liurade, il se presente deuant CLERAC. Cette petite ville portée à la felonnie, tant par son opulence, que par son endurcissement à l'heresie, receut des premieres de toute la France les pernicieuses impressions de Luther, par Gerard Roussel, Picard de nation, qui ayant professé dans Paris auec beaucoup de reputation, s'en alla dans la Guyenne, & trouua moyen de se faire Abbé de

CLERAC.

Clerac, & d'Abbé fut fait Euesque d'Oleron en reconnoissance des mauuais seruices qu'il auoit rendus à la Royne Ieanne de Nauarre, qu'il auoit imbeuë de ses erreurs. Cet homme fut si meschant que ses propres Moynes, qui ne valoient pas beaucoup plus que luy, le nommerent Barrabbas, & luy composerent cet Epitaphe apres sa mort.

Alter Barrabbas iacet hic Rossellius Abbas.

Les habitans de Clerac apres la mort de leur nouuel Apostre, se laisserent aysément porter du Lutheranisme au Caluinisme, & en l'vne & en l'autre opinion ils eurent assez d'orgueil pour se reuolter contre leur Prince, & attirer les foudres de sa vengeãce sur leurs testes coupables; qui furent neantmoins arrestez ou moderez par sa misericorde. L'Abbaye de Clerac, qui est vn des plus opulens benefices de la Guyenne, fut donné aux Chanoines de S. Iean de Latran par le Roy Henry IV. apres sa reconciliation à l'Eglise Romaine. ESGVILLON n'est qu'à deux lieuës de Clerac, le

ESGVILLON.

Lot

Lot y va perdre & son nom & ses eaux dans la Garomne.

MONHEVR estoit vne place petite de circuit, mais tres-bien fortifiée, assise sur l'autre bord de la Garomne, vn peu au dessous de l'emboucheure de Lot, qui commençoit d'incommoder la nauigation de la riuiere par les pilleries insupportables de la garnison, dont les plaintes ayant esté rapportées au Roy Louis XIII. qui estoit à Tholose, il se resolut de ranger cette bicoque au deuoir, s'en retournant en France. Le Roy donna la vie aux habitans, permit aux Gentils-hommes de sortir auec l'espée, & aux autres soldats auec vn baston blanc en la main : Il en sortit quatre cens hommes de guerre, & aussi tost l'armée se ietta dedans, & apres auoir tout rauagé y mit le feu, qui n'y laissa qu'vne horrible solitude, & qu'vne effroyable difformité, qui s'y void encore dans les masures des bastimens, que le flots de la Garomne moüillent au pied. MONHEVR.

La Baise qui diuise l'Armagnac en haut & bas, vient aussi se descharger de ses eaux & de celles de *Losse* & de la *Baise, r.* *Losse, r.*

Gelise, r. *Gelise*, qui la ioignent demie lieuë au dessous de Nerac, presque vis à vis du Lot sur l'autre riue, entre le Parauis vn des beaux Monasteres de l'Ordre de Fonteuraut, où sont les filles des plus illustres maisons de Gascogne, & les ruines de Monheur. Elle a sa source dans les mõtagnes de l'Armagnac, ou bien plustost en vne vallée, qu'on appelle Lanne de Bouc, passe à Condom ville Episcopale, & à Nerac, où elle arrouse les cypres que le Grand Henry planta de sa main dans les iardins du chasteau, où il passa vne partie de ses dures années, & où il fit ses premiers essays de patience & de courage deuant que sa vertu l'eust porté sur le Throsne de S. Louys, que sa naissance luy auoit preparé. Cette ville capitale d'Albret fut choisie par les Sires d'Albret pour leur seiour ordinaire, qui l'enrichirent par leur presence, & la fortifierent d'vn bon chasteau. La *Baise* la diuise en deux, le grand & le petit Nerac, qui sont ioints par deux ponts. C'estoit le siege de la Chambre de l'Edict, deuant qu'elle se fust engagée dans la reuolte des autres villes

Baise, r.

de la Guyenne, qui suiuoient le party des Errans. *Losse* descend des montagnes de Bigorre pres de N. Dame de Garrezon illustre en miracles, qui attirent de tous les endroits les peuples à la deuotion. *La Gelise* prend sa source à Eauze en Armagnac, passe à Sos ville d'Albret & à Barbaste où se void vn rare edifice composé de quatre tours, & vn beau pont de pierre de huict arches.

De Monheur à TONNEINS il n'y a qu'vne lieuë sur le canal de la Garomne; mais de trois villes attachées l'vne à l'autre, qui portoient le nom de Tonneins, il n'en reste plus qu'vn triste image, par la faute des habitans, aussi factieux pour le party de la rebellion, que passionnez pour le Caluinisme, qui furent pris & chassez de leurs maisons par le Duc d'Elbeuf Conducteur & General de l'armée du Roy l'an 1622, & la ville infectée de la contagion & des corps & des esprits fut purgée par le feu, qui n'ayant peu reduire en cendre tous les bastimens, le reste fut demoly iusques aux fondemens, sans qu'il ait esté depuis permis

TONNEINS.

à ces pauures miserables de rebastir sur leurs ruines, qui doiuent estre conseruées pour contenir dans le deuoir ceux qui voudroient imiter l'exemple de leurs crimes, par des marques sensibles de leur peine.

La Garomne continuant son cours, passe au pied de Caumont, ville & chasteau sur le penchant d'vne roide montagne, dont la felonnie receut les mesmes chastimens que toutes les autres places de la Guyenne, quand le Roy Loüis XIII. pour s'acquitter du titre glorieux de Tres-Chrestien que son Sacre luy auoit donné, & de celuy de Iuste, que ses vertus luy auoient merité, parcourut les extremitez de son Royaume, la Victoire à ses costez, & la Religion au cœur.

De Caumont la riuiere se rend à Marmande, la derniere ville d'Agenois. On trouue le *Tholosat* entre Tonneins & Marmande, lequel, bien qu'il ne semble qu'vn fort petit ruisseau, mesprisé par les Geographes, ne laissa pas neantmoins de faire trembler les plus grands Princes, au temps mesme qu'ils portoient la terreur auec eux, &

Tholosat, r.

qu'ils faisoient gemir l'air & les riuages de la Garomne au bruit de leurs canons ; & le respect des deux premieres Couronnes du monde ne l'empescha point de noyer deux Gentil hommes de la suitte de la Reyne. On trouue encore le *Trec* plus bas approchant de Marmande, qui se descharge en la Garomne pres d'vn Prieuré de Grammont, dont ceux du pays tiennent pour asseuré, comme ils me l'ont raconté, que le Diable caché sous le feu de la foudre, enleua la cloche de l'Eglise & la porta dans le Trec, & que lors que la tempeste agite les flots de ce torrent sujet aux débordemens, on entend le son de cette cloche assez sourd, comme s'esleuant d'vne profonde abysme. *Trec. r.*

De Marmande elle s'auance dans le Bazadois, & moüille les murailles de S. Basile & de la Reole, & ayant receu le *Drot*, qui la vient trouuer entre les bourgs de Gironde & Coderot, elle gaigne S. Macaire & Langon opposez l'vn à l'autre sur les deux riues. *L'Auance* vient aussi des Sables pres du lieu de Durance, passe à Castel-jaloux, & à *Drot, r.* *Amance. r.*

trois lieuës delà se iette dans la Garomne vis à vis de S. Baseille. Elle reçoit pres de Castel-jaloux ttois belles sources, qui font trauailler des moulins à bled, à draps, & à cuiure, qu'on appelle Martinets. Chacune de ces sources fait vn grand ruisseau, qui sans croistre ny diminuer produit de bon poisson, Castel-jaloux est la sepulture des anciens Seigneurs d'Albret.

La Garomne a iusques icy recherché l'Ocean, & ç'a esté pour se ioindre à luy, & trouuer son repos dans le sein de la mer, qu'elle a entrepris des voyages si hazardeux parmy tant de Prouinces, qu'elle a roulé sur les rochers, & abordé les villes & les forteresses basties sur les bords, pour obtenir la liberté du passage, & se rendre en la maison commune des eaux : maintenant l'Ocean la recherche, & vient au deuant d'elle depuis Royan iusqu'à S. MACAIRE pour luy rendre ses ciuilitez, & luy presente les clefs de ce grand & vaste Empire, que la nature luy a donné. Le reflus qui monte deux fois en vingt & quatre heures, & qui croist ou decroist auec la Lune, les bateaux qui montent & descendent auec le flot, les riuages qui retentissent du bruit des auirons, & du chant des batteliers, les rets que les pescheurs iettent de tous costez en la saison, & qu'ils retirent pleins de mules & d'aloses, que ceux du pays nomment colacs; l'ambregris, qui se trouue assez souuent sur ses riuages, & cette grosse flotte de nauires qui vient deux fois l'année au port de Bordeaux, sont des tesmoignages certains de l'estroite alliance que la mer contracte auec la Garomne, & des effets de sa faueur. Nous la suiuons, ayans d'vn costé cette longue suite de montagnes, qui luy seruent comme d'vne leuée, & de l'autre ces grandes campagnes de sable, qui produisent les bons vins; & aux deux bords plusieurs belles maisons, où il semble que la Nature innocente prenne ses diuertissemens, & l'art tousiours interessé en ses affaires cherche ses commoditez.

A vne ou deux lieuës de S. MACAIRE en descendant, vous trouuez sur la main droite vne maison bastie en la parroisse de Sainte Croix, ſur vne montagne qui n'eſt que de coquilles d'huiſtres, auſſi naturelles que celles qu'on peſche tous les jours à Cap de Buſch. Vn Philoſophe peut icy faire du Peripateticien dans ces allées, & raiſonner ſur les cauſes d'vne ſi eſtrange production, ſi c'eſt la mer qui a ietté premierement toutes ces eſcailles dans le canal de la riuiere, qui venant en ſuite à ſe déborder, & eſleuer ſes ondes iuſqu'au ſommet de la montagne s'eſt deſchargée de cét inutile fardeau, qui pouuoit troubler la douceur de ſon repos, & retarder le cours de la nauigation : ou ſi la terre ſe peut conuertir en coquilles de mer, comme l'eau de la mer conuertit la terre en ſables & en cailloux, & le bois des nauires pourris en oyſeaux, comme en canars & en maquereuſes: ou bien ſi ce qu'a dit le Maiſtre de S. Thomas n'eſt point receuable en l'yſage des choſes, quoy qu'on la reiette ordinairement dans les eſcholes, que les ſemences de tous les corps ſublunaires ſont contenuës & renfermées dans les Aſtres, comme en des vaiſſeaux, d'où elles ſont tirées par l'intelligence qui regle leur mouuement, & iettées comme par la main d'vn ensemanceur sur la face du bas Vniuers; mais pource que les vents agitent souuent l'air, il arriue aussi souuent, que ce qui est destiné pour la terre, tombe en la mer, & ce qui auoit esté ietté pour l'eau se trouue dans les campagnes, & qu'en suite on void vn element s'ingerer dans les affaires d'vn autre, & faire son mestier : ou bien plustost si ce qui se passe à nos yeux pour vn petit miracle de la nature, n'a point esté l'occupation de quelque faineant, qui ne pouuant changer la place des elemens, s'est pleu de mettre sur la terre ce qui n'est bien qu'en l'eau, & de faire de son caprice vn specieux sujet d'estonnement à la Posterité.

Vous auez tout proche delà sur les mesmes bords de la Garomne, le chasteau magnifique de CADILLAC, qui n'a point son pareil en Guyenne. Et à l'opposite vous voyez venir la riuiere de *Ciron*, chargée de brochets & de perches, qu'elle ameine du Bazadois, passant à VILLANDRAVD & *Ciron, r.*

moüillant les murailles de ce superbe chasteau, basty par le Pape Clement V. qui a deuant sa porte l'Eglise d'Vzeste, où est la sepulture de ce Pape, & de deux Cardinaux, faite d'vn marbre fort somptueux. Continuant le fil de'leau, vous laissez RIONS, & LANGOIRAN à vne main, PODENSAC à l'autre auec plusieurs autres petites places, qui estoient plus considerées durãt le regne des Anglois en Guyenne, & durant nos guerres estrangeres, qu'elles ne sont maintenant dans la paisible possession de nos anciennes conquestes, & enfin vous apperceuez Bordeaux esleuant les pointes de ses tours dans les nuées, & abordez à ce riche port de la Lune, ainsi nommé, pour-ce qu'il est voûté en forme de croissant.

BORDEAVX. C'est vne erreur trop grossiere de penser que la ville de BORDEAVX en Latin *Burdigala*, ait esté nommée du bord des eaux: comme s'il n'en estoit point d'autre bastie sur les bords de la mer & des riuieres. Il est bien plus à propos de dire qu'elle a pris son nom

Bourde, r. *Iale*, r. de la *Bourde*, & de la *Iale* ou *Gealo* deux petites riuieres, qui arrousent ses terres. Outre lesquelles, elle est encore lauée de deux petits ruisseaux, dont l'vn vient de Bégle, où est le Temple des Huguenots, & gaigne le canal de la riuiere au dessous du bouleuart de S. Croix : l'autre se partage en deux branches, au dessous de l'Hospital de S. André, apres auoir remply les canaux de ces grandes allées, ces superbes promenoirs de la Chartreuse, qui est vn des lieux les plus diuertissans de la Prouince, & vn illustre miracle qu'opere ce grand Prelat, le Cardinal de Sourdis, Archeuesque du lieu, conuertissant vn marais puant, & vne source de vapeurs contagieuses en vn Paradis terrestre, & en vn Cours enchanté. L'vne de ces branches d'eau qui entre dans la ville entre le chasteau du Ha, & le Palais de l'Archeuesque, se nomme le *Peaugue*, & l'autre la *Deuise*, qui entre aussi dans la ville entre l'Hospital de S. André & la Porte Dijos.

Peauge, r
Deuise, r.

Quant à la ville elle a changé de face, aussi bien que la Garomne de canal & de bornes. Son enceinte n'estoit pas fort grãde au temps des Romains; qui l'ayans reduite en leur obeïssance, ne se contenterent pas de la traiter comme franche; mais encore ils l'embellirent de plusieurs riches ornemens & somptueux edifices, dont les estuues, les piliers Tuteles, & le Palais Galiene nous conseruent les marques. Il ne faut pas estre versé dans l'Histoire de France, pour sçauoir les bonnes & mauuaises fortunes de cette noble Cité, qui estant le siege des Ducs de Guyenne, a esté aussi souuent arrousée du sang des François & des Anglois, que de l'eau de la riuiere. Elle a seruy durant plusieurs années d'vn funeste spectacle à l'Europe, qui auoit les yeux sur elle, comme sur vn theatre, où ces deux nations representoient par les armes leurs passions & leur courage, & portoient la peine d'vne Princesse qui auoit autant de ressemblance aux mauuaises meurs d'Helene, que de raport à son nom: puis qu'ayant mis le feu de l'impudicité dans la couche Royale, elle alluma celuy de la guerre en tous les endroits du Royame. Ce fut Eleonor fille vnique de Guillaume Duc de

Guyenne & Comte de Poitou, repudiée par Louys septiesme, & mariée en secondes nopces au Duc de Normandie.

Les chasteaux du Ha, ou du Far, ou du Havre, & de Tropeite, sont des ouurages du Roy Charles VII. pour empescher les troubles de quelques seditieux attachez au party de l'Anglois: L'vn est vers le Couchant dans vn lieu marescageux, qui a la veuë sur la Chartreuse: l'autre est assis sur le bord de la Garomne, pour deffendre le port, & pour arrester ou repousser les vaisseaux ennemis. Ce nom de Ha, auec l'assiete du lieu, & la tradition des gens du pays, tesmoignent que la riuiere gaignoit autrefois iusques là, & que les vaisseaux entroient dans les fossez, & venoient moüiller l'ancre bien auant dans les terres. Quoy que c'en soit, ie peux dire que la Garomne n'a quasi rien de commun auec les fleuues, si ce n'est qu'elle a ses eaux douces, & qu'on peut voir la terre de part & d'autre: car elle tient de la mer, cõme escrit Ausone, elle en retient le flux & le reflux, elle en reçoit les poifſons qui viennent corriger l'amertu-me & perdre le gouſt du ſel, elle en re-çoit auſſi les nauires, qui viennent ſe deſcharger à ſon port, capable de plus de mille vaiſſeaux, & le pays entre la Garomne & la Dordogne, ſe nomme le pays d'entre deux mers. De vouloir deſcrire par le menu toutes les beautez de la ville, ce ſeroit changer d'objet, & quitter l'eau pour la terre, ie deſcris la ſource, & le cours des riuieres, & me contente de viſiter en paſſant les places qui ſe rencontrent ſur les riues. Ie peux toutefois dire ſans me trom-per, ny ſans faire tort au ſujet que ie traite, que Bordeaux eſt la mere des bons eſprits, le ſiege des doctes, & le ſejour de la ciuilité. Auſone citoyen de Bordeaux, Poëte ingenieux, Ora-teur excellent, Medecin fameux, fa-uory de Theodoſe & de Valentinien, Precepteur de l'Empereur Gratian: Tiberius Victor, qui fut vn autre Quin-tilien en l'art de Rhetorique, qu'il en-ſeigna auec éclat & reputation à Ro-me & à Conſtantinople, dont S. Hie-roſme meſme, qui n'eſtoit pas grand admirateur, fait vne honnorable mention au liure de ses Chroniques. Vn Delphidius, Orateur aspre & vehement, dont la voix & le nerf estoit plus redoutable aux criminels, que la deposition des tesmoins, ny que la sentence des Iuges. Vn Altius Patera, vn Iulien, & plusieurs autres anciens & modernes, qui ont porté bien auant la reputation de leur doctrine, & le nom de leur pays, & ce beau monde qui s'y nourrit, sont des tesmoignages, que les Graces & les Sciences l'ont choisie pour vne de leurs demeures.

Le descendant de l'eau, qui arriue deux fois le iour, nous oblige de sortir de cette ville, & de nous embarquer pour aller iusques au *Bec d'Ambez*, qui est vne pointe de terre au dessus de la ville de Bourg, où la Dordogne se ioint à la Garomne, qui perd son nom en deuenant plus grosse, & de là en auant se nomme *la Gironde*, à la façon des plus celebres fleuues de l'Europe, qui ont deux noms, tesmoin le Danube, qui s'estant bien loin ietté dans les Royaumes de l'ancienne Pannonie, s'appelle *Ister*; & le Rhin, qui se nomme *Rimeuse*, quand il a receu la Meuse en son lict. Nous quitterons pour vn temps la Garomne, & monterons iusques à la source de la Dordogne, pour connoistre le lieu de son origine, & les progrez qu'elle fait par diuerses Prouinces, deuant que d'arriuer sur les frontieres de Xaintonge & de Gascogne, où elle finit sa course.

LA DORDOGNE.

Dordogne, R.

LE docte Historien Aimonius, au liure premier de son Histoire, nous descouure deux fontaines sur les Marches de l'Auuergne, qui coulent du *Mont-d'Or*, dont l'vne a le mesme nom que la montagne, & l'autre s'appelle *Doigne*, qui se ioignans ensemble, ne font qu'vn nom des deux, & se nomment *Dordogne*, comme elles n'ont plus qu'vn mesme cours, & vn mesme canal. Si ce qu'on dit du Prince des Philosophes est veritable, que ne pouuant comprendre les causes de l'Euripe, il se precipita dans les flots, voulant finir sa vie, où se bornoient ses connoissances, ie m'en rapporte à ses

Disci-

Disciples, qui taschans de rendre raison du reflux de la mer ne sont pas beaucoup plus heureux que leur Maistre, & sont contraints d'auoüer que leurs maximes sont chancelantes sur cet Element, qui est tousiours orageux, ou en agitation ; & que leur entendement se trouble & se perd dans vne telle confusion de flots. Il n'est rien neantmoins qui leur donne plus d'exercice que le Mascaret de la Dordogne, qui est le premier flot de la mer, lors qu'elle commence à remonter apres son reflux, & qui se fait plus remarquer durãt les chaleurs de l'esté, ou vers le temps des Equinoxes, qu'aux autres saisons de l'année. Car c'est pour lorsque ces vagues poussées auec grande impetuosité s'esleuent sur la riuiere à guise d'vne montagne flottante, ou d'vne espaisse nüée, & s'élancent contre-mont auec vn bruit espouuantable. Aussi-tost qu'il paroist, les bateliers se prennent à crier à pleine teste, Mascaret, Mascaret, & ce cry porté des vns aux autres tout le long du riuage, l'auertissement se communique bien loin en vn moment, de ſorte que les bateaux, qui ſont proches du bord, ont le temps de s'y mettre à couuert, & ceux qui ſont trop au large, tournent leur pointe contre le Maſcaret, qui les trouuant en cette aſſiete ne les endommage point, pource que ſes flots eſtans venteux ſe fendent, & ſe diſſipent fort aiſément, mais les prenant de flanc, il n'y a nauire, qu'il ne renuerſe. Il y a vne autre rareté fort particuliere en la Dordogne, ce ſont les ſaumons, qui ſortent de la mer au printemps, pour entrer en la Gironde, & trouuans le paſſage de la Dordogne ouuert au confluent des deux riuieres, montent juſqu'à ſa ſource, où il s'en prend vne auſſi grãde quantité, que de harancs ſur les coſtes de Flandres & d'Angleterre, & que de ſardines à Royan.

Cette riuiere ſi poiſſonneuſe, ſi fauorable au commerce, & ſi prodigieuſe prend donc ſa ſource de la montagne d'Or, & ſe groſſiſſant peu à peu par la cheute des torrens & des ruiſſeaux, qui coulent de tous coſtez des montagnes, elle a l'honneur de viſiter ſix grandes Prouinces, l'Auuergne, le Limosin, le Quercy, l'Agenois, le Perigord, & le Bourdelois, où elle termine ses voyages, & trouue son repos dans le lict de la Garomne. Ses premieres demarches au sortir de son berceau sont BORT, & AVRIAC, où elle commence à se rendre considerable par les recreuës de *Lusiege*, & de la *Gane*. *Lusiege* riuiere dangereuse en ses debordemens, & qui ressemble plustost à vn torrent, ou à quelques abismes pleines de gros poissons, qu'à vne riuiere fauorable aux peuples, & paisible en sa course, passe au pied du chasteau de Vantadour, voulant auoir l'honneur de contribuer la fraischeur de ses eaux à l'entretien des lauriers de cette illustre maison, qui iettent leurs racines bien auant dans les siecles passez, & portent leurs testes iusqu'aux nuées. La *Gane* apres auoir arrousé quelques petites villes, & force villages depuis Fonmartin, où est la fontaine, se vient rendre au dessous d'Argentac. La Dordogne continuë son cours vers BRIVESAC, & BEAV-LIEV petite ville dans la Vicomté de Turene; & biaisant vn peu

Lusiege, r.

Gane, r.

entre le Couchant & le Midy, elle re-
Sere, r. çoit à Bretenous la *Sere*, chargée de
Iordane. la *Iordane*, qui passe aux portes d'Oril-
lac, & vn peu au dessous elle s'enfle de
Baue, r. la *Baue*.

ORILLAC. ORILLAC est vne des principales villes de la haute Auuergne, ainsi nommée du lieu de son assiete, qui estoit anciennement vn lac où se trouuoient de petits grains d'or. L'air y est pur & temperé, pource qu'il y a vn canal en chaque rue, par où toutes les immondices de la ville s'escoulent dans la riuiere. C'est le pays de Guillaume de Senac, ce fort esprit, & ce docte Euesque de Paris, qui nous a laissé de si rares productions de sa science & de sa pieté.

De Bretenous la Dordogne descend à Floriac, où se vient rendre la *Tour-*
Tourmente, r. *mente*, & puis de là à Corsac où se perd
Nea, r. le *Nea* : & de là à Dome, où *Seu* se
Seu, r. vient ioindre à l'opposite de SARLAT,
SARLAT. qui est vne ville Episcopale en Perigord, de laquelle on rapporte qu'au temps que les Druides gouuernoient les Gaules, c'estoit vn Temple d'Esculape, ou plustost vne Eschole fameuse

de Medecine pour l'Instruction de la ieunesse, qui se vouloit appliquer à cet art, & qu'on y accouroit de tous les endroits du Royaume, pour prendre le conseil des maistres, & receuoir la guerison par leurs remedes ; & qu'apres on montoit sur le haut d'vne mõtagne, qui se nomme encore Druille, pour offrir des Sacrifices au Dieu, qui donne la force aux medicamens, & la santé aux malades. La ville s'est tousiours maintenuë en l'obeïssance des Roys de France durant les guerres des Anglois, & les troubles des Religionnaires : d'où vient qu'elle porte ses Armes de gueule à vne Salamandre d'or, au chef d'azur chargé de trois Fleurs de Lys d'or. L'Euesché de Sarlat est renfermé de la Dordogne & de la Vezere, qui luy seruent de bornes. De Dome la riuiere continuë sa route iusqu'à Limeil, où la *Vezere* se descharge de ses eaux, & de celles de la *Beaune*, du *Sern*, & de la *Couraise*, qui passe à Tulles & à Briue la Gaillarde.

Beaune, r. *Sern, r.* *Couraise, r.* *Vezere, r.*

La *Vezere* prend sa source pres la Courtine en Limosin, moüille les murailles de Treinac, & d'Vzerche, arrouſe Vijoles, Terraſſon, & Montignac; où elle a par tout des ponts. Ie ne diray qu'vn mot d'aucunes de ces villes. TVLLE. TVLLE eſt aſſiſe en vn lieu raboteux, & entouré de diuerſes collines; mais abondante en fruits & en commoditez, que luy donne la terre, & le trafic. Elle a vne Eueſché, dont l'Egliſe Cathedrale eſt embellie d'vne aiguille pyramidale eſleuée ſur ſon colcher, qui eſt ſi haute & ſi artiſtemẽt trauaillée, que celles de S. Michel de Bordeaux, & de S. Geruais de Lectoure n'en approchent point. BRIVE. BRIVE, ſurnommée la Gaillarde, tant pour l'humeur des habitans, que pour la bonté du pays, receut autrefois Gondouaud fils naturel de Clotaire I. le proclama Roy de France, & le porta ſur vn bouclier autour de ſon armée, ſelon l'vſage de nos anceſtres, qui n'auoient point de ceremonies plus auguſtes que celle là pour reconnoiſtre la majeſté des Roys.

VZERCHE. VZERCHE ville belle & temperée, eſt aſſiſe ſur le torrent de Vezere, & preſque imprenable au iugement des hommes, eſtant entourée de tous coſtez, & n'ayant que deux auenues, encore ſi difficiles, qu'on dit en Prouerbe : Que qui a vne maiſon à Vzerche, a vn chaſteau en Limoſin. La commune opinion eſt, que Pepin allant pour combattre Gaïfer Duc d'Aquitaine fit batir cette place entre ces eaux impetueuſes, & la fortifia de dix-huit tours, dont l'vne eſt encore appellée la tour de Leocaire, pource qu'il y fit trancher la teſte à Leocaire Maire de ſon Palais. Ie luy baille auec juſte raiſon les titres de Sainte, de Docte, & de Fidele. Les precieuſes reliques qu'elle conſerue en ſon Abbaye, comme vn riche treſor, & particulierement la Nape, où le Sauueur des hommes fit la Cene auec ſes Apoſtres le iour deuant ſa mort, & les corps de S. Leon & de S. Coronat, où les fols & les innocens vont reprendre l'vſage de leur raiſon, & chercher du iugement, ſont des teſmoignages de la ſainteté du lieu. Les hommes doctes qu'elle a produit, luy donnent vne haute reputation, & entre autres cét illuſtre ornement des belles lettres, qui par la fecondité de ſa plume, & par la noblesse de ses pensées remplit les Bibliotheques de liures, & les esprits d'admiration, dont les ouurages continuez sans interruption semblent n'estre qu'vn seul trauail, comme tous les beaux iours d'esté ne cõposent qu'vne saison, pour s'entresuiure les vns les autres sans aucun entre-deux; ou comme les œuures de Dieu ne sont qu'vn monde, & vn theatre de merueilles liées à cette chaisne d'or, qui pend du haut du Ciel au plus bas de la terre. Elle a aussi cette honneur auec quelques autres, que nonobstant l'authorité de l'Anglois en Guyenne, elle a tousiours esté fidelle à la Couronne de France, & luy a tousiours rendu les deuoirs d'vne humble obeïssance, ayant soustenu noblement vn siege de sept ans, & lassé toutes les forces de l'Angleterre.

Beaune, r. MIREMONT.

Entre Montignac & Tayac; où la *Beaune* rencontre la Vezere on apperçoit MIREMONT, où sont ces caues si renommées, dont i'ay desia parlé, & au dessous vous entrez dans la Dordogne à Limeil, qui vous conduit à Linde, où est l'eau prodigieuse d'vne fontaine renfermée dans vne tour, qui fait moudre deux beaux moulins au retour qu'elle fait pres de sa source. De Lindre vous la suiuez à Bergerac, où on passe l'eau sur vn pont, à S. Foy, & puis à Castillon, à S. Emilian, & à Libourne, où l'*Isle* se vient ioindre à elle, pour s'en aller toutes deux se rendre dans la Garomne au dessous de Bourg. BERGERAC, comme elle a esté vne des premieres villes, qui embrassa l'erreur du Caluinisme pour se reuolter contre le seruice de son Prince legitime, elle a esté aussi vne des premieres à reconnoistre sa faute, aussi bien que S. Foy, qui aymerent mieux se rendre à la misericorde du Roy Louys XIII. qu'esprouuer sa Iustice.

l'Isle r.

BERGERAC.

C'estoit autresfois la plus importante ville apres Bordeaux, que les Anglois eussent en Guyenne, tant pour ce qu'elle estoit opulente, & bien fortifiée, qu'à cause qu'elle fait frontiere à l'Agenois, Perigord, Bourdelois & Quercy, & qu'elle donne l'entrée en toutes ces Prouinces. Elle se rendit au Duc d'Anjou sous Charles V. par la valeur, & par l'adresse du Connestable du Guesclin, qui ayãt defait le secours des Anglois & Gascons, & fait venir des machines de la Reole, obligea les assiegez de ceder à la force & à l'esprit, & de quitter le party de l'Anglois, pour embrasser celuy de France. Parmy ces engins de batterie, il y en auoit vn fort remarquable, qu'on nommoit Truye. Elle s'esleuoit plus haut que les murailles de la ville; cent hommes d'armes pouuoient loger dedans en seureté, & lancer auec des ressors de grosses pierres qui escrasoient les hommes & renuersoient les maisons.

CASTILLON.

Bataille de Castillon.

CASTILLON est vne place signalée dans nos Histoires par la bataille qui fut liurée l'an 1452. entre les Anglois & les François, où la victoire fut de nostre costé, qui nous ouurit les portes des plus importantes villes de la Guyenne, & chassa les injustes vsurpateurs de nos Prouinces dans leur Isle, par la mort de Talbot. Ce venerable vieillard, aagé de quatre-vingts ans, ne pouuant pas combattre de la main, combattoit de la voix, & encourageoit les siens monté sur vne petite haquenée blanche, quand il fut terrasſé d'vn coup de couleurine. On raconte de luy, que ſe voyant aux abois de la mort, il exhorta ſon fils à ſe ſauuer, & ſe reſeruer à vne meilleure fortune, la fuite ne pouuant eſtre honteuſe à ſa ieuneſſe, & en vne occaſion où il n'y auoit plus d'eſperance de ſalut ny de deffenſe: Que pour luy il ne pouuoit pas ſouhaitter vne fin plus glorieuſe mourant au lict d'honneur, & en vn aage qui le rendoit inutile aux armes. Mais ſon fils luy reſpondit genereuſement, qu'il ne pouuoit trouuer vne mort plus glorieuſe qu'en mourant auec ſon pere, ny receuoir vne ſepulture plus magnifique que de remettre l'eſprit entre les bras de celuy qui luy auoit donné; & ſur cette reſolution il finit auſſi ſes iours les armes à la main, ſans vouloir ny fuyr, ny ſe rendre.

S. EMILIAN, que ceux du pays nomment S. Emilion, eſt vne petite ville ſur vn coſtau, embellie d'vne Egliſe de Chanoines, pratiquée dans le roc auec vn merueilleux artifice. LIBOVRNE eſt dans la plaine ſur vn angle que forment les riuieres de Dor- S. EMILIAN. LIBOVRNE.

dogne & d'Isle, qui viennent se rencontrer à vn coin de la ville du costé de Frõsac; elle fut fondée par Edoüard Roy d'Angleterre, & nommée *Libourne*, c'est à dire, la borne d'Isle. D'autres veulent dire qu'elle est plus ancienne, & qu'elle a esté bastie par Charlemagne: elle est ceinte de bonnes murailles, garnie de grosses tours, les rües y sont dressées au niueau, & fort bien compassées; pour les maisons elles ne sont pas des plus superbes. FRONSAC estoit vne des fortes places de la Guyenne: située sur vne haute montagne inaccessible de tous costez, construite en ovale, entourée de fortes murailles d'vne espaisseur demesurée, flanquée de tours & de bouleuars: le chasteau qui pouuoit grandement incommoder la nauigation, fut demoly il y a quelques années par le commandement du Roy & la Seigneurie erigée en Duché. Ie laisse aux Rechercheurs des Antiquitez, à deuiner si Fronsac a esté basty par Charlemagne, & s'il est le mesme que *Frons Saracenorum*, comme qui diroit, le Front des Sarrazins, qui pou-

FRONSAC.

uoient ayſément ſe ietter dans les Prouinces de France, s'ils n'euſſent eu de fortes barrieres pour arreſter le cours de leurs victoires & de leurs cruautez, ou bien ſi c'eſt *Franciacum* : i'ayme mieux continuër mon deſſein. Et puis que ie me trouue inſenſiblement à l'emboucheure d'Iſle, ie ſuis obligé de remonter iuſques à ſa ſource, apres que i'auray remarqué que le Mont-d'Or, d'où la Dordogne eſt deſcenduë, a des bains, où l'eau eſt chaude, froide & tiede, pour s'en ſeruir diuerſement ſelon les maladies. Pres de cette montagne en eſt vne autre, où ſe void vn lac de grande eſtenduë, dont on n'a ſceu trouuer le fonds, eſpouuentable & merueilleux en ce qu'on aſſeure qu'y iettant vne pierre, les tonnerres & les eſclairs ſont entendus, & accompagnez de greſle & de pluye. Pres de ce lac eſt le Creux qu'on appelle de Soucis, rond au deſſus, duquel on rapporte auſſi des choſes preſque pareilles, & qu'en Eſté, ſans y rien ietter dedans, on y entend des bruits comme d'vn tonnerre ou d'vn entreheurt de vents. Le Mont-d'Or a ce nom là parce que les estangs de ce quartier remplis des eaux qui en naissent, monstrent au fond quelques pailletes d'or. Il y a aussi vne fontaine voisine, qu'on nomme la Vineuse, parce qu'elle a vn goust de vin, de sorte que pour bien boire il suffit de mesler la sixiesme partie d'vn pot de vin auec cette eau.

L'ISLE.

L'Isle, R.

L'ISLE prend sa naissance en Limosin au dessus du village de Meise, & s'estant vn peu grossie durant huict ou neuf lieuës, elle vient arrouser les murailles de Perigueux, & trauerse le Perigord. Quand ie considere cette Prouince mal-agreable en sa situation, herissée de rochers & de cailloux, & assez mal pourueuë des choses necessaires à l'entretien de la vie des hommes; & neantmoins remplie de raretez & de productions miraculeuses, que la Nature y fait paroistre de tous costez, il me semble que Dieu se comporte en la distribution des faueurs qu'il fait aux peuples, comme ce Philosophe qui ne laissa rien en mourant à la plus belle de ses filles, que l'esperance d'vne haute fortune establie sur les graces de son visage, & sur les auantages de sa doctrine, & donna tous ses biens aux autres, qui n'auoiẽt ny les charmes du corps pour gaigner les cœurs des fols, ny les attraits de l'esprit pour s'insinuer dans la possession des Sages. Les Prouinces qui abondent en bleds, en vins & en pasturages, n'ont pour l'ordinaire, ny mines de metal, ny fontaines miraculeuses, ny drogues ny herbes medicinales, qui viennent dans les rochers & sur les montagnes les plus steriles, qui ne seruent que de bute aux orages de l'air, & aux foudres du Ciel.

PERIGORD.

Les plus diuertissans chemins du PERIGORD ne sont que des landes & des pierres, qui luy ont donné le nom de *Petrarchora* en Latin : les chãps sont semez de cailloux, les lieux de plaisance sont des collines steriles, qui ne produisent que du buys & des halliers : les plus agreables forests sont des chastaigners, qui ne donnent leur fruit aux hommes qu'auec regret, & en picquant : le plus beau sexe, qui tient l'Empire des volontez en ses mains n'est que de monstres; & le party le plus consideré des habitans est le nombre des gueux. Ce pays est neantmoins fort temperé; il y a des fontaines alumineuses & sulphurées, qui sont fort salubres; il y en a de prodigieuses, qui ont leur flux & reflux reglé comme la riuiere de Garomne, qui passe deuant Bordeaux; il y en a vne dont l'eau se conuertit en pierres, & se gele comme glace, formant mille figures, & conuertissant en pierre ce qu'on y iette, ou le reuestant de certaine crouste pierreuse Les mines de fer n'y manquent point, à quoy seruent leurs forests, & les eaux de tant de riuieres & de ruisseaux, qui coulent de tous costez. Les simples & les herbes medicinales y croissent en abondance, auec la capilaire de toute espece. En vn mot si le pays n'est pas fort commode à la nourriture des hommes, il y a des choses fort curieuses à voir, & rares en la Nature.

PERIGVEVX. PERIGVEVX est la ville Capitale, assise en vn vallon agreable, sur la riuiere de l'Isle, qu'on y passe sur vn beau pont;

pont, & est ceinte de montagnes & de costaux. On la distingue en ville & cité, separées & distantes l'vne de l'autre de cent cinquante pas. La Cité est bastie sur les ruines de l'ancienne, l'Euesque y a son Palais & son Eglise Cathedrale, qui fut demolie durant les guerres ciuiles: & les Gentils-hommes du pays y ont des maisons qui sont autant de vieux chasteaux. Les restes d'vn Amphiteatre, qu'on y appelle les Rolfies, & la tour de Vesune, & quelques voûtes & colomnes, & les trãchées du camp des Romains, qui se remarquent encore sur vne des montagnes au bord de la riuiere, sont des preuues de son antiquité. Cette Tour est ronde, & a des murailles espaisses de sept pieds, & hautes de cent, bastie de certaines petites pierres, si bien liées, qu'on n'en sçauroit destacher vne. Elle n'a ny porte ny fenestre pour receuoir le iour: on y entre par deux grottes sous terre, qui ont esté trouuées; & le dehors du bastiment estoit tout couuert de grands clouds de fer, où les Payens suspendoient leurs Idoles. L'opinion commune est, que c'eſtoit vn Temple conſacré aux myſte-res de la Deeſſe Venus.

L'Iſle ſortant de Perigueux plus groſſe qu'elle n'eſtoit deux ou trois lieuës auant que d'aborder ſes portes; car elle s'enrichit des eaux de la *Haute Vezere*, qui vient d'entre le haut & bas Limoſin, elle paſſe à Muſidan, & à Monpont, arriue aupres de Guitres, où elle reçoit vn nouuel accroiſſement par le moyen de la *Drome*, fleuue de Perigord qui paſſe par Piquou, S. Aulaye, Parquout, & ayant receu la *Colle*, qui vient de Brantome, & arrouſe Bourdeille, & Aubeterre, ſe vient ioindre à l'Iſle au deſſous de COVTRAS. C'eſt dans cette campagne pratiquée par le conflans des riuieres de Drome & de l'Iſle, que ſe liura la ſanglante bataille de Coutras l'an 1587. entre les Catholiques & les Religionnaires, où la iuſtice de la cauſe de Dieu plia ſous les armes du grand Henry Roy de Nauarre, qui depuis fut Roy de France. Le carnage fut ſi grand, que preſque la moitié de l'armée demeura eſtenduë au champ de bataille, ou à la chaſſe, comme des victimes immolées

Haute Vezere, r.

Drome, r.

Colle, r.

Bataille de Coutras.

aux interests de la Religion, & à la gloire du vainqueur. Quatre cent Seigneurs ou Gentils-hommes, qui furent tuez, rendirent la perte plus lamentable pour les Catholiques. Entre ceux-là furent le Duc de Ioyeuse General de l'armée, & son frere Seigneur de S. Sauueur. On raconte vne belle action de Campeïls le plus jeune des sept freres, qu'estant blessé à mort, il s'enuelopa dans son drapeau, pour luy seruir d'vn glorieux suaire.

L'Isle & la Dordogne n'ayant plus qu'vn mesme lict, descendent au *Port de Cusac*, & se vont descharger dans la GIRONDE au dessous de Bourg, où la Dordogne est beaucoup plus large que la Garomne deuant Bordeaux. Car la Garomne deuant Bordeaux n'a qu'enuiron trois cens cinquante toises de largeur, & la Dordogne deuant Bourg en a plus de sept cens cinquante, qui font vn quart de lieuë & demy quart, ou demie lieuë moins demy quart, si l'on fait la lieuë comme en Saintonge, de mille tours de rouë de charette, & la rouë de douze pieds de rondeur, qui font deux mille toises de

GIRONDE, R.

chemin. De Bourg on descend à Blaye, qui est le *Promontoire des Saintongeois* dans Ptolomée, & Blaye la guerriere dans la Poësie d'Ausone, pource que de son temps elle estoit garnie de bons soldats, comme elle est encore aujourd'huy, seruant de clef au Royaume, pour en fermer l'entrée à l'estranger, qui pourroit aborder aux costes, & gaigner la Guyenne. Les habitans du lieu content que Roland le Palatin neueu de Charlemagne en estoit Seigneur, & qu'il fut inhumé en l'Eglise de S. Romain, auec son espée Durandal, son cor de chasse aux pieds de son tombeau, qui a esté depuis porté à Bourdeaux en l'Eglise de S. Seuerin. Charibert Roy de Paris, & fils aisné de Clotaire I. y laissa la vie auec le Sceptre, & fut enterré dans la mesme Eglise de S. Romain. Les Anglois, qui vont à Bordeaux pour trafiquer, abordent icy, descendent l'artillerie de leurs vaisseaux, & payent vn escu pour châque nauire depuis l'an 1475. que Louys XI. en fit vne declaration.

BLAYE.

ROYAN.

De Blaye on arriue à ROYAN, se laissant conduire aux flots de la riuiere la Saintonge à la droite, & le Medoc à la gauche. Royan estoit vne ville petite en son enceinte, mais forte d'assiete & de main, ceinte de doubles fossez, taillez dans le roc, le vieux fossé estant de quarante pieds de large, & vingt de profondeur; le nouueau large de trente, & profond de douze, auant qu'elle eust veu l'armée du feu Roy deuant ses murailles. Elle est assise à l'emboucheure de la Garomne, & battuë du flot de la mer des deux costez: le port estoit deffendu d'vn chasteau basty sur vne eminence, auec tant d'auantage, que les Religionnaires, qui s'en estoient saisis dés le temps de la Ligue, que la place n'estoit pas encore fortifiée, s'en seruoient comme d'vn havre pour receuoir les Pirates de la Rochelle, quand ils estoient pressez de chercher retraite en cette coste: & comme d'vn Fort, pour leuer des contributions sur les vaisseaux passans. Le deffunt Roy l'assiegea l'an 1622. & la força de se rendre à sa clemence, apres auoir irrité sa iustice par ses brigandages, & par son obstination, en violant ses Edits, & resistant à ses armes. La Noblesse, qui mourut à ce siege par l'effect d'vne mine, crioit vangeance; mais l'esprit de Louys se souuenant qu'il estoit le Pere de ses sujets, quoy que rebelles, respondoit misericorde. Ie peux dire à ce propos que ces mauuais habitans vouloient estre semblables, & faire comme les Maigres qu'on pesche à leur porte. Ce poisson qui a quatre pieds de long ne se rend qu'aux coups de tonnerre, & nonobstant toutes les ruses des pescheurs il ne peut iamais se prendre que lors que le Ciel est en cholere, & l'air en feu : mais aussi les pescheurs se sçauent bien preualoir de leur prise, car ils luy ouurent la teste, & en tirent deux pierres, qui sont fort recherchées, comme estans vn remede excellent à la cholique. Aussi ce peuple ne ceda qu'aux tonnerres du canon de son Prince, & la reddition de cette ville soulagea toutes ces costes.

La tour de CORDOAN.

Pres de Royan, on void la tour de CORDOAN, esleuée sur vn Rocher au mesme endroit qu'estoit autrefois l'Isle d'Antros, suiuant l'opinion des doctes, que les nautonniers, qui voguent sur la mer de Saintonge, & qui veulent entrer dans la riuiere, regardent comme vn phare pour leur seruir de guide parmy tant d'escueils, qui rendent ce passage vn des plus dangereux de nos mers entre le Pas des Asnes, & le Pas de Graue, mais que la Garomne contemple comme les extremitez de sa carriere, & le terme de ses voyages, où elle va se delasser dans le sein de l'Ocean, & luy porter les dépoüilles de plus de cēt riuieres; auec les deuoirs & les hommages que luy rendent plus de vingt Prouinces par la contribution de leurs eaux.

LEYRA.

SVR la coste de Medoc on trouue vn estang d'eau douce, qui a cinq lieuës de long, & vne de large, sur le bord de la mer. Au dessous est le havre d'Arcachon, où se va descharger LEYRA, petite riuiere, qui vient des Landes de Bordeaux, & passe à la Tricherie & à Belin, trauersant le grand chemin d'Espagne. Ces Landes, ainsi nommées à cause de leur ste- LEYRA, R.

rilité, ont plus de cinquante lieües Françoises de long, & trente de large. Vne des pointes de terre qui s'auance dans le havre d'Arcachon se nomme Cap de Buch. C'est ce pays que les anciens nous ont fait connoistre sous le nom de *Boij*, ou *Boiates*, dont le Seigneur est Captal de l'illustre maison de Candale. C'est vn effet prodigieux des vents, qui soufflent sur ces riuages, qu'ils transportent des montagnes de sable d'vn lieu à l'autre, & qu'ils couurent des bourgs & des forests, de sorte que les liévres gistent à la cime des arbres, & les chiens courent sur la pointe des clochers. Ie ne veux point entrer dans le grand estang de Casaus, ny dans celuy de Biscarosse, où se vont descharger plusieurs ruisseaux des landes: i'euite aussi tant que ie peux le vieux Boucaut, & le Boucaut de Dion à l'entrée de Cap Breton: c'est le Royaume des vents, & le pays des tempestes, il est plus seur de nauiger sur l'Adour, que de voguer sur l'Ocean.

L'ADOVR.

L'ADOVR prend sa naissance d'vne fontaine, nommée *Cap-Adour*, en la montagne de Tourmalet en Barege. A peine a-elle veu le iour sur ces hautes montagnes, le pays des plus nobles riuieres, que la Nature, Regente des Estats de la terre, a esleuez pour seruir de bornes à la valeur des François, & à l'ambition des Espagnols, qu'elle coule par le valon de Campan, autant agreable pour le verd de ses herbes qui tapissent ses prez, que riche en bestail & en laines. S'estant vn peu renforcée par les eaux de quelques fontaines, qui coulent le long des rochers, elle descend à BAGNERES, ville assez connuë aux malades, qui vont y chercher la santé dans ses bains chauds, renommez mesme dés le temps des Romains, qui nommerent le lieu *Vicum Aquensem*, le Bourg des eaux, & l'embellirent de plusieurs ornemens, dont on a souuent trouué des marques dans les ruines des bastimens, auec des pieces

ADOVR, R.

BAGNERES.

d'or & des medailles, qui portoient l'image des Cesars.

BIGORRE.

La plaine de *Bigorre*, faite en forme d'ovale, & semblable à vn Amphiteatre, mais qui nourrit des animaux plus priuez & plus diuertissans que les Tygres & les Lions, dont les combats seruoient d'apprentissage & d'instruction à la cruauté des Citoyens de Rome, pour verser le sang des peuples, commence à s'ouurir d'vn costé à Bagnieres, & de l'autre pres de Lourde iusques à Vic-Bigorre, entourée des costaux de Ger, de Montaner & Moncaup au Couchant, & de ceux du cartier de Rustang & de Bigorre au Leuant, arrousée de plusieurs petits ruisseaux, couuerte de prairies & de vignes à hautes branches, ombragée de boscages, chargée de moissons, & bien peuplée d'hômes. Mais dautant qu'vn si beau pays pourroit peut-estre donner enuie de l'enuahir à ses voisins, qui ont le Ciel & la terre contraire à leur felicité, le Ciel par ses chaleurs insupportables, & la terre par ses landes steriles, la Nature leur a dressé des fortifications plus seures & plus regulieres que celles de l'art, les monts seruans de barriere contre l'Espagnol, où sont quatre passages fort difficiles & malaisez le long des Pyrenées, que les habitãs sont obligez de garder à leurs despens, sçauoir *Azun, Cauteres, Bareges & Campan.* Vous diriez que le Dieu qui preside à la santé des corps, ayant exprimé la vertu des remedes, l'a versée dans les eaux de ces pays, puisqu'outre les bains de Bagnieres, dont les vns passent par les minieres de souffre & d'alum, & les autres par le vitriol, le bitume, & l'antimoine, on y void encore ceux de Bareges & de Cauteres, auec les sources de S. Saluadour, qui sont bonnes à boire, & les eaux d'Encausse, les vnes chaudes, les autres froides, les autres temperées.

TARBE est la capitale du pays, dont toutefois Cesar bien versé en la connoissance de nos Prouinces, pour les auoir parcouruës les armes à la main, fait vn peuple particulier, qu'il nomme *Tarbellos.* Elle est assise sur l'Adour, laquelle y conduit ses eaux le long de la plaine, & s'y partage en quatre ou cinq canaux, qui diuisent aussi la ville en TARBE.

autant de parties, auec des ponts, des porteaux & des clostures particulieres, qui tesmoignent qu'elle a esté bastie à diuerses reprises. Le Palais de son Euesque, & son Eglise, quoy qu'elle soit fort petite & mal bastie, toutefois ancienne, l'orne bien plus que ne faisoit le chasteau qu'y auoient basty ces anciens vainqueurs des Gaules, à dessein de retenir ces peuples fiers & guerriers en l'obeissance de leur Empire.

Isle, r. *Leschez, r.* *Larroz, r.* L'Adour sortant de Tarbe continuë son cours vers Vic Bigorre, & reçoit *l'Isle*, *Leschez* & *Larroz*, sur les confins de Bigorre & de Gascogne. *L'Isle* vient des montagnes entre le Val-d'Aure & le Val de Campan au dessus de Saracolin, & passe par Rabasteins ville iolie & ancienne, mais qui a experimenté dans la fureur des guerres, que les plus nobles edifices sont sujets aux mesmes loix du temps, que ceux qui les habitent; & que comme les Princes qui les ont fait bastir ne laissent apres eux que de la cendre de leurs tombeaux, aussi leurs ouurages ne conseruent plus que de tristes ruines de leur magnificence. *Leschez* sort à Casteloubou en Lauedan, qu'on nomme communément la Vicomté de Lauedan, appartenant au Marquis de Malause, du nom de Bourbon, passe dans la Baronnie d'Angles, baigne le Chasteau de Benac, entre dans Vic-Bigorre, & pres du chasteau de Parabere, se perd dans l'Adour à Maubourget. *Larroz* naist à Esparros dans la vallée de Barousse, moüille l'Abbaye de l'Escale Dieu, passe à Goudon & Tournay, & au bourg & Abbaye de S. Seuere de Rustan, & se iette dans l'Adour pres de Riscle en Armagnac.

La riuiere riche des contributions de tant de ruisseaux, semble deuenir comme insolente & difficile, c'est pour cela qu'on luy a mis vn pont à S. Mon, au dessous de Riscle pour luy seruir de joug, & la tenir sujette ; & vn autre proche de Barselone au dessous de l'emboucheure d'vn ruisseau qui luy vient de Bearn, composé de trois sources, dont la principale est pres du chasteau de Samsons, dessus l'Embesche, chetiue ville, & neantmoins si glorieuse qu'elle croid estre capable de donner de la jalousie ou de la honte à toutes les villes de la Prouince, & que c'est pour sa beauté que ses Fondateurs la nommerent *Lembeche*, qui signifie *Enuie* en langage du pays. En descendant le long de l'eau on trouue *Aire* à la gauche, Euesché dependant de l'Archeuesché d'Auchs & du Parlement de Bourdeaux. *Caseres* est au dessous, petite ville, auec l'Abbaye de S. Iean de la Castele de l'Ordre de Premonstré, le canal de la riuiere entre deux. *Grenade* est sur le mesme bord, differente d'vn autre de mesme nom bastie sur la Garomne en la Comté de Gaure.

AIRE.

En suitte vous entrez dans le Tursan, & puis dans la Chalosse, dont la capitale est *S. Seuer* au dessous de l'Adour. On y void les ruines d'vn vieux chasteau, qu'on croid auoir seruy d'Amphiteatre aux Romains, qui se nommoit le chasteau de Cesar. La jouste du Taureau qui s'y fait tous les ans dans vne grande place, est comme vn reste de ces sanglantes courses; & l'humeur hautaine & morguante des habitans est comme vne expression du

S. SEVER.

naturel de ces vieux Gladiateurs. Si lon n'ayme mieux dire qu'ils retiennent l'vn & l'autre, sçauoir le port & l'exercice des Espagnols, qui les ont autrefois gouuerné: & mesme Guillaume Sanche d'Arragon, qui se qualifioit Comte de Gascogne, & Duc de Guyenne, à fondé l'Abbaye. La ville a esté forte, & il se trouue dans nos Histoires que les Anglois l'ont tenuë assez long temps, auec quatre grands fauxbourgs. On la nomme encore aujourd'huy Cap de Gascogne, & dit-on, que ses citoyens ont la teste de sable, pour estre broüillons & remuans. Vne lieüe au dessus de la ville, l'Adour reçoit le ruisseau de *Baus*, & vne lieüe au dessous elle s'allie au *Gauas*, qui sort du Bearn, vient à Arboucaue, S. Antoni, S. Colombe, se chargé du *Bas*, & se perd à Thoulousette.

Baus, r. *Gauas, r.* *Bas, r.*

On passe vn peu plus bas sous les ponts de *Mugron*, où l'Adour est nauigable, auant que d'aborder le *Lous*, & la *Douse*, qui viennent presque se rencontrer vis à vis l'vn de l'autre. Le *Lou*, a son origine en Bearn, passe à Hagetman, & à Monthoit terre de

Lous, r. *Douse, r.*

Poyane, & se perd en l'Adour à Celle de Vignoles. La *Douse* naist en Armagnac pres de Campagne, arrouse Casaubon & la Bastide, prend l'*Estampon*, à Roquehort, & la *Gianeire*, à Canens, & se ioint au *Midou*, chargée du *Ludon*, dans les fossez du Mont de Marsan; & puis descend à Tartas prendre les batteaux qu'il porte dans l'Adour vne lieuë plus bas.

Estampon, r. *Gianeire, r.* *Midou, r.* *Ludon, r.*

AQS.

La ville de DAQS, ou plustost AQS se fait voir au dessous, assise sur les bords de la riuiere auec vn pont qui la trauerse, comme le Chef des peuples anciens & renommez dits *Tarbelli*, compris dans la Nouempopulanie du plus sage Empereur, & du plus rusé Politique que l'Empire ait esleué sur son Throsne, & comme le Siege Presidial de la Seneschaussé des Lannes, de quinze lieües de longueur, & autant de largeur, mais qui sont plus propres au bannissement des criminels, qu'à la demeure des innocens, pour estre incultes, steriles, & mal plaisantes. La terre n'y porte que des bruieres, & des pins sauuages, d'où découle la poix & la resine, comme du sang de

ces

ces arbres, qu'on tire de leurs playes, ou plustost comme des larmes de douleur qu'ils versent quand on les a blessez. L'air est tout remply de grosses mouches, qui sont encore plus fascheuses aux voyageurs durant l'esté, que le soleil qui leur eschauffe la teste, & que les sablons ardens qui leur bruslent les pieds. Le langage des habitãs vous espouuante, & s'ils n'auoient quelqu'air d'humanité sur le visage, ou qu'ils parlassent sans estre veus, on les prendroit plustost pour des Tartares, que pour des sujets du Roy de France; il semble que leurs paroles soient des exorcismes de S. Leon, & que toutes les lettres, dont ils forment leurs mots, soient gutturales, qui ne peuuent sortir de la bouche, qu'en escorchant la gorge. Le pain du commun peuple est fait de mil, le terroir estant trop maigre pour produire du bled.

Cela n'empesche pas que Daqs ne soit considerée. Les doctes recherchent son nom & sa fondation dans les antiquitez: Les curieux se diuertissent sur le bord de ses Fontaines: &

les hommes d'armes s'arrestent à son assiete & à ses fortifications. Auant que les Gascons descendus des Pyrenées eussent gaigné l'Aquitaine, & se fussent habituez sur les bords de la Garomne, ils planterent leurs pauillons vers la Biscaye, & bastirent Daqs & Bayonne. Mais ceux qui se passionnent pour l'intelligence des anciens noms des villes, & qui s'interessent pour le party de Ptolomée, ne peuuent s'accorder, si elle est *Aqua Augusta*, *Tarbellæ*, *Dasciij*, *&* *Vrbs Aquensis* des Geographes : quoy qu'ils soient bien d'vn mesme aduis, qu'elle a pris son nom des eaux. Quoy que c'en soit, elle eut vn autre nom plus glorieux que tous ceux-là, quand elle fut appellée la Cité des Nobles, pource qu'auant la reduction de la Guyenne au pouuoir de nos Roys elle estoit gouuernée par douze Seigneurs les plus qualifiez du pays, qui auoient tous chacun leur Tour enrichie des Armes & des Deuises de leur famille. Elle est de figure carrée, fortifiée, flanquée, & retranchée de fossez, comme estant vne des clefs du Royaume, qui ferme la porte aux Espagnols. Dedans & dehors la ville sont des bains qui ont de vieux sieges de marbres : & pource que les vapeurs, qui s'esleuent des fontaines chaudes, où les oyseaux mesmes quittent la plume, corrompent l'air, l'habitation en est mal saine. Ce qui la rend plus remarquable aux yeux des estrangers est sa fontaine salée, qui coule assez pres de ses murailles, & cette fameuse grotte, dans laquelle sont trois tombeaux pleins d'eau quand la Lune est pleine, & vuides quand elle est basse, semblables à celuy qu'on void dans le cimetiere de S. Seuerin à Bordeaux, & de S. Trophime à Arles : de façon qu'il n'est point necessaire de contempler le Ciel, ny de consulter les Epactes, pour sçauoir le cours de cet Astre, la mesme Intelligence qui luy donne l'impression de son mouuement, mesurant si iustement ces eaux, qu'elles peuuent seruir d'Ephemerides. Les bains salubres de Tercis ne la font pas moins rechercher pour leur vtilité. Ils n'en sont qu'à vne lieuë, à l'emboucheure du *Luys*. Il y a deux Luys qui sortent du Bearn, *Luys, r.*

l'vn passe au dessous d'Arsac, à Loubigne, à Monuy, & à Brassenpoy; l'autre trauerse Sault de Lauailles, & descend dans les terres de Cauiac, où les deux s'assemblent, & coulans par la Preuosté d'Aqus se vont rendre en l'Adour.

Auant que de passer outre, ie suis contraint par les loix de l'honneur & de la bien-seance de visiter la Principauté de Bearn, puis qu'elle grossit le canal de l'Adour, & luy fournit plusieurs ruisseaux, qui seruent de beaucoup au commerce & à la nauigation. Le Bearn a deux riuieres principales qui portent le nom de Gaue. La premiere, qu'on appelle le *Gaue Bearnois*, naist au Leuant dans les montagnes de la vallée de Barege en Bigorre, sur les frontieres de l'Arragon. Cette riuiere est assez proche de celle de l'Adour, mais elle est plus grande en Bigorre, & arrouse le pied des montagnes d'Asson en Bearn, & se faisant chemin à trauers vne campagne longue de douze lieuës, baigne l'Eglise de N. Dame de Betarram illustre en miracles, & tres-celebre par la deuotion des peuples ; le chasteau de Coarraise, glorieux d'auoir nourry le Grand Henry durant ses premieres années, quand il faisoit son apprentissage de patience & de courage parmy les neiges, qui couurent les montagnes du pays ; les murailles de la ville de Naï marchande & agreable ; & trois lieuës plus bas, la ville & le chasteau de Pau, bastie sur vne croupe, qui regarde à ses pieds la riuiere roulant ses flots auec effort entremeslez d'vne prodigieuse quantité de cailloux, qu'elle entraisne auec soy du panchant des rochers, ou comme il est fort probable, qu'elle produit & engendre en son sein.

Si la riuiere n'estoit point si rapide, & qu'il y eût quelque esperance de l'attraper, on iroit voir ce chasteau, dans lequel le plus Grand Roy du monde a pris naissance ; on parcoureroit ce parc, ce jardin, & ces allées superbes, les merueilles de l'art : on verroit des nauires voguans sur vn parterre, vn Ionas faisant naufrage en terre ferme, des monstres innocens & agreables : on saluëroit vn Parlement institué le neufuiesme de France par le PAV.

feu Roy ; & on iroit adorer Dieu dans ses Eglises, d'où il auoit esté chassé durant vn demy siecle, que l'heresie ayāt gaigné l'esprit de la Reyne Ieanne, s'estoit communiquée comme vne contagion maligne à tous les principaux du pays. Mais il faut suiure le Gaue, qui gaigne Ortez cinq lieuës plus bas, basty sur le penchant d'vne longue colline, dont la croupe conserue les masures de l'ancien chasteau de Moncade, auec la vieille tour, où l'on dit que le Prince Gaston Phœbus gardoit son thresor du temps du Roy Charles VI. Elle aboutit au bord de la riuiere sur vn beau pont de pierre, qui la separe d'vn petit lieu qui luy sert de faux-bourg. BELLOC est à deux lieues de là, auec les restes de son chasteau sur la riuiere, qui se nomme le *Gaue Bearnois*, parce qu'il passe dans les terres de l'ancienne Cité de Bearn, pour le distinguer de celuy qu'on nomme le *Gaue d'Oloron*, qui se ioignent dessous le Port de Sordes.

Gaue d'Olorō, r. Le *Gaue d'Oloron* est composé de celuy *d'Ossau* & *d'Aspe*. Le Gaue d'Ossau *Gaue d'Ossau, r.* prend sa source au plus haut des Pyrenées, où se fait la separation du Bearn & de l'Espagne pres du village de Saillan en Arragon. C'est là qu'on void deux sources sur la croupe de la montagne, proches l'vne de l'autre, celle du Gaue descend le long des montagnes en Bearn, & celle de Gallego se iette du costé d'Espagne. Le Gaue est icy fort rapide, & le cours impetueux du Rhosne est lent & tardif, si on compare l'vn auec l'autre. A trois lieües de la montagne d'Ossau il rencontre l'Hospital de Gabas basty pour seruir de retraite aux passans, qui en ces routes difficiles ressentent de grandes incommoditez des neiges. En cet endroit se ioint au Gaue le ruisseau de Saillen, qui arrouse la montagne à trois Pointes, qu'on nomme les trois Sœurs, dont les deux tournent deuers le Bearn, & la troisiesme deuers l'Arragon. Du plus haut de ces pointes on descouure les deux mers & les monts de Castille.

A deux lieües de Gabas on trouue les fontaines sulphurées d'*Aigues-caudes*, & vne lieüe plus bas, la riuiere entre dans la vallée d'Ossau longue de deux lieües, où le lieu de Laruns fait front à l'emboucheure de la mõtagne. *Biele* est au milieu, où se tiennent les assemblées generales de la vallée: son Temple est basty de marbre auec des pillers de jaspe. Arudy est vne lieüe plus bas sur la riuiere, qui est comme le grand marché du pays. Le Gaue sortant de la vallée coule vers la ville d'Oloron, qui en est à trois lieuës assise auec sa vieille tour sur vn tertre haut esleué, baignée de la riuiere à main gauche, & separée d'vn beau faux-bourg par vn pont de pierre; C'est vn Siege Episcopal mentionné dans quelques vieux Conciles sous le nom d'*Eleronum*.

Le Gaue d'Aspe, r.

Le *Gaue d'Aspe*, autrement le Gaue de S. Marie, qui naist au plus haut des Pyrenées en vn lieu nommé Somport, qui fait la separation du Bearn & de l'Arragon, entre à Vrdos dans la vallée d'Aspe, qui sert comme de route pour le commerce de Lyon & de Bearn, auec les habitans de Sarragosse; & moüille l'Eglise de N. Dame de Sarrance illustre en vœux & en miracles; sort par l'emboucheure de la vallée à Pene-d'Escot, où paroissent les chemins pratiquez dans le roc à coups de marteaux, pour faire le passage des cheuaux & des mulets, que l'inscription grauée au faiste du rocher tesmoigne auoir esté fait du temps de Iules Cesar, capable de fleschir ou de rompre tous les empeschemens qui faisoient resistance au progrez de ses victoires: & enfin le Gaue d'Aspe ayant passé sous le pont de S. Marie se vient ioindre au Gaue d'Ossau, pour couler apres dans vn mesme canal, & porter vn mesme nom.

La ville de NAVARREINS est assise à trois lieuës de là, & à pareille distance est SAVVETERRE auec son vieux chasteau ruiné, où finit vne campagne estroitte, mais longue de sept lieuës, qui commance à Lurbe au dessus d'Oloron. De Sauueterre le Gaue se pousse à la Bastide, & entre en la Preuosté d'Aqs, pour ioindre à Sorde le *Gaue Biarnois*, qui tous deux meslez auec l'Adour se perdent dans la mer à Bayonne. Ces riuieres rapides & impetueuses ne peuuent porter aucun batteau, mais elles sont poissonneuses & nourrissent des truites & des brochets en abondance, & mesme des saumons, dont on fait la grande pesche à Peyre-horade, quoy qu'il en monte iusques à Belloc & Ortez d'vn costé, & iusqu'à Sauueterre & Nauarreins de l'autre. Ces poissons venans de la mer n'entrent point dans l'Adour, qui est pesant & morne; non plus que les aloses & les lamproyes n'entrent point dans le Gaue qui est violent & rapide. Ainsi chaque animal cherche naturellement ses plaisirs & ses commoditez. Les saumons entrez dans le Gaue, & ayans eschapé les rets des pescheurs, vont iusques au pied des montagnes, où ils frayent & produisent des saumoneaux, qu'on appelle Toquaas sur les lieux, ressemblans à de petites truites, d'vn goust excellent; qui estans encore ieunes descendent en mer pour s'y nourrir, & puis remontent dans l'eau douce, où on les prend; le mesme lieu qui leur auoit seruy de berceau pour y receuoir la vie, leur donnant la mort.

On remarque dans le pays quatre ou cinq autres petites riuieres, qui portent de tres-bonnes truites. L'vne est *Loson* fort rapide, qui naist dans les montagnes de Lauedan, d'où elle passe en Bearn par les monts de Louuier, & se iette dans la vallée d'Ossau prés d'vne mine de fer, qui est comme la borne de trois Dioceses, Tarbe, Lascar & Oloron, en sorte que les trois Euesques pourroient estre assis à vne mesme table chacun en sa terre. Au mesme endroit sont deux torrens, qui sortent du milieu de deux rochers, & se meslent ensemble pour entrer dans l'Oson, qui se descharge dans le Gaue au dessus de Nay. L'autre est le *Nez*, du cours de deux lieuës, sans autre eau que celle de sa grande source proche du chasteau de Rauenac, qui passe au bourg de Gan, à Iuranson, & entre dans le Gaue pres de Pau. Le troisiéme est l'*Ousse*, qui n'a pas aussi plus de deux lieuës de cours, & se vient descharger dans le Gaue à Pau, dessous le College des Peres Iesuites. La quatriéme est celle du *Vert*, foisonnante en truites excellentes, qui naist prés de la vallée de Roncal en la haute Nauarre, & passe par le milieu, où est assis Ara-

Loson, r.

Nez, r.

L'Ousse, r.

Vert, r.

mits lieu destiné pour les assemblées, & se rend dans le Gaue à Moncor vne lieuë au dessous d'Oleron, ayant arrousé la Vallée des Varetõs d'vn bout à l'autre. La derniere est *Suson*, qui naist dans les montagnes des Pyrenées de deux sources, l'vne au lieu de Gracé, & l'autre à Larraon, passe à Mauleon en la basse Nauarre, & se joint au Gaue d'Oleron pres de Sauue-terre.

Suson, r.

Le Bearn contient vnze villes, dont les sept sont sur riuiere, sçauoir Nay, Pau, Lascar, Ortez, Oloron, Nauarreins, & Sauue-terre. Les autres n'en ont point, mais chacune est arrousée, ou de ruisseaux, ou de fontaines, ce sont Morlas, Lembeye, Pontac & Salies. La ville de Salies a vne source d'eau salée, dont on fait du sel blanc, la cuisant sur le feu. Il y a deux sources, l'vne est à descouuert, de sorte que les eaux de la pluye & d'vn ruisseau voisin remplissent bien souuent son lict: mais les habitans puisent l'eau douce & la separent de la salée par vn merueilleux artifice, se seruans pour cet effet d'œufs de poulé, qui mis dedans l'eau, s'enfoncent dans la douce,

& surnagent à la salée. Cette-cy, qui est au milieu de la ville, est partagée par les habitās à certaine mesure & distribuée aux chefs de famille. L'autre source est au Roy, qui l'afferme auec le reste de son Domaine, elle est couuerte, & l'eau s'en tire auec des pompes. Par les ordonnances du Roy l'vsage de tout autre sel, que celuy de Sallies est deffendu dans le pays, bien qu'il soit vn peu corrosif, & moins fort que celuy de la mer, auec permission de le transporter & vendre iusques à la Garomne, tant les sources sont viues & abondantes, qu'on en tire tous les iours iusques à cent charges de cheual. La Fontaine d'Ogen pres d'Oloron est alumineuse, & a des qualitez particulieres: & celle d'Aas, qu'on appelle l'eau des Arquebusades, sert aux blessures faites auec armes à feu.

Cette Prouince a eu ses Princes Souuerains, dont Gaston de Montcade esleu par les habitans a esté l'vn des plus anciens, qui fut aussi Comte de Bigorre par son mariage auec l'heritiere, & ne laissa que deux filles, dont l'vne fut mariée à Roger-Bernard

Comte de Foix, à qui les Estats du pays adiugerent l'heritage de Bearn, & de Bigorre, de sorte que ces deux terres furent vnies inseparablement, & le Royaume de Nauarre y fut encore adiousté par le mariage de Gaston V. auec Eleonor fille de Iean Roy de Nauarre, sous le Roy Charles VII. Le petit fils de ce Gaston fut François Phœbus, qui mourant sans enfans, laissa la succession de ses Estats à sa sœur Catherine, qui espousa Iean d'Albret, pere de Henry II. Roy de Nauarre, dont est sortie Ieanne d'Albret, ayeule du feu Roy, qui se trouuant dans le pays l'an 1620. pour les affaires de la Religion, crea l'Edit de l'vnion du Bearn, & de la Nauarre à la Couronne de France, pour ne faire plus qu'vn beau cercle de Lys, qui couure le front de nostre commun Prince. A propos de Gaston de Montcade, on raconte que les Biarnois se voyans sans Chef passerent en Catalogne, & s'addresserent à vn Seigneur nommé Guillaume de Montcade, pour auoir l'vn de ses deux enfans, Guillaume ou Gaston, pour leur Prince. Les Deputez voyans ces deux enfans, qui dormoient dans leur lict, demanderent Gaston, quoy qu'il ne fust que le cadet, dautant qu'il auoit la main ouuerte & estenduë, & l'autre la tenoit close & serrée : ce qu'ils prirent pour vn presage que cettuy-cy seroit chiche, & l'autre liberal. Ils le prirent, l'esleuerent, & le firent leur Prince. Apres vn si long esgarement, ie me remets sur les bords de l'Adour, à Hastingue à l'emboucheure des Gaues, que i'auois quitté pour connoistre leurs sources.

Nous ne marchons pas vne lieuë sur les frontieres de la Biscaye sans rencontrer la *Bidouse*, qui vient des montagnes de Soule, remplit vn des fossez de S. Palais, où estoit la Chancellerie & Iustice Souueraine du pays, auant qu'elle fust vnie au Parlement de Pau; entre de là dans la Souueraineté de BIDACHE située entre le pays de Labour, & la basse Nauarre, où la Bidouse commence à estre nauigable par le moyen du reflux de la mer, qu'elle reçoit tous les jours, & se iette dans l'Adour au dessous de Guiche. La terre

Bidouse r.

BIDACHE.

est du patrimoine du Comte de Grãmont, qui pretendent la Souueraineté, laquelle leur est contestée par les officiers du Roy: & ie m'asseure qu'ils ont plus de peine à resister à la plume de ces Messieurs, qu'ils n'en eurent à resister à l'armée de Charles-Quint, quand il assiegea le chasteau de Bidache, sans pouuoir l'emporter. La *Laiguette* vn peu au dessous vient d'Istaris, & passe par la Bastide de Clarence, grossissant ainsi l'Adour, qui entre à BAYONE auec vne grande suite, & se iette dans l'Ocean. Cette ville forte & marchande, vne des clefs de France est assise à la ionction de l'Adour & de la Niue, & nous sert de rempart contre les attaques des Espagnols, qui l'ont souuent enuiée, & qui l'assiegerent au temps qu'li sembloit que la Fortune fust à leur gages, & la Victoire de leur party, sans toutefois rien emporter que la honte sur le visage, la rage au cœur, & leurs chariots chargez des corps de leur meilleurs soldats morts ou blessez. Ceux de la mesme nation y furent plus fauorablement receus à l'entreueuë du Roy Charles XI. & de

Laiguette, r.

BAYONE

& sa sœur Eilzabeth Reine d'Espagne, qui se fit à Bayonne auec autãt de magnificence qu'il en falloit, pour faire paroistre que c'estoient les deux premieres Majestez du monde, qui se complimentoient.

La Niue, appellée *Errobi* en langage du pays descend des montagnes de la basse Nauarre, vient de trois sources, dont l'vne est prés de S. Iean de Pied de Port, qui estoit anciennement la capitale du pays, le Capitaine qui commandoit à la forteresse se disoit le Garde de la terre de Nauarre deçà les ports, c'est à dire deçà les monts Pyrenées, aux pieds desquels la ville est assise, ou plutost renuersée, puis que ses murailles, & sa forteresse sont demolies. L'autre est en la terre de Baigorry, la troisiesme en celle d'Ossez. Apres auoir passé à Iatsu, Cambo, Vstans, & Ville-Franque, qui sont du pays, elle se ioint auec l'Adour dans les fossez de Bayonne, & les deux entrent dans la mer à vne lieuë de là, iusques où elle est nauigable depuis Cambo. Vn grand canal destaché de la mesme riuiere se va rendre plus bas

La Niue r.

Riuiere de S. Iean de Luz. entre S. Iean de Luz & Sibouré, deux grands bourgs situez sur la coste de la mer, & conioints ensemble par vn pont trauersant la riuiere, où le reflus de la mer monte tous les iours auec les grands vaisseaux chargez des marchandises qu'ils vont descharger dans son Port.

BIDASSO.

BIDASSO, R. LA Riuiere de Bidasso, ou d'Anday, comme elle sert de bornes à la France & à l'Espagne, & qu'elle entre la derniere de toutes nos riuieres en la mer du Couchant entre Fontarabie & le bourg d'Indaya, elle arrestera le cours de ma plume, & terminera la premiere Partie de cet Ouurage, sans grimper sur les montagnes pour y trouuer sa source. Si la Fortune enuieuse du bon-heur de nos armes, ou plutost si le bon Genie de cet Estat n'eust point esté distrait de suiure la Victoire pour assister à la naissance d'vn nouueau Roy si long-temps souhaitté, & qu'il eust peu tout d'vn coup estre à S. Germain en Laye, &

au camp deuant Fontarabie, pour cueillir des myrthes en vn lieu, & des palmes en l'autre, Bidasso auroit vn nom tout François; Fontarabie gaignée autrefois par l'Admiral de Bonniuet, & perduë par la lascheté de Fauchet sous François I. eust esté reconquise par le Prince de Condé sous la prosperité du regne de Louis XIII. & le courage de nos soldats auroit outrepassé les limites, & forcé les defenses, qu'il semble que la Nature a mises au pied de nos montagnes, pour reprimer l'ardeur Françoise, & corriger la prudence Espagnole. Mais comme il est souuent dangereux de vouloir penetrer le cabinet des Grands, il est tousiours difficile de porter vn entier iugement sur leurs affaires n'estans pas de leur conseil.

FIN.

TABLE DES LIEUX ET DES RIVIERES mentionnées en cette premiere Partie.

A

B

G

H

L

M

O

R

S

Souss-

V

FIN.